文学批评关键词

概念·理论·中文文本解读

柯思仁　陈乐

南洋人文丛书

文学与文化研究 1

“南洋人文丛书”总序

“南洋人文丛书”是新加坡南洋理工大学中华语言文化中心的第二套丛书，第一套即继续出版中的“南大语言文化丛书”。

中华语言文化中心于2003年年终归入大学新成立的人文与社会科学学院，与该院旗舰系——中文系分工，在研究与教学两方面相辅相成。人文与社会科学学院是在大学热烈回顾半世纪校史和积极朝向综合性学府目标迈进的时刻诞生。这有两层意义：第一，大学溯源固本，发扬“南大精神”，塑造学府独特气质与风格；第二，大学在理工学科基础上，加强“人文教育”，提供全方位的教学课程，开拓多元化的研究领域。人文与社会科学学院旗下各系和研究中心，紧随大学的理想与目标前行。

经历半世纪，大学的发展从南洋大学到南洋理工学院，再到南洋理工大学，校名一直保留“南洋”二字。“南洋”具有浓厚的本土色彩。南洋大学创办时，创办人陈六使虽多次表达发扬中华文化的决心，但时时不忘大学的本土特色，于是定名“南洋”，并将发展本土文化纳入办校方针内。中华语言文化中心基本上继承这一宗旨，重视中华文化在中国内外的发展，更关注它在本土/本地区的调适与演变，以及如何与世界文化碰撞与接轨。本丛书“南洋”二字，取自校名，既具历史意涵，也突出内容特色。

近年来，大学确立综合性学府的发展方针，加强非理工色彩，人文与社会科学学院更被誉为“大学的灵魂”（大学徐冠林校长之语）。学院除了培养人文和社会科学的人才，也为全校学生开课，“使他们能了解人文课题并欣赏文化，不会成为狭窄的、只会解决技术问题的大学生”（新加坡总理李显龙在南大创校五十年庆典上的演辞）。在这功利主义挂帅、语言苍白、文学贫瘠、历史浅薄、哲学架空、文化断层的年代，大学之于人文教育与人文研究，自有其不可推卸的责任。本丛书“人文”二字，取自院名，既反映学术使命，也传达出版旨趣。

“南洋人文丛书”从2006年起陆续出版，分成系列和单本两种形式，每本书都经过内外部评审，以确保作品质量。我们要感谢各书主编和撰写者的辛劳，也希望更多专家学者加入丛书队伍，共同为学术耕耘和人文建设而努力。

李元瑾

2005年12月

目录

汪晖序

在许多人的印象中，“文学批评”是一个含义宽泛的概念，我们在报纸副刊、文学读物中经常读到的各种各样的评论，都可以放在这个范畴内。印象式的批评、根据趣味展开的对于作品的判断、将文学与生活简单比较和对应的方式、作家作品论，以及关于文学的历史批评，是多少个世纪盛行不衰的文学批评形式。但是，在二十世纪，文学批评作为一个与哲学、历史或其他理论形态相互区别的领域被界定出来了；对于专业的批评家和研究者而言，“文学批评”是一种或多种方法论革命的产物。著名的文学理论家R. Welleck断言：“十八、十九世纪曾经被人们称作‘批评的时代’。实际上，二十世纪才最有资格享有这一称号。在二十世纪，不仅有一股名副其实的批评的洪流向我们汹涌袭来，而且文学批评也已获得了一种新的自我意识，在公众心目中占有了比往昔高得多的地位。”[1] 文学批评及其相关理论使读者在阅读过程中不得不时常对自己的阅读习惯和固有的观念进行反思，也产生了一种不同以往的关于文学批评的观念。

如今，文学批评在公众心目中的地位已经从二十世纪的巅峰坠落，例如英国马克思主义理论家Terry Eagleton就曾有“后理论”(after theory)的说法（虽然他所说的理论并不单指文学批评的各种理论）。但Welleck的如下断言仍然有效：“任何对二十世纪文学批评的巡礼，都必须注意文学批评这种地域的扩展和同时产生的批评方法的革命。”[2] 正由于此，如果没有对于这一方法论革命的历史广度和具体概念的理解，在今天，我们就难于进入文学批评这一领域。柯思仁、陈乐先生的这部《文学批评关键词：概念·理论·中文文本解读》不但是文学批评的这种“地域扩展”和“方法的革命”的产物，而且也是在新的视野中对于作为一个独特领域的文学批评及其基本概念和理论的反思。

二十世纪文学批评的新潮流其实远不是一次方法论革命的产物，而是一系列经常相互纠缠、相互冲突的方法论革命的展现。1963年，Welleck归纳出六种文学批评的新潮流：马克思主义文学批评、精神分析批评、语言学与风格批评、一种新的有机形式主义、以文化人类学成果和荣格学说为基础的神话批评，以及由存在主义或类似的世界观激发起来的一种新的哲学批评。在他作出上述判断的时候，还没有可能对于后结构主义、后殖民主义、新历史主义、文化研究以及性别理论的新发展等等“后六十年代”的潮流

---

1 R. 韦勒克著，丁泓、余徵译，周毅校《批评的诸种概念》（成都：四川文艺出版社，1988年），页326。

2 同上。

进行分析。在所有这些潮流中，经由语言学转向而来的关于形式、文本和再现的观念对于文学批评的不同派别都产生了重要影响，以致今天在专业的文学批评领域中，无论是意识形态批评还是历史批评都已经难以绕过这些关于形式和文本的观念了。在俄国形式主义、英美新批评、法国结构主义叙事学、符号学等理论的影响下，现代文学批评展开了一种理解文学文本的思路。这种思路的独特性是在与几种主要思潮的论辩中产生的。我认为如下两点最为关键：首先，它批评了从浪漫主义文学思潮及其自我观念中产生的“作者”观，反对将文学文本视为作者的自我表达，从而在方法上对于传记批评形成了批判；其次，它批评了从现实主义文学思潮中产生的文学观点，将文学文本视为“再现”而非单纯的对于现实的反映，从而在方法上对于历史主义形成了批判。事实上，这些新的取向并不仅仅是文学批评这一独特领域的产物，而是二十世纪语言学、哲学和人类学等学科领域发生的一系列变革的结果。文学批评以其对于语言和形式、心理和价值问题的敏感，在这个大转变中扮演了重要的角色。

《文学批评关键词：概念・理论・中文文本解读》选取了作者、读者、文本、细读、隐喻、观点、人称、声音、叙事、再现、意识形态、身份／认同、阶级、性／别、种族等十五个概念进行解说，以关键词的形式对当代文学批评的基本概念、理论做出了深入分析。从形式上看，这是一部对现代文学批评的关键概念进行梳理和归纳的著作，但实际上它还是一部以关键词的形式展开的对于文学批评的关键问题的创造性探索。我认为作者对于文学批评的方法论革命及其历史含义有着深入的和完整的把握，这为这部著作的两个主要的理论特点奠定了基础。

首先，作者将现代文学批评视为一种真正意义上的方法论革命的产物，但同时注意到这一方法论革命本身的复杂性和历史性。作者一方面以关键词为基本线索，对文学批评的诸种概念和概念群进行严格的和准确的解说，以显示前述方法论革命对于这一领域的决定性影响；但另一方面，作者在梳理这些关键概念的同时，又从不同的方向上指出这些概念面临的挑战和困境，提示文学批评的演变的脉络和可能的方向。这种解说的多重性不仅表现在对单个概念的分析之上，而且也体现在全书对关键词的选择之上。例如，意识形态、身份／认同、阶级、性／别、种族等范畴通常不在形式主义、新批评和结构主义叙事学的关注范畴内；它们不但源于马克思主义、后结构主义、女性主义、后殖民主义等理论和实践，而且也是当代文化研究挑战此前的形式主义批评的主要工具。通过将它们置于文学批评的关键词的序列中，作者力图将形式主义、新批评、结构主义叙事学、符号学和后结构主义所建构起来的文学批评与当代文化研究的一些新的取向综合起来。这种综合并不是拼盘式的杂凑，而是从问题的内在逻辑中展开的。例如，作者将“作者”问题置于全书的第一章，因为摆脱作者中心论、将文本置于中心正是现代文学批评的标志性特征。一方面，作者梳理了 W.K. Wimsatt 和 M.C. Beardsley 及新批评运动对于“意图谬误”的批判，分析了 Roland Barthes 提出的“作者已死”的命题，并由此展开了对于作家作品中心论的批评；但另一方面，通过对 Michel Foucault 的“什么是作者”这一命题的思考，作者又指出“作品的意义并不是局限在其文字内在的特性，而是跟作品所处在的历史与文化语境有密切的关系。作者的概念从历史的角度来说并不是一成不变的，相反的，在不同的时代、社会、文化之中，人们对于作者的认知有所不同。当作者被宣告‘死亡’之后，并不意味着作者的概念完全不存在。”正是在展示这一脉络的过程中，现代文学批评没有被简单地描述为一个封闭的世界，恰恰相反，形式主义批评曾经拒绝的那些概念和方法经过新的转换重新成为了内在于这个批评世界的理论要素。

其次，文学批评不仅是一个或一系列方法论革命的产物，而且也是一种跨越国家和区域的世界性的现象——正是从文学批评作为一种跨语际现象的认识中，《文学批评关键词》遵循了一种处理现代批评概念和理论的独特方法。我把这个方法概括为两个方面，即一方面将现代文学批评的概念和理论运用于对中文文学文本的分析，另一方面又通过历史的追溯，从中国的文学批评的历史中探寻与这些现代概念和理论相关、相似和相逆的概念、范畴和理论。作者虽然强调现代文学批评的方法论意义，但并不认为这些新的概念、方法和理论是前无古人的独创，恰恰相反，与那些单向地强调这些概念和方法的新颖性的论者不同，作者认为这些新的方法论事实上有着自己的传统根源。例如，在阐释文本中心论时，作者指出：在中国文学历史中，由于《诗经》的作者很难确定，故而“研究的重点，无论是古代还是现代，都不在作者身上，而是在文本字句的考证和诠释”，从而证明文本中心论并非新批评的全新创造，我们也可以从传统的批评实践中获得有关文本解读的资源。在“细读”一章中，作者结合具体的案例，对中国传统的训诂注疏和小说评点加以阐释、分析和发挥，在展示两者之间的基本差异的同时，弥合了在现代文学批评与古典文史传统之间造成的人为断裂。

但是，作者并不仅仅是在讲述文学批评与古典传统的相似之处。他们提醒读者：中国文史传统中有着重视作者与作品关系的各种论述和更为深刻的传统，这既不证明这类有关作家与作品的传统论述全然过时，没有意义，也不说明现代文学批评的基本概念与传统完全脱节，并不适用于中文文学世界。作者致力的，是在新的理论视野中对这种作者与作品的关系加以重新界定和阐释，以焕发传统文学批评的当代意义。这样的例子在书中不胜枚举，形成了这部著作的一大特色。在我看来，这种努力不但没有削弱现代文学批评的力量和独特性，反而扩展了文学批评的概念、理论的适用范围，进而为重新诠释传统的文学批评的概念、范畴和理论提供了可能性。

在全书的每一个章节，作者都不是抽象地介绍相关的概念和理论，而是援例取譬，在古今中外的文学作品中寻找例证，并加以精辟的分析。在这本著作中，作者对于中文文学文本的引用和解说最为引人入胜：除了部分西方文学的例证之外，从《诗经》、《左传》、《孟子》、《论衡》、《文心雕龙》等古典文本，到《世说新语》、《红楼梦》、《西厢记》、《水浒传》、《聊斋志异》等古典小说，从黄遵宪、鲁迅、张爱玲、胡适、沈尹默、刘半农、老舍、茅盾、卞之琳、穆时英等中国现代作家，到北岛、顾城、高行健、于坚等当代作家，从郑愁予、西西、金庸、余光中、陈黎等港台作家，到郭宝崑、蔡深江、梁文福等东南亚华文作家，从毛宗岗、张竹坡、脂砚斋、金圣叹等的小说评点，到现当代中国文学批评者的批评实践，无不在引用和分析的范畴之内。与以往往往是翻译的并且以西方文学为例的文学批评介绍类书籍不同，《文学批评关键词》打破了民族国家和区域的界限，而将中文视为一个文学世界，并以现代文学批评的方法和概念对之进行细读和分析。这样一种批评实践不但与通常的民族主义文学史观形成了鲜明的对比，而且也以细腻的文本解读说明了这一批评实践为什么成为一种跨越国界的世界性现象。从方法论上说，这本以关键词为线索的著作让我们重新记起半个世纪之前有关文学批评与文学史的对立的争论——文学批评从文学历史中汲取灵感，但却与经典的文学史叙述形成了重要的差别。

2005年夏天，我在新加坡大学访问，有机会与柯思仁先生多次见面和讨论。也就是在那期间，柯思仁先生告诉我他正在做文学批评关键词的研究。从那时至今，两、三年的时间过去了，柯先生和陈乐先生终于完成了这部内容新颖翔实、分析鞭辟入里的著作，他们对于文学批评理论的深入了解和对于文学历史的广泛涉猎，使这部著作在同类作品中独树一帜。对于从事文学批评和文学研究的学者和学生而言，这部著作无疑是一本具有重要学术价值的入门读物。在过去一个月中，我陆续地细读了全书各章，获益匪浅。我相信，文学领域中发生的方法论革命，以及当代学者对于这一方法论革命的再思考，对于我们重新思考当代人文研究和社会科学研究的基本概念和框架，也一定有所裨益。

感谢柯思仁先生给我一个重温文学批评的基本理论和概念的机会。我久不治文学，但仍愿不揣浅陋，将一点读书心得记录于此，除了回报友人之请外，也怀着一种真诚的期待，即让文学批评重新焕发活力。

2008年7月30日于清华园

前言

这本书，是关于如何阅读文学作品的。

面对一篇文学作品，要如何开始进行阅读，是个很大的挑战。一般的读者，只要读得懂作品用以书写的文字，就可以阅读。他们以日常生活中所累积的普通常识为根据，可以理解作品的表面文字所显示的大部分意思。不过，就如本书的大部分章节所讨论的，作品的意涵并不只是展现在文字的表层，就算读者读得懂文字，也不见得能够理解作品。况且，作品的意涵也并非被封锁在作品之中，固定不变，等待读者来挖掘或发现。因此，要以怎样的态度来对待文学作品，要以什么方式来阅读文学作品，就成为阅读过程中必须面对的关键问题。

从学术的角度来说，如何阅读作品，是文学理论最重要的出发点，也是文学理论尝试要解决的问题。从古至今，各个文化体系中的文学思想家，通过不同的角度与方式，都在思考这个问题。20世纪初以来，欧洲和美国的许多思想家和学者，在前人的基础上，提出许多新的阅读角度和思维方式，为作品的阅读带来了具有启发性的新视野。近年来，也有不少欧美学者，对各家各派的文学理论进行梳理和讨论，为读者的接受和学习提供了许多方便。

作为当代中文作品的读者，很大的程度上，我们也在接受欧美文学批评的方法和思维。不过，目前所看到的讨论文学理论的中文著作，大部分是欧美文论的翻译和介绍，其中引用的文本，也大多数是欧美作家的作品。虽然现代中文文学与欧美的文学传统有着非常密切的关系，但是，中国古代以来的文学批评传统，以及现代中文作品却是生成自一个不同于欧美的社会文化语境，这使中文文学有着自己的生命和意义。学习欧美的文论是现代中文文学批评的重要功课之一，不过，不见得懂得欧美的文论，就一定能够有效地进行中文作品的阅读。

本书的研究与写作，正是在这样一个语境之中开始与进行的。我们采用的方式，并不是根据文学理论的流派来进行讨论，而是列出与文学批评有关的概念，并根据这些概念的范畴进行讨论。这些概念主要是现代欧美文论中所关注的重点，因此，我们的讨论也以欧美文论所阐发的内容为基础，并在适当的时候，以适当的方式，将之参照于中国的文学批评。文本方面，我们主要采用现代中文作品，不是以国家或民族为界定方式的“中国文学”，而是在不同地域和文化中产生的以中文书写的作品。文本的概念，在本书中也有讨论，并不限于文字文本（也就是一般称作的文学作品），而是包括其他非文字的文本，譬如绘画、音乐、媒体等等，以及各种广义的文化产品与文化行为。

本书共有十五章，主要分成三个部分。第一个部分包括第一章到第三章，主要处理的是与文本有关的几个基本课题：作者、阅读、文本，尝试厘清这几个密切相关的概念。第二部分，可以称为“文本的阅读策略”，从文本细读的方法开始，分别讨论隐喻、观点、人称、声音、叙事等几个主要的概念，是读者面对文本时的切入方法，也是分析文本的工具。第三部分，是将文本置于特定的社会文化语境之中加以思考，关注的可以说是“文本的政治性”，从再现这一涵盖式的概念出发，讨论的重点包括：意识形态、身份／认同、阶级、性／别、种族等。这些课题以外，当然还有许多值得讨论的概念。作为一个起点，我们选择了我们认为最基本的十五个概念，有机会的话，会再加以补充扩大。其中的两章（叙事、性／别）由黄凯德完成初稿，叙事一章经过一些修改，性／别一章则基本上少有更动。在此，我们要感谢黄凯德应允将他的文稿收入本书。

这个研究课题好几年前就已经开始构思，不过，能够真正进行，必须感谢南洋理工大学中华语言文化中心的支持，让这个课题成为中心的研究项目之一。在此，我们要特别感谢李元瑾主任和郭淑云副主任。研究进行的过程中，我们分别与一些学者朋友提起这个计划，得到他们的支持和许多建议，而一些学者朋友也曾经详细阅读了本书的部分章节，提出修改的意见，我们都由衷感激。本书完成之后，汪晖教授仔细阅读并撰文为序，我们特别感到荣幸。制作本书的过程中，中华语言文化中心经理王淑娟的细心编辑与推动，八方文化创作室编辑冯婉明的耐心与配合，何秀云与李丽芳的设计排版，以及中文系研究生陈涛在编辑工作上的协助，使本书得以顺利出版，这些都令我们心怀感谢的。

柯思仁　陈乐

第一章 作者
AUTHOR

谁才是“作者”？

如果我说以下这段文字是一篇小说的开头，很多读者可能会觉得惊讶：

> 让我坐下来写一个小说。
> （写小说的人说。）
> 当我要写一个小说，我会坐下来，坐在我家那张饭桌子的面前。……

没错，这正是香港作家西西的短篇小说《假日》的开头部分。[1]一般的小说，总是一开始就直接讲故事。读者并不会对于“讲故

[1] 西西《假日》，载西西《像我这样的一个女子》（台北：洪范书店，1984年），页171–193。

事”这回事有很清楚的意识，小说中也不会特别强调有某一个人在“讲故事”——读小说这种行为是建立在一种默契之上，也就是读者一开始就进入“听故事”的状态，而不理会是谁在“讲故事”。可是，《假日》却是一个关于“讲故事”的“故事”，或者说，是一个关于“写小说”的“小说”。采用这种叙述方式的作品，用现代的文学理论来说，称为“后设小说”或“元小说”（metafiction）——不过，我们暂时先不谈这个概念。这段引文，很明显而有趣的是，一开始就让读者知道有一个人正在进行小说的写作。写小说的人，我们一般的理解，就是小说的“作者”（author）；小说中通常会有一个向读者讲述故事的人物或声音，我们称为“叙述者”（narrator）；故事中的主要人物，则是称为“主人公”（protagonist）。

那么，上述引文中出现的“我”，是《假日》的作者吗？或者，“我”是叙述者？

我们开始读这段文字，当下的反应可能是：《假日》这篇小说的作者西西在跟我们讲故事。这句话说得那么直接而坦白，好像西西就在我们面前说话一样。可是，当我们以为小说开头第一句中的“我”是作者西西的时候，第二句又马上从一个旁观者的角度说：“写小说的人说”，从而加入了另外一个维度。很明显的，第一句话和第二句话是不同的人说的。这时，我们开始怀疑，究竟谁是“作者”？是说第一句话的人还是说第二句话的人？或者，其实有“两个作者”？

这个语境中，“两个作者”的说法看起来是有所矛盾的，因为小说作者署名明明就是西西一个人，可是小说中的叙述又告诉我们不同的情况。《假日》向我们展示了复杂而有趣的关系，那就是关于“作者”和“叙述者”这两种身份；它也显示了“真实的作者”、“虚构的叙述者”，以及真实和虚构之间所可能存在的复杂关系。这种矛盾所带来的困惑，正好提供一个机会让我们好好的思考一下，“作者”这个看起来简单的人物，究竟是怎样的一个复杂概念。

《假日》的主要部分，是通过第一人称“我”叙述一个写小说的故事，让读者在阅读的过程中清楚地读到小说写作的情况，包括：“我”在怎样的环境中写作，“我”的写作从构思到下笔到完成的过程，什么情况之下是有利或不利于“我”的写作的，“我”对于写作这回事的思考等等。从这些叙述中，我们作为读者仿佛（请注意：是“仿佛”而不是“真的”）进入作者的生活空间和内心世界，得以窥视一般上无法接触得到的隐蔽资讯。这些资讯，往往是读者感到好奇而特别想知道，却又无法得知的。与此同时，小说又不断重复提醒读者，这个叙述写小说过程的人并不是作者西西——小说中一共出现了六次放在括号中的“写小说的人说”，并且在结束时第七次出现加强语气的一句：“写小说的人如此说”。这样一来，读者不断地被提醒，我们在阅读的并不是那个“真正的作者”西西在跟我们说的话，而是有另外一个可以被称为“作者”的人物。这时，这个第一人称的“作者”，很显然的就是“真正的作者”西西所创造并叙述出来的人物了。

这篇小说最微妙的地方，就是让我们发现，原来作者可以是在小说中被创造出来的一个人物。由此推论，我们是不是可以说，即使是那个所谓“真正的作者”西西，也可以是被创造出来的呢？如果是的话，西西是如何被创造出来，又是被谁创造出来的？

“作者的死亡”

虽然我们说作者通过他的写作为媒介跟读者说话，可是，读者在阅读时却并不是在真实意义上能够跟作者进行对话，而是在进行一个单独和单向的活动。绝大多数的情况里，读者没有见过作者，也并不认识作者，当然不可能问作者，情况是不是真的如他在作品中所说的那样。无论是作品中所叙述的各种情节、人物和事物，或是生产作品的作者，都是读者在阅读过程中的想象，也就是说，它/他们都是虚构的。通过阅读活动时的想象所创造出来的作者，跟那个在现实世界里实际存在的有血有肉的作者，并不是同样的一个人。从这个意义上来说，就如法国文化理论家Roland Barthes在1967年发表的对于后来的批评理论影响深远的文章《作者的死亡》（The Death of the Author）所指称的：作者已经死了。[2] 是的，即使那个作者在现实世界里还没真的死掉（多数情况倒并非如此），在隐喻的层面上，他也已经死了。

20世纪初以来，各个文学与思想流派对于“作者”这个概念的反思与挑战，与在这之前对于“作者”的认知有很大的差别。18世纪末以前，在欧洲的文学理论中，作者的地位并不高。作者通常是被认为像一个技术高超的工匠，他的作品并不是他独自创造出来的，而是他在写作的过程中从他的文化传统中汲取各种现有的元素而完成——写作被视为作者对于他的文化传统的“模仿”，而不是他个人的“创造”。“传统”被视为比个人具有更为崇高的价值，作者往往是附属于某一个“传统”，而他的成就也不可能超越他所属的这个“传统”。

---

[2] Roland Barthes, “The Death of the Author,” in Barthes, translated by Stephen Heath, *Image-Music-Text* (New York: Hill and Wang, 1977), pp. 142–148.

当浪漫主义（Romanticism）的文学和艺术思想在18世纪末开始形成巨大的影响，其强调解放的想象（liberated imagination）和原创性（originality），以及由此而来的自我（self）和主体性（subjectivity）的概念，改变了人们对待“作者”的态度。这个现代意义的作者，取代了过去具有崇高价值的“传统”或“经典”的位置，成为创作活动的中心，也是其作品的独特的原创者、具有权威性的拥有者。作者的独特感思和经验，通过他的作品加以展示，并在前人所累积的基础上，把文学和艺术的成就带到另一个高峰。[3]

以作者作为中心和重点的观念，从浪漫主义开始，影响非常大。在当今的环境里，甚至仍然是一般人对于文学作品所持有的态度，几乎成为一种普通常识（common sense）。人们从阅读作品所得到的愉悦和满足之中，想象一个他们心目中的作者形象。读者可能会因为对这个作者产生兴趣之后，想要阅读更多同一个作者所写的作品，以印证与填补他们对这个作者的想象。读了作品之后，读者也往往会对作者所处在的背景和他创作时可能具有的动机产生浓厚的兴趣，会想知道作者是在什么情况之下完成作品，或是他为什么会创作这部作品。一种目前仍然相当普遍被采用的文学分析模式，把“作者生平”和“写作动机”放在首要的位置，很大的部分是这种观念影响之下的产物。可是，这种模式化的方法，往往并不见得把所谓的“作者生平”和“写作动机”有效地结合于作品的分析，而是让读者自己将这些资料套在阅读作品的过程之中。况且，这些概念本身具有的问题，在20世纪初以来，就已经是各家各派文学理论的讨论焦点之一。

---

[3] T.S. Eliot, “Tradition and the Individual Talent,” in Eliot, *The Sacred Wood: Essays on Poetry and Criticism* (London: Methuen, 1920), pp. 47–59.

一个根本性的问题是：通过文学作品的阅读，我们作为读者，怎么知道作者的写作意图是什么呢？这个问题，几乎是无法得到确切的答案的。别说大多数的作者已经真的死了，即使他还活着，读者又有机会当面问他，他现在的说法是不是就是他创作那一刻的想法，不得不让人感到怀疑。提出这样的问题而最具有深远影响的，是美国文学评论家W.K. Wimsatt和M.C. Beardsley在1946年发表的一篇题为《意图谬误》（The Intentional Fallacy）的文章。[4]以诗作为主要的讨论对象，Wimsatt和Beardsley认为，一首诗的存在是通过其意义，而意义的产生是藉由文字作为媒介。如果诗人成功地表达他的想法或感受，那是因为诗作本身展示了诗人想要表达的意思；反之，如果诗人不成功，那是因为诗作的不足，而评论者需要求之于诗作以外，以得到诗作中无法有效传达的写作意图之证明。

否定以文本以外的因素作为分析凭据，是1940年代以来的“新批评”（New Criticism）的基本态度。以英国和美国为主要基地的“新批评”的理论家所反抗的，是当时的评论者脱离文本的议论方式，他们认为后者从作者传记或其他自述性文本中找寻分析的根据，使得对于作品的分析演变为对于作者生平的好奇和窥探，既不专业也不学术。新批评把文本看成是独立于作者而自足的对象，分析的重点应该是构成文本的语言、形式和风格，而不是作者的生活经历和写作意图。

[4] W.K. Wimsatt Jr, and Monroe C. Beardsley, “The Intentional Fallacy,” in W.K. Wimsatt, *The Verbal Icon: Studies in the Meaning of Poetry* (Lexington: University of Kentucky Press, 1954), pp. 3–20.

被称为“浪子诗人”的郑愁予及其诗作的某些评论，正好为这种谬误情况作了一个有趣的注脚。郑愁予在他最著名的诗作之一《错误》中，写了一个浪子和他的情人的故事。[5] 诗中以第一人称“我”的口吻说话的人物，看起来是一个浪迹天涯而不愿／不能回到情人身边的浪子，让情人满怀期待地独守闺中。许多读者凭这首诗，以及郑愁予写过的一些类似主题的诗作如《琴心》和《情妇》等，[6] 把郑愁予想像成诗中那个将情人弃而不顾的人物，并给他一个广为流传的称号：“浪子诗人”。这样的称号，显然是把作者和诗中叙述者的声音混为一谈，还将诗人的经历直接投射到文本之中了。另一方面，郑愁予看来对这个称号并不满意，他说自己从小在抗日战争的环境中长大，多有接触到中国的苦难，而自称对他影响更大的是“传统的仁侠精神”。[7] 那我们是不是就要以作者的说法为根据，将郑愁予的称号改为“仁侠诗人”了呢？作者的个人经历，有时就被读者拿来作为解读作品的佐证。郑愁予的诗中这么写：“我打江南走过／那等在季节里的容颜如莲花的开落”，某个评论者就认为，“鉴于江南不在台岛，可知这是他在追忆着大陆时期的旧情。”[8] 这样的看法，将评论延伸到诗作以外的一些与文本的好坏没有直接关系的元素，又无视于诗中运用的隐喻手法，正是掉进了新批评所说的意图谬误的陷阱。

---

[5] 郑愁予《错误》，载《郑愁予诗集I》（台北：洪范书店，1979年），页123。

[6] 郑愁予《琴心》，载《郑愁予诗集I》，页51–52；《情妇》，载《郑愁予诗集I》，页165。

[7] 转引自李立平《郑愁予的诗情世界与诗美追求》，载《世界华文文学论坛》，2004年，第三期，页49。

[8] 流沙河《台湾诗人十二家》（第二版）（重庆：重庆出版社，1988年），页270。

如果说 Wimsatt 和 Beardsley 所提出的意图谬误的概念将文本和作者分隔开来，Barthes 则是通过《作者的死亡》将文本诠释的责任和权力，从作者转移到了读者。Barthes 认为，作者只是一个生产文字的书写者（scriptor），他并不具有传统上所赋予他的对于文本意义进行阐述的权威性（authority）。[9] 把文本从唯一“神圣”的意义中解放出来，Barthes 强调，文本是由来自无数不同的文化中的既有文字所组成，就像一个错综复杂的纤维组织。Barthes 进一步表示：

> 一旦[具有权威性的]作者被去除，[批评家]声称要解读文本的努力便徒劳无功。强调文本是属于某个[具有权威性的]作者的做法，为文本强加局限，给予文本最终的意义，结束写作的过程。[10]

传统的批评态度是尝试找出作者的动机——他为什么这样写？他想要表达什么？——以得到文本意义的权威说法，因此文本的意义是局限于一种假定存在的作者的动机；当作者的权威性被否定以后，文本就不可能只有一种唯一的意义，也因此不再是一个封闭的物体。从作者的动机中释放出来的文本，是具有多层次和多意义的。Barthes 在文章结束时宣称，“作者的死亡”是“读者的诞生”所必须付出的代价。[11]

文本的意义是否就像 Wimsatt、Beardsley 和 Barthes 等批评家所说的那样，完全是由读者建构出来的，而作者没有任何责任？这

---

[9] Roland Barthes, “The Death of the Author,” p. 145.

[10] Ibid., p. 147.

[11] Ibid., p. 148.

是一个值得进一步思考的课题，不过，有关“读者”的讨论，我们留待下一章再进行。在这里，我们可能提出一个疑问：作者在书写一个作品的时候，难道他所处在的文化、社会、历史环境以及各种思想和观念，对他的写作并没有任何影响吗？难道他不是有一些想法和感受，要通过书写的行为来表达或抒发吗？如果我们仔细阅读 Barthes 的文章，会发现被 Barthes 宣判死亡的作者，是那个对于文本诠释具有权威力量的作者——他在文中用的是大写的 Author，也即是某种特定概念的“作者”。与此同时，我们也不能忽视，Barthes 强调任何一个文本，都是作者在他所能够触及的多元化的文化系统中进行写作的结果。

另一个法国文化理论家 Michel Foucault 对于“作者”这个概念的讨论，让我们更深刻的思考作者和历史语境之间的关系。Foucault 在1969年发表的文章《作者是什么？》（What Is an Author?）中虽然没有明确提到 Barthes 的名字，但显然是对新批评理论家和 Barthes 的回应。[12] Foucault 指出，作品的意义并不是局限在其文字内在的特性，而是跟作品所处在的历史与文化语境有密切的关系。作者的概念从历史的角度来说并不是一成不变的，相反的，在不同的时代、社会、文化之中，人们对于作者的认知有所不同。当作者被宣告“死亡”之后，并不意味着作者的概念完全不存在，就如 Barthes 所表示的，其结果是作者对于他的作品所拥有的权威性被否定。Foucault 的讨论中强调的是，作者消失后所留下来的空

[12] Michel Foucault, "What Is an Author?" in Foucault, edited by Donald F. Bouchard, translated by Donald F. Bouchard and Sherry Simon, *Language, Counter-Memory, Practice: Selected Essays and Interviews by Michel Foucault* (New York: Cornell University Press, 1977), pp. 113–138.

间，是需要重新思考的，而在不同历史语境中所运作的各有差异的“作者功能”（author-function），正是思考的重点。

作者论与作品论

20世纪西方理论家对于作者概念的各种讨论，对于我们思考中国古代和现代的文学批评和中文的文学作品中的作者，又有什么启示呢？现代意义的各种中国文学史中，最先讨论的文学作品往往是《诗经》。可是，由于这部被视为由多个民间作者所完成的诗集年代久远，绝大多数的作者无法考证确认，即使少数有名兼或有姓在诗文或其他文献中记载，读者也都无法根据这些零星的资料建构出比较完整的作者。《诗经》研究的重点，无论是古代还是现代，都不在作者身上，而是在文本字句的考证和诠释。20世纪初的学者傅斯年对于如何进行《诗经》研究有如下的说法：

> 我们去研究诗经，应当有三个态度：一、欣赏它的文辞；二、拿它当一堆极有价值的历史材料去整理；三、拿它当一部极有价值的古代言语学材料书。但欣赏文辞之先，总要先去搜寻它究竟是怎样一部书，所以言语学考证学的工夫乃是基本功夫。……只拿它当作古代留遗的文词，既不涉伦理，也不谈政治，这样似乎才可以济事。[13]

傅斯年的这个说法，以语言考证和修辞分析为方法，是中国文学批评的传统态度。（至于傅斯年所针对的是各代评论家将《诗

---

[13] 引自屈万里《诗经诠释》（台北：联经出版事业公司，1983年），页23。

经》作为儒家“经书”来注解其义理，而不是作为文学作品来欣赏分析的现象，那又是另外一个议题了。）因为《诗经》作者的难以确认，倒是使得这样的方法看起来与20世纪英美的新批评有一些相似之处。

不过，中国传统文学批评的常态，不是专注于文本的考证与分析，而是同时注重作者和作品二者的研究的。孟子所说过的一句常被引用的话，很可以说明这种态度：“颂其诗，读其书，不知其人，可乎？”[14] 因此，尽管《诗经》的作者是个像谜一样的题目，各个版本的文学史，几乎都在讨论《诗经》的部分中，首先说明其作者和时代的课题。这种主流的文学史叙述方式，正好让我们看到中国人对于“作者”的重视，而这种态度，很明显的是中国传统文学批评在“作品”以外的另一个特点。

南朝刘勰作于公元五世纪末的《文心雕龙》，[15] 是目前所知中国最早的具有系统和规模的文学批评理论著作。就如总序《序志篇》所说的，评论作者的重点是在“褒贬才略”和“耿介程器”，而在全书五十章之中，有关作者的讨论专门有两章，即《才略篇》和《程器篇》。《才略篇》评论到南朝为止的历代作者，主要在于他们的才华和总体作品的风格。《程器篇》讨论作者的品德和才干，则与他们的作品没有直接的关系，而是人物的评价。时代稍晚的《诗品》，[16] 作者钟嵘在这部专门讨论诗人和诗作的著作中，将各代作者分成上中下三品，据他在序中所言，参考了汉代班固的历史著作《汉书》中“九品论人”以及刘歆《七略》中将作者分

---

[14] 《孟子·万章下》，见杨伯峻译注《孟子译注》（北京：中华书局，1996年），页251。

[15] 刘勰著，周振甫注《文心雕龙注》（北京：人民文学出版社，1981年）。

[16] 吕德申《钟嵘诗品校释》（北京：北京大学出版社，1986年）。

为七类进行评论的做法。以《诗品》中高度推崇的被誉为“才高词盛，富艳难踪”的谢灵运为例，钟嵘评论的标准与刘勰相似，也是在于诗人的才情和作品的词彩。

《文心雕龙》与《诗品》的方法开创中国文学批评的传统，把作者放在批评的重心位置之一。从理论架构的角度来说，《文心雕龙》以文体、风格和情采为重点的方法，为以作品为主要对象的文学批评建立典范，但也还另立专章讨论作者；《诗品》将诗人划分品第逐个评论，则结合史学方法，给予独立存在于文本之外的作者重要地位与认可。某种程度上，无论是《文心雕龙》或《诗品》，显然都受到中国重视历史的传统的影响，而中国史书的评价方法，是以传记的方式来强调对于人物的整体评价。

另一方面，中国文学批评强调作者与作品之间的密切关系，在《文心雕龙》中有很清楚的阐释。《明诗篇》引述《尚书·舜典》的“诗言志”，以及《毛诗序》的“在心为志，发言为诗”，并提出广为引述的说法：“人禀七情，应物斯感，感物吟志，莫非自然”。《明诗篇》强调的是写作的过程是由作者受到外在事物的感触，引发其内心情绪和想法，而作品是这个互动过程的自然产物。以作者的“志”为写作的起点，显然意味着作者在写作过程中的主动权和主导性；不过，这个对于写作有所控制的作者，并没有进入阅读的阶段，没有成为指导读者进行作品诠释活动的主要角色。如此看来，中国的传统文学批评里，作者不仅从来没有“被判死亡”，而在作品分析和作者评价的平衡系统之中，具有一个崇高而不至于淹没作品价值的位置。

对于中国古代曾经担任官职而在史书文献中立有传记的文人作者来说，强调作者的批评方法可以得到适当的依据。可是，那些作品在民间流传，而又涉及不同作者在不同时代不断改写的情况，如杂剧传奇和章回小说，作者的课题就变得复杂与艰难，以作者为评论的方法也产生许多棘手的问题，其中最甚者莫过于对于清初小说《红楼梦》作者的考证。《红楼梦》的作者是不是曹雪芹，一直以来是各方争论不休的课题。胡适在1921年发表《红楼梦考证》，考查确认作者为曹雪芹，并根据各种资料叙述其家世生平等细节。[17] 这种以《红楼梦》作者的考证为研究重点的学问，形成一个专门的学科"曹学"，是其他作者身上所不曾发生的。欧洲的文学史也有类似的情况，那就是环绕着英国剧作家莎士比亚（William Shakespeare）的身世所形成的整个研究范畴。对于作者是谁的考证和研究，不涉及作品的分析，甚至无关作者才华风格的讨论，已经不是文学批评的范畴，而是史学的课题了。

作者的鬼魂

一般而言，作者在他们的作品里几乎都是隐形的，也就是说，作者作为一个人物并不具体出现在小说的叙述之中，无论古代或现代的小说都是如此。像西西的《假日》那样有意识的将作者写进小说情节里，以讨论作为一个文学概念的作者，在现代小说中，也不常见。中国古代小说的作者，偶尔也会出现在小说的叙述中，不过，其性质与现代小说有所不同。让人印象深刻而又被研究者不断引述的例子，就是《红楼梦》第一回开篇不久的一段，作者曹雪芹描述《红楼梦》的流传和书名的数次更动之后说：

[17] 胡适《红楼梦考证》，载宋广波编《胡适红学研究资料全编》（北京：北京图书馆出版社，2005年），页136–178。

> 后因曹雪芹于悼红轩中，批阅十载，增删五次，纂成目录，分出章回，又题曰《金陵十二钗》，并题一绝。即此便是《石头记》的缘起。诗云：满纸荒唐言，一把辛酸泪；都云作者痴，谁解其中味？[18]

根据文中的叙述，曹雪芹似乎并不是小说的作者，而是编辑或修订小说的人。这是中国古代小说的特征之一：小说的传播，是通过说书人面对现场的听众讲述的；作为叙述小说情节的说书人，在后来即使书面流传的小说中，仍然留下一些痕迹。就如上述引文之后紧接着一段文字，很明显可以想象这种说书的情况："《石头记》缘起既明，正不知那石头上面记着何人何事，看官请听——"正是说书人对着现场观众说故事的口吻。[19] 小说的作者一般上在说书现场并不出现，却在叙述者（说书人）的叙述中现身。如果已经没有说书的现实场景，而小说中又存留说书的叙述方式，就留下像《红楼梦》里出现的这种痕迹。关于作者和叙述者的关系和分别，我们稍后在"观点"和"叙事"两章会进一步讨论。

作者出现在作品中，提醒着作为读者的我们，作者的确存在。即使我们现在理解并接受 Barthes 的说法，认为作者并不具有诠释他的作品的权威性，作者"死了"，却还像一个鬼魂一样在我们阅读的过程中萦绕不散。的确，作者的鬼魂往往可能以小说中的某一个人物的形态出现，像《红楼梦》中的说书人（叙述者），或者有

[18] 曹雪芹《红楼梦校注本（一）》（北京：北京师范大学出版社，1987年），页3。

[19] 同上。

人认为是贾宝玉（主人公），像《错误》中以第一人称“我”出现的浪子（即是叙述者又是主人公），又像《假日》中的“写小说的人”（也兼是叙述者和主人公，不过性质和前者不同）。我们也许可以在这些人物身上找到小说作者的某一些特征，不过，我们也要了解作者在叙述中没有责任把与自己有关的事物一五一十地向读者交待，甚至可能在某种情况之下故意“不诚实”，就譬如说上述引文中的曹雪芹。小说中的作者，倒可以看成是读者在阅读过程中的投射和想象，也就是通过我们阅读作品所得到的印象所建构出来的作者形象，或者称为“隐含作者”（implied author）。就如 Foucault 所说的，不同时代的读者在阅读同一个文本时，会建构出各有差异的作者形象。因此，与其说作者是一个现实存在的超越时代的固定实体，不如说作者是一个由个别时代读者所进行的历史建构，而每个时代的读者都有不同的建构动机和方式。

当作者对于自己的作品的诠释权被解除，文本就不再是一个封闭的东西，读者也不必寻求作品的唯一或权威性的意义。尽管如此，当我们面对文本时，作者并没有完全消失，我们其实还有许多与作者有关的课题需要思考的。近代的文学研究者将讨论的重点放在作者身上，关注的是作者作为一个社会性的或文化性的身份／认同课题，包括：怎样的社会和历史环境之中产生怎样的作者，这些作者和他们的作品又怎样反过来形塑读者对于自我和社会的认知，有没有哪些作者在这样的环境中被压抑或被排挤，他们又通过什么不同的方式表达对自己和社会的理解等等。譬如说，长期以来的文学写作是由男性作者在主导，除了少数个别例外，杰出的作者都是男性；女性作者与她们的写作在男权主导的社会中受到怎样的压抑？女性作者又是如何看待自己的存在，包括感情、身体、社会身份和关系等等？又譬如说，当我们提起“情诗”时，总是想起许许多多男性写给女性的作品，就算是以所谓“女性观点”写的如“闺怨诗”，也是男性作者假借女性的声音所写的；在男女情爱关系中，女性的声音是否被埋没或扭曲了？就算是有女性作者，如宋代的李清照，她在作品中所发出的声音，是不是受到当时社会上主导的男性话语所形塑？而那些不符合主流的“一男一女”的关系和感情，是不是也有写成作品的？如果是的话，这些作品又是怎样的一种形貌？类似与相关的问题还可以一直问下去，因为每个时代和社会，都存在着某些掌握资源和权力的作者，也就有被边缘化和被压抑的其他作者。在本书的最后三章，我们将更为深入地讨论这些课题。

第二章 阅读

READING

读者与阅读活动

你可能读完了前面关于“作者”的一章后，翻到下一页就接着读这关于“阅读”的一章；你可能随手翻到这一页，就从这里开始读起；你也可能在任何一种我想像不到的情况之下，翻开这本书。无论如何，你在阅读，你就是一个读者。可是，你知道读者是怎样的一种身份吗？阅读又是怎样的一种活动？

我们先来读以下的诗：

所有支撑梦境的梁柱
都已倾倒
我坐在战争与疠疫的废墟上
徐徐翻阅
一本薄薄的诗集

“唯信仰能追随神”首页
矜然的发言
我看见书的边缘依稀浮动着
光。仿佛当年诗人语谶般
圆融饱满的智慧

“光？是不是都要在辉煌燎烧的战火
熄灭后，才顿然涌现？”
我暗自怀疑，且专注聆听
没有凄厉哭喊也没有感想的
风中，风中的鼓声远去

神殿梁柱倾斜的阴影下
一株劫后的新芽，试探地露出
惊惶的脸，又，缩回去
我遂苦苦思索，明晨的那个太阳
究竟会不会？升起

“光是神的证明
每一种光与光曲折的答复
便是神的许诺……”
在暮色中按捺急躁，我继续揣摩
诗人当初规划的律则

晚风挟持最后一阵烟硝，吹过
而赞美的歌是如此地困惑着我
“倘若光未出现，当耐心等待……”

我用黑笔涂抹去
这最后一行。[1]

这首题为《劫后》的诗，是台湾诗人许悔之的作品。诗中描述一场毁灭性的“战争与病疫”发生之后，世界成为一个废墟，唯一生存的叙述者“我”，在浩劫之后的荒芜场景中，翻阅着一本诗集。叙述者一面读着书上记载的文字，一面有感于周遭经历劫难后的环境，思索着书中警示和预告的意义，展示他在当下的矛盾与对未来的焦虑。

《劫后》也可以被看成是一首关于读者和阅读的诗。在诗中语境里，叙述者是一个读者，引号中的字句，是他手中那本诗集里的文字，而整首诗写的是这个叙述者的阅读过程。与此同时，我们也不要忘记，《劫后》本身也是一首诗，我们是这首诗的读者。你在阅读我们对于《劫后》的讨论，你是我们所写的这章文字的读者。

首先，我们面对的问题是：“读者”是谁？现实世界中，你我在阅读一本被印成文字的书，或者任何一个非文字的文本，我们被称为“真实读者”（actual reader）——这个身份很容易加以验证与说明。不过，文本中往往设想或建构具有某种特征的读者，想象某种要直接诉求的对象，与现实中的真实读者不一定相同。这种理想中的读者，是文本中的“隐含读者”（implied reader）。譬如说，《劫后》一诗中所提到的那本诗集的隐含读者，显然是相信“神”的存在与指示的信徒。隐含读者也可以被视为文本中

[1] 许悔之《劫后》，载简政珍编《新世代诗人精选集》（台北：书林出版有限公司，1998年），页464–465。

鼓励真实读者扮演的一种角色。如果阅读诗集的叙述者原本不是一个信徒，它可能在诗集文字的召唤之下，接受了诗集中所宣誓的信仰，那么，真实读者就与隐含读者的角色重叠；如果叙述者抗拒诗集中的召唤，也就是不接受诗集所设定的隐含读者角色的话，这两种角色始终是分离的。理解了现实中的读者和文本中所隐含的读者的基本区别后，我们接下来对于阅读行为的讨论，可以在这个认知基础上进行。

我们要问的第二个问题是："阅读"是怎样的一种活动？《劫后》的叙述者读他手中的诗集，我们读《劫后》，这一系列连贯的阅读行为，是怎样发生的？读者在这个阅读的过程中具有什么功能？文字（或者任何被阅读的可能是非文字的文本）的意义是怎样产生的？这些问题，和文学批评理论中最根本也最受到关注的课题，有着密切的关系。批评理论家常提出的一个问题是：我们的阅读和理解是不是准确？换句话说，作为读者，我们是不是"准确地"读出文本中的意义？当然我们也可以问：文本中是不是有一个"准确"的意义？如果是的话，要怎样读出这个"准确"的意义？如果不是的话，文本中的意义究竟是什么？究竟在哪里？这些问题，也是和另外一个重要的理论"诠释学"（Hermeneutics）有关。虽然我们在这里并不会具体讨论"诠释学"，不过，"读者与文本的关系是一种诠释关系"的认知，是我们讨论读者和阅读概念的基础。

读者反应批评理论

文本的意义就在文本之中，跟文本以外的任何因素没有关系——这是20世纪中期的英国和美国新批评理论家的基本态度。

他们强调文本的独立性与自足性，也就是说，文本的分析应该以其结构和形式为唯一的依据，而不应该诉诸文本以外的其他因素。就如上一章所说的，新批评理论家反对以作者意图和生平经历作为批评的依据，同样的一种态度，也适用于读者身上。W.K. Wimsatt 和 M.C. Beardsley 提出著名的"意图谬误"说法之后，也提出相关的概念"感应谬误"（affective fallacy），[2] 认为把重点放在读者在阅读过程中所产生的主观感受，是一种批评的偏差。不过，新批评理论家中并不是没有注意到读者的存在的。被视为新批评先驱人物的英国理论家 I.A. Richards 认为读者对文本的诠释是建立在感性的反应上，并曾经主持过著名的试验，要他的剑桥大学学生对不具名的文本写下他们的阅读感受。不过，他在分析这些读者的反应时，将他们分成不同的类别，认为有的诠释比较"正确"，有的则"无法掌握文本的意义"。[3] 对新批评理论家而言，追根究底，文本就像是一个保险箱一样，它的意义就像是箱子里所收藏的物件，是被锁定在其中，也是不假外求的。

针对新批评对读者和文本关系的否定提出质疑的理论家，从1960年代末开始，一直到1980年代初，逐渐形成一个影响深远的流派，称为"读者反应批评理论"（Reader-Response Criticism）。整体来说，那些被笼统地归入这个流派的理论家，把文本意义产生的主动权从作者和文本转移到读者，使批评家更为重视读者和文本之间的互动关系，也更突出读者作为主体。他们认为，文本意义

---

[2] W.K. Wimsatt Jr, and Monroe C. Beardsley, "The Affective Fallacy," in W.K. Wimsatt, *The Verbal Icon: Studies in the Meaning of Poetry* (Lexington: University of Kentucky Press, 1954), pp. 21–40.

[3] I.A. Richards, *Practical Criticism: A Study of Literary Judgment* (New York: Harcourt Brace, 1929).

的界定，不能够不考虑到读者所扮演的角色，也就是说，意义是在读者的阅读过程中产生的，而不是如新批评理论家所认为的，意义原本就存在于文本中，等着读者来发掘。读者反应批评理论家的这种看法，我们也可以看成是呼应前一章所提到的 Roland Barthes 宣称的“作者的死亡是读者的诞生所必须付出的代价”。

把作者搁置一旁，如何处理文本和读者的关系，显然是这些理论家主要的关注点。德国理论家 Wolfgang Iser 认为，文本和读者的结合实现了文学作品的存在，不过，这种结合的方式是无法确定下来的，因为作品的意义既不是文本本身，也不是任何一个读者所能够决定的。对 Iser 来说，文本并没有也不可能把所有的事情都交代完整，其中有许多“空隙”（gaps/blanks），而读者根据自己的经验和方式，进行填补这些“空隙”的工作。基于每一个读者的不同经历和背景，他将会从文本中读出不同的意义；即使是同一个读者，也因为每次阅读同一个文本时的情况不同，他所读到的意义也不会完全相同。因此，文本意义也就有无穷尽的可能性。[4] 以《劫后》一诗来说，文本中并没有交代的问题很多，譬如说，这个叙述者是谁？为什么他会在浩劫后成为唯一的幸存者？他在怎样的情况之下得到那本诗集？他面对的是怎样的一种场面？对于作为一个读者的叙述者来说，诗集中提到的“神”是指谁？“信仰”又是指什么宗教的信仰？或者，这种信仰究竟是不是跟宗教有关？这些问题，也就是文本中所留下的“空隙”，是读者必须自己去填补的，而填补的方式，是借用自己的想象和现实中的经验。

---

[4] Wolfgang Iser, “The Reading Process: A Phenomenological Approach” [1974], in Jane P. Tompkins, ed., *Reader-Response Criticism: From Formalism to Post-Structuralism* (Baltimore and London: The Johns Hopkins University Press, 1980), pp. 50–69.

心理学——尤其是20世纪初奥地利心理学家Sigmund Freud所开创的“心理分析”（psychoanalysis）——在读者反应批评理论中有重要的影响，主要是关于读者怎样对文本产生反应的课题。美国理论家Norman Holland提出，每个读者具有独特的个性，不同背景的读者在阅读同一个作品时，都会得到满足感，是因为他们在阅读时根据自己的“身份题旨”（identity theme）——也就是他们的个人心理特征——对作品进行重新创造。作为一个批评家，Holland表示，他在处理作者及其作品时，是通过自我的身份题旨，他对作者和作品的评价，也因此是一种创造的行动。具体的来说，文本的诠释具有一种身份辨识的功能，当读者在阅读时，既通过文学作品来象征自我和复制自我。[5]《劫后》中出现的那本诗集所记载的文字：“光是神的证明／每一种光与光曲折的答复／便是神的许诺……／……／倘若光未出现，当耐心等待……”，对于一个生活在太平盛世、凡事顺意的读者来说，可能会对他有积极鼓舞的作用，让他觉得生命中有追求的目标。可是，对于那个在浩劫后幸存的叙述者来说，产生的可能是相反的阅读效果，不但没有积极的指向，反而使他对信仰和生命产生更大的怀疑。

不过，读者对于某个文本的阅读反应，并不是完全个人性与随意性的，而是有某一种具有集体属性的诠释方式。美国理论家Stanley Fish称这种集体为“诠释社群”（interpretive community）。Fish肯定读者在阅读过程中所扮演的主动角色，与其他的读者反应批评理论家相似，也认为意义并不是原本就存在于文本之中。他提

5 Norman N. Holland, “Unity Identity Text Self” [1975], in Jane P. Tompkins, ed., *Reader-Response Criticism: From Formalism to Post-Structuralism*, pp. 118–133.

出的疑问是，为什么某些读者会在同一个文本中读出同样的意义？他认为，这是因为这些读者对文本采取了相同的诠释策略，而这些策略是某一个社群中的成员所共有的。因此，诠释的行为和结果，应该具有稳定性，但是，这种稳定性并不是恒常性与普世性的，而是受到文化和时代的限制。换句话说，诠释社群不是一个固定的群体，其成员会因为时间和观念的改变，而使他们的诠释策略有所变动，对于同一个文本的诠释也就会有不同。[6] 我们从《劫后》中看到关于“神”的叙述，可以设想的是，如果是一个基督教的信仰者，会把文本中出现的诗集看成是《圣经》的隐喻，并会用自己对于《圣经》的理解来诠释引号中的文字。如果读者是另外一种宗教信仰或没有宗教信仰，他的阅读方式将不会有基督教和《圣经》作为参照系统。Fish 所提出的诠释社群的概念，把阅读从一种读者个人的行为，延伸到读者所属的整个社群；他将阅读看成并非个人的行为，而是一种集体意识的表现。

这些理论家的讨论，把重点从新批评所崇尚的独立文本转移到读者的阅读过程。如果说“作者死亡”的说法将文本从作者的诠释权威中释放出来，强调读者的角度，更是把作者的权威性彻底解除了。读者成为独立的个体，并掌握文本意义的解释权，这样一来，读者的具有个别主体意识的批评取代了文本客观与超然的存在。就如《劫后》的最后一节里，叙述者在环视四周看不到任何生命的迹象，而在诗集的文字中却又不断被提醒“倘若光未出现，当耐心等待……”的时候，心中对这些文字的预示产生矛

[6] Stanley Fish, “Interpreting the *Variorum*” [1976], in Jane P. Tompkins, ed., *Reader-Response Criticism: From Formalism to Post-Structuralism*, pp. 164–184.

盾和抗拒。他没有被动地遵循诗集告诫“当耐心等待”的警示，反而“用黑笔涂抹去╱这最后一行”。叙述者的这个动作，显示他并不是被诗集中的文字所操纵的被动读者，而是以删改文字的方式，以自己的意志更改╱创造文本中的意义。从隐喻的角度来说，这个读者，已经成为文本的作者了。

“读者之用心何必不然”

中国古代文学批评特别重视作者和作品，对于读者的讨论，往往依附于前二者，而不将读者视为独立的个体。另一方面，我们也可以看到不少文献中所记载的例子，是读者将作品中的部分文本加以截取，作为表述自己意志的媒介。这种完全以读者为本位的阅读实践方式，被称为“赋诗言志”，也就是借用《诗经》中的句子，表达自己（与诗文无关）的意思。[7]“赋诗言志”的重点是在读者对于文本的任意引用，跟我们上一节所讨论的读者对于文本的诠释行为有所不同，不过，在进入有关中国古代读者诠释的讨论之前，我们可以从这些例子看到中国古代对于读者，以及读者与文本关系等概念的思考。

春秋时期的外交场合中，各国使臣在酬酢谈话中常引用当时人们熟悉的《诗经》里的文字来表达想法；《左传》就记载了不少当时这种引用诗文做法的例子，如：“赋《诗》断章，予取所求焉”，[8]从《诗经》的文句中取得能够表达己意的部分，而不理

[7] 朱自清《诗经第四》，载《朱自清文集（第四卷）》（香港：文学研究社，1972年），页1006–1013。

[8] 《左传·襄公二十八年》，载李梦生撰《左传译注》（上海：上海古籍出版社，2004年），页850。

会全诗的意思。又如，赵孟宴请诸客，要他们借用《诗经》里的篇章表达自己的志向，也就是"[赋]《诗》以言志，志诬其上"，[9]"诬"字表示了读者的意志是错误地加诸诗文之上的。由此可见，人们引用诗文时，并不理会文句在整体文本脉络中的意义，而是一种断章取义的行为。这种做法在春秋时期普遍通行，不过，其实践的意义在于将文本片段为我所用，而非对文本的诠释。汉代的经学家在解释《诗经》的意义时，为了达到阐释政治伦理的目的，也有"《诗》无达诂"的做法，[10]也就是说，《诗经》文字的章句训诂，并没有某一种确定或固定的方式，诗文的意义是视用者的需要而定。无论是"赋《诗》断章"还是"《诗》无达诂"，读者读诗都只是一种手段，而表达其个人意志才是其目的。

有关读者和作品之间的关系，以及读者应该如何阅读作品的讨论，各代文献中有不少记载。孟子的弟子咸丘蒙误读《诗经》，孟子即纠正他，说："故说诗者，不以文害辞，不以辞害志；以意逆志，是为得之。"孟子的意思是，读《诗经》里的意思，不应该拘泥于个别文字而忽视整段辞句，也不应该拘泥于辞句而脱离作者的意志，理想的读法，是以读者的"意"去迎合推断作者的"志"。由此可见，孟子虽然注意到读者可以有独立的阅读行为，注重的仍然是作者写作的用意，以作者作为作品意义的根据。

这种态度，即如上一章所说的，显然跟中国传统上对于作者和作品的特别重视有关。有系统地讨论读者和鉴赏方法课题的，是南朝刘勰的《文心雕龙》中的《知音篇》。《知音篇》提到不

[9] 《左传·襄公二十七年》，同上，页837。

[10] 董仲舒《春秋繁露·精华篇》，载苏舆撰，钟哲点校《春秋繁露义证》（北京：中华书局，2002年），页95。

同的读者对于各种篇章的主观反应时说："慷慨者逆声而击节，酝藉者见密而高蹈，浮慧者观绮而跃心，爱奇者闻诡而惊听"。[11] 显然的，刘勰观察到了由于性情和偏好的差异，读者在阅读作品时会产生不同的反应，也会把注意力放在作品中不同的段落和文字。不过，刘勰认为这种反应上的偏颇和落差，应该是一个理想的读者所要避免的。对于刘勰来说，理想的读者应该具备六种阅读的能力："一观位体，二观置辞，三观通变，四观奇正，五观事义，六观宫商"，粗略简要地说，也就是要了解作品的体制和风格，章句的安排和设置，文风的传承和创新，表达方式的正统与非正统，作品中引用典故与成辞的做法，以及声律的运用和协调。读者有了这些全面的素养，才能够辨别作品的优劣。[12] 正如篇名"知音"和开篇所说的"音实难知，知实难逢，逢其知音，千载其一乎"所明示的，优秀的作品必须要有好的读者来发现——刘勰并没有把读者视为能够生产意义的独立主体，而是以作者和作品为重；读者的任务，则是在于发掘已经存在的作者的风格和作品中的意义。

刘勰对于读者面对作品时的主观阅读的观察，在后代文学批评家的讨论中也有所阐述；不同的是，后者不对此类阅读方式带有负面评价，而认可读者在阅读过程中具有某种程度的独立于作者和作品的特性。明末清初的王夫之说："作者用一致之思，读者各以其情而自得"，[13] 即认为读者各自的性情有别，致使他们

---

[11] 刘勰著，周振甫注《文心雕龙注》（北京：人民文学出版社，1981年），页518。

[12] 同上，页715。

[13] 王夫之《薑斋诗话（卷上）》，载丁福保编《清诗话》（上海：上海古籍出版社，1999年），页3。

从作品的阅读中得到的意义各有不同，也和作者原本的用意不一定契合。清代的好些批评家也有类似的说法。沈德潜认为“古人之言，包含无尽，后人读之，随其性情浅深高下，各有会心”，[14] 看法与王夫之相似。不过，他虽然认为读者在阅读时各有领会，尊崇作者的态度却也显而易见。袁枚认为“作诗者以诗传，说诗者以说传。传者传其说之是，而不必尽合于作者也”，[15] 说明作者的流传是通过其作品，而作品的流传则是通过读者（或批评者）的阅读。有意思的是，袁枚提出读者所流传的并不一定符合作者的意思，显示了意义是存在于读者的阅读和诠释。特别被学者注意到的，在内涵上与欧美的读者反应批评有相似之处的，是谭献所说的“作者之用心未必然，而读者之用心何必不然。”[16] 谭献的说法把作者和读者两种身份和作用相对起来，显然有否定作者意志，而肯定读者意志的含义。

明末清初以来，中国文学批评对于独立于作品的读者功能，虽然不是很多，在某些批评家的某些文字片段中的确有所提及阐述。从文学批评实践的角度来说，常被人们引述的例子，如明末清初金圣叹评点《水浒传》和《西厢记》等作品，以及脂砚斋评注《红楼梦》等，都可以看到金圣叹和脂砚斋作为读者／批评者的主动性，他们的评点作为阅读行为的独立性。金圣叹对于自己的评点行为的说法是：“圣叹批《西厢记》是圣叹文字，不是《西厢记》文字；

14 沈德潜《唐诗别裁・凡例》，载《唐诗别裁集（上）》（上海：上海古籍出版社，1079年），页1。

15 袁枚《程绵庄诗说序》，载王运熙等编《清代文论选（下）》（北京：人民文学出版社，1999年），页525。

16 谭献《复堂词录序》，载唐圭璋编《词话丛编》（北京：中华书局，1986年），页3987。

天下万世锦绣才子读圣叹所批《西厢记》，是天下万世才子文字，不是圣叹文字。”[17] 正是金圣叹从批评理论和批评实践两个层面，同时确认了读者不受作者和作品限制的特点。

总体来说，中国古代文献中对于读者的讨论，和西方20世纪后期的读者反应批评理论很不一样。中国古代的读者概念，大多数时候是在相对于作者概念的架构之中建立起来，并没有把读者完全独立于作者和作品。中国传统上重视作者和作品的批评传统，往往已经把批评的对象置于相应的历史和文化语境之中，而读者的存在也在这些条件里加以界定。读者反应批评理论则是主要针对新批评而产生的。新批评摆脱了作者，使作品从其原来处在的历史和社会语境之中脱离出来，而以文本的概念独立存在。读者反应批评理论家对此的回应，就是将文本重新找到一个语境，并把这个语境的作用以读者的形态来展示。

阅读的政治性

1980年代以来，欧美批评家对于读者的认知，开始产生一个政治的面向，把阅读行为放在一个权力关系的框架中来理解。原本被看成是一种个人私己行为的阅读活动，从这个角度来说，并不是完全由读者自己决定，而是受到读者所处在的文化、社会、宗教、政治等因素的形塑和局限。

《劫后》中那本诗集里的文句，对于一个有宗教信仰的读者来说，可能读起来觉得具有警示性和预言性，是一种宗教通过文

[17] 金圣叹《读第六才子书西厢记法》，载《金圣叹全集（第三卷）》（南京：江苏古籍出版社，1985年），页19。

本展示权威与力量的证明。可是，《劫后》的叙述者显然是没有宗教信仰或是在经历浩劫之后放弃宗教信仰；从诗集里的文字，他所读到的是情境的反讽和更深沉的绝望，因而最后以具有主动性的意识和行为更改诗句，也改变了读者和作品之间的既定权力关系。与前述 Stanley Fish 所提出的“诠释社群”概念不同的是，这个理解角度的重点，不是在于读者单向地受到怎样的因素影响其阅读方式，而是说明作品和读者的双向关系：在权力关系的框架之中，一方面，作品对读者展现某一种操纵和控制，另一方面，阅读行为也可以是一种对于作品权威的反抗。如此一来，在阅读过程中的意义产生的方式，显然不是由作品或读者单方面形成，而是二者权力抗衡与协商的结果。

从权力关系来看作品与读者的互动，尤其受益于女性主义的批评理论（Feminist criticism）。读者的概念，即使是在读者反应批评理论的讨论中，也被假设为一个具有“普遍意义”（universal）的——尤其是男性的——对象。女性主义的批评方法兴起之后，读者的性别、性向、种族、阶级等因素，即形成对于“普遍意义”读者的质疑与挑战。

传统上，作者绝大多数是男性，而他们的男性观点和男性特征的写作方式，都被视为一种理所当然的事实。同样的，读者被认知为具有“普遍意义”的时候，也是被假设为是男性，男性的价值和标准也被强加在女性读者身上。美国批评家 Judith Fetterley 在她对于美国小说经典的阅读研究里指出，女性读者在阅读这些男性书写的、以男性为对象的作品中，往往被潜移默化地引导“像男性”一样地进行阅读，被强迫向男性的价值取得认同，而丧失作为女性的自我意识。Fetterley 认为，女性读者应该扮演一个“抗拒性读者”（resisting reader）的角色，摆脱男性观点的阅读，并建立专属于女性的阅读模式。[18] 在Fetterley的理论基础上，Patrocinio P. Schweickart提出女性的自我认同，受制于长期以来以男性视角建构的文学经典的阅读，女性读者若要打破这种男性经典的控制，必须以女性主义的批评方式，重新检视她们与男性文本的关系，并建立与女性文本的联系。[19]

由是观之，女性主义批评家所关注的，是女性读者如何通过她们具有自主性的阅读行动与阅读策略，在男性作品所形成的权力笼罩的文化和政治语境之中，抗拒男性价值对女性读者所形塑的认同方式，并对于女性与男性的差异有所意识，重新确认和建构女性的自我。女性主义批评家所描述与抗拒的这种既有权力关系，存在于男性霸权主流力量和处于少数／弱势位置的女性读者之间。显然的，女性主义的批评角度，对于其他相对于男性霸权主流力量的其他少数／弱势族群成员，也同样具有启示的意义。作为一个少数／弱势族群成员的读者，无论是属于性别、性向、种族、阶级等等层面，都可以从女性主义批评的方法中，认识自己与主流社群之间的关系与差异，从而通过另一种阅读的方式和策略，寻索一种有异于主流社群的自我身份／认同建构的模式。在各种抗拒男性霸权主流力量的阅读策略之中，从1990年代以来，受到瞩目，而且也逐渐形成一股重要批评力量的，是从同性恋文化理论中发展出来的“酷儿理论”（Queer Theory）的阅读方法。

---

18 Judith Fetterley, *The Resisting Reader: A Feminist Approach to American Fiction* (Bloomington: Indiana University Press, 1978).

19 Patrocinio P. Schweckart, “Reading Ourselves: Toward a Feminist Theory of Reading,” in Elizabeth A. Flynn and Patrocinio P. Schweickart, eds., *Gender and Reading: Essays on Readers, Texts, and Contexts* (Baltimore: The Johns Hopkins University Press, 1986), pp. 35–62.

第三章 **文本**

TEXT

在沙漠里迷路的人？

你是一个读者，你阅读的对象叫做“文本”。可是，什么是文本？

我们在上一章讨论过，有的理论家认为，读者通过阅读活动，使文本产生意义；另外一些理论家认为，意义存在于文本之中，等待读者将它挖掘出来；也有的理论家认为，意义的产生是一个复杂的读者和文本互动的结果，而读者所处在的社会及其中的意识形态，也对他的阅读有所影响。你是一个读者。此刻，你面对一个文本。从以下的文字里，你读到了什么？

> 每个人心中都有一片沙漠，可以用来迷路。有时不小心就走了进去，在无边无际的视线里要忧郁上好几个夜晚，才找得回我们有花有草的繁华城市。

> 有时，也很想到这么广漠的土地走一趟，像小王子里的“我”，独自在荒漠里平静地画画绵羊，打打呵欠，却始终找不刻意的方向。这样的一片沙漠到底长不长绿意呢，我常常想。搭公车的清早趁众人昏睡在摇晃的车厢单调的速度，我总是清醒地留意。他们都太早起了，车子沿夜与天明的边界崎岖前进，很快就摆荡入童年摇篮的温柔里。司机永远理智地掌舵，轻快时也哼哼儿歌，就是不把公车误入童年。我再专心，也无法捕捉那些熟睡的嘴角模糊的含义，到底，在他们心中的沙漠有没有春天。

读这两段文字，你是不是像一个在沙漠里迷路的人？无论意义产生自文本、读者，还是两者的互动，也许你要问，究竟在阅读中，什么意义自这些文字中产生？这是新加坡作家蔡深江的散文《漫步经心》的开头两段。[1] 这篇作品，曾经获得1990年台湾的时报文学奖散文甄选奖——在当时，这个奖是华文写作最重要的奖项之一。评审之一的杨牧对这篇散文的评语是：“如同许多现代诗、抽象画，看来很不合理，令人不知道该倒着看、正着看，而它的目的其实就是‘都可以’。”[2] 作为读者，你面对这些文字，是不是也有类似杨牧的评语中所描述的那种不知所措的感觉？

我们在这章的讨论中，将把这段文字作为“文本”来看待。不过，像这样的文字，一些批评家习惯上把它称为“作品”。作

1 蔡深江《漫步经心》，载蔡深江《灰狼的事》（新加坡：利智出版社，1992年），页191–202。

2 转引自殷宋玮《后现代情境中的“不管意识”》，载殷宋玮《无坐标岛屿纪事》（新加坡：草根书室，1997年），页117。

品和文本究竟是两个怎样的概念？为什么要区分这两个概念？把一段文字看成作品，以及把同一段文字看成文本，究竟有什么不同？这又会不会对于这段文字的意义有所影响？

如果将这段文字看成是作品，我们知道关于这篇作品的一些资料，例如：题目是《漫步经心》，作者是蔡深江（以及跟这个作者有关的一些背景资料），文类是散文（不是诗，也不是小说），而且得过很高荣誉的时报文学奖（因此是优秀作品）。可是，这些资料对于我们阅读作品似乎并没有太大的帮助。传统上来说，20世纪初以前的文学批评，把“作者”看成是“作品”意义的权威诠释者，批评的目的是要找出隐藏在作品中的作者的思想和感情。这样的方法，对于像《漫步经心》这样的作品也许不怎么管用。首先，读者可能难以进入作品的文字——这究竟是怎样的一个陌生世界？如果我们把《漫步经心》看成是一个“文本”，并从它作为“文本”所具有的特征来讨论，也许就不至于迷路了。

20世纪初以来的文学与文化理论，很大的程度上，是建立在“文本”概念的基础上；我们在这章所要讨论的重点，也是这个意义上的“文本”。不过，在这之前，“文本”一词，有很不相同的意义。20世纪之前，欧洲历史上所称的“文本”（text），主要是指基督教的经文，也就是《圣经》中的文字；“文本批评”（textual criticism）指的则是不同版本的作品的考证比较——最早也最主要的对象是《圣经》——为的是解释各版本之间的差异，并找出最接近原始样貌的版本，以论证作者写作的用意。另一方面，中国古代的抄写、印刷、出版和流通的复杂情况，也使得同一部作品可能有多个不同的版本存世，而各种版本考证与校勘也是一门重要的学问。不过，中国古代并没有类似现代的文本的概念，我们现在在中文使用的文本一词，也是从欧洲语文中翻译过来的。值得一提的是，从字源的角度来说，“text”和“文”分别都有两种以上的物质交织而成的意思。根据《牛津英语字典》的解释，英文text来自法文texte，而后者的来源是拉丁文texere，意思是“编织”。中文里的“文”，《说文解字》谓“错画也”；《辞源》谓“彩色交错”，并引《易系辞》：“物相杂，故曰文”。无论是欧洲语文或者中文，这种两个维度或以上的层次感，在接下来的讨论中，可以看到是现代意义的文本的重要特征之一。

作为符号系统的文本

如果要追溯源头的话，文本概念——甚至是现代文学与文化理论作为一个整体——的重要起点，是20世纪初的语言学，影响尤其深远的是瑞士语言学家Ferdinand de Saussure；他的主要观点，记录在他的学生在他去世后根据其演讲笔记所整理出版的《普通语言学教材》（*Course in General Linguistics*, 1916年）。[3] Saussure认为，每一种语言都是一个完整的符号系统（system of signs）；这个系统中的每一个符号，是两个元素的组合，其一是“能指”（signifier），其二是“所指”（signified）。“能指”是指我们所使用的有形有音的语言符号，而“所指”则是指与这个符

[3] Ferdinand de Saussure, translated by Wade Baskin, edited by Charles Bally, Albert Sechehaye, in collaboration with Albert Reidlinger, *Course in General Linguistics* (London: Fontana, 1974). 有关 Saussure 理论的精简讨论，可参阅 Jonathan Culler, *Ferdinand de Saussure*, revised edition (New York: Cornell University Press, 1986). 1996年，Saussure 本人所写的讲义在他的日内瓦住家中被发现，英文译本为Ferdinand de Saussure, translated by Carol Sanders and Mathew Pires, edited by Simon Bouquet and Rudolf Engler, *Writings in General Linguistics* (Oxford: Oxford University Press, 2006).

号相对应的实物或抽象概念。Saussure 所提出来的与此符号系统有关的两个主要概念是：第一，能指与所指之间的关系不是必然的，而是任意的（arbitrary），根据的是使用这种语言的社会中的约定俗成；第二，语言符号的意义不是独立存在的，而是通过与同一个系统中其他语言符号的差异性（difference）而产生。

Saussure 进一步提出"语言系统"（langue）和"言语活动"（parole）两个概念，并认为若要了解个别表述行为的"言语活动"，必须先研究作为特定社会中被实践的完整的"语言系统"；因此，他也以"语言系统"为主要的理论探讨对象。以 Saussure 的语言学理论为分析模式，结构主义（Structuralism）的理论家把文学作品视为一个自足的、不假外求的符号系统来加以研究。在这个意义上，文学作品可以被称为"文本"：脱离其作者的意图与经历的限制，也和任何外在现实世界的各种因素没有关系；分析的重点，则是文本作为一个整体系统的内在符号之间的对应与差异的关系。就如 Roland Barthes 早期作为一个结构主义理论家所阐述的看法：

> 一种语言本身是没有正确的或错误的，只是有效的或没有效的：有效，是由于它构成一个具有内在逻辑的符号系统。文学语言的规律，无关于这种语言是否符合现实（不管现实派是怎么说的），而关系的是它是否顺从作者所创造的符号系统（当然，我们必须特别强调"系统"一词）。[4]

[4] Roland Barthes, "What is Criticism?" in Barthes, translated by Richard Howard, *Critical Essays* (Evanston: Northwestern University Press, 1972), pp. 255–260. 法文原版出版于1964年。

着重于形式的分析，Barthes 认为文学批评的态度并不是要阐释作品的意义，而是要重新建构其意义产生的规律和限制，也就是分析这个自成系统的文本，究竟如何通过其系统中的各种符号的对应与差异而产生意义。

把蔡深江的散文《漫步经心》视为“文本”，也就是 Barthes 所说的“具有内在逻辑的符号系统”，是一个有效的分析切入点。《漫步经心》创造许多隐喻，每一个隐喻是一个符号，而隐喻和隐喻之间产生对应的与差异的关系。不过，读者在解读文本中的隐喻时可能有困难，是因为这些隐喻作为“能指”，与日常生活语言（或惯常的文学语言）中同样符号的“所指”有所不同。譬如说，“沙漠”一般上的指涉含义是荒凉、贫瘠、困窘，而与其具有对应关系的符号“绿洲”，指涉含义则是泉源、生命、希望。可是，《漫步经心》的符号却是自成一个系统，与习惯的语言中的含义不同。在《漫步经心》中，“沙漠”是一个有着全然不同含义的隐喻，其所指涉的没有这种负面的性质，反而是文本中表现追寻与企望的对象。如果作为一个单独的符号，“沙漠”的隐喻无法产生意义。不过，文本中的其他相关符号，如在沙漠里进行的活动“画绵羊”、“打呵欠”、“找不刻意的方向”，以及引文最后出现的“春天”，显示“沙漠”指向年轻、悠闲、纯真等等意义。相对于“沙漠”的隐喻，则有“城市”、“搭公车”、“司机永远理智地掌舵”等等，把现实生活中不可避免的事物，作为沉闷、单调、虚假的再现。这些相关的与相对的符号，在这个文本中编织成一个网络，形成一个完整的系统，并由此产生意义。

如此从《漫步经心》的隐喻系统中进行分析和重构，则可以看到这个文本的内在世界是自成一个体系；而其意义的产生，恰好就是以其他惯常文本的隐喻为对应所进行的逆向阅读。作为读者，我们的阅读过程，就是在了解这个系统中各种符号的结构方式，并从结构分析中读出意义。正如 Barthes 的说法："文学仅仅就是一种'语言'，也即是一个符号系统；它的存在，并不是在于其讯息，而是在这个'系统'之中。"[5] 由此可见，结构主义者对待文本的态度，强调的是文本的功能性，也就是说，文本中的各个元素如何在整体的符号系统中，通过对应与差异的关系产生意义——意义并不是"自然而然"就存在于文本之中的。结构主义者并不关心文本究竟说了什么关于外在的现实世界，他们不认为文本中的再现与外在世界有着必然的关系。

文本性与互文性

文本作为一个与外界隔绝的客体的概念，无论是新批评的"自足世界"或结构主义的"符号系统"，从1960年代末开始，经历了理论家的重新思考与辩论，标志着理论进入后结构主义（Post-Structuralism）的时代。Barthes 的早期观点接近结构主义，不过，他对文本的讨论，后来更注重文本如何在历史和社会的架构中产生意义。从以下的讨论，我们可以看到的是，历史与社会并不是（如20世纪初以前的批评家所认为的那样）只是作为作品的"背景"，而是和文本一样可以作为分析的对象，也必须和文本一起被分析。

Barthes 发表于1971年的一篇重要论文《从作品到文本》中，从不同层面分析"作品"（work）和"文本"（text）这两个概念

[5] Ibid.

的差异，并阐述文本的特征。[6] 他认为，意义并不是被封锁在文本之中，而是产生于不同的阅读过程。因此，文本是开放性的，它可以被视为具有多重性的意义指涉的对象，任何分析行为都无法使某个文本的意义完全确定下来。文本的这种特征，称为"文本性"（textuality）。Barthes 把文本看成是一个批评方法的场域：文本的存在有赖于语言的实践，也就是批评话语的活动。文本的能指是没有限度地展延的，并不是因为说不出它的意义，而是像一场游戏一样，各种意义在读者与文本的反复接触中，通过一系列的脱节、重叠、变异的活动，使文本产生源源不断的能指，也由此产生无穷无尽的意义。因此，Barthes 宣称，作品只是适量地象征性，而文本是根本上地象征性。

当批评家把《漫步经心》看成是 Barthes 所说的"作品"，他们会尝试在其中寻找一个权威性的意义，也就是一个特定的、稳定的所指，一个"标准答案"。对于《漫步经心》这样充满大量隐喻（而且这些隐喻看起来似熟悉又陌生）的作品，这些批评家可能就束手无策，必须依赖也得要接受作者对其作品的权威解释（当然，条件是作者愿意现身来解释他的作品）。

换一个角度，如果把分析的重点放在《漫步经心》的文本性，文本中的各种交错、重复、对立、并列的符号所编织而成的系统，在不同的读者和批评者的阅读过程中，以他们各自的视角与文本进行互动，将会产生不同的意义。譬如说，新加坡读者和台湾读者，就会因为他们的文化认知和社会经验不同，而对文中隐喻产生不同的理解；不同性别、阶级、种族的读者，也会从各自的角

---

[6] Roland Barthes, "From Work to Text," in Barthes, translated by Stephen Heath, *Image-Music-Text* (New York: Hill and Wang, 1977), pp. 155–164.

度和身份出发，从同样的一个文本中读出不同的意义。因此，文本没有一个放诸四海而皆准的普遍的意义，也没有一个“标准答案”。文本的意义，即如前两章的讨论所显示，从作者为中心转移到读者为中心。就这个层面来说，文本是一个不断在进行创造的过程：不仅是由作者所创造，也在阅读过程中，由不同的读者进行各异的创造。

文本理论的酝酿和辩论，主要是发生在法国的思想界，参与的是从结构主义到后结构主义的理论家。与此学术网络没有直接关系，而在1920年代也进行类似讨论的，是俄国的理论家 M.M. Bakhtin。Bakhtin 把文本视为一种“表述”（utterance），认为表述的意义具有特定历史和社会的特征，也在特定的历史时刻与社会条件之中产生。任何一种表述，简单的如某人说的一句话，复杂的如科学或文学话语，都不是独立存在，而是和在这之前人们所说过的话、那些话被接受的方式，以及其中的意识形态和沟通方式有密切的关系。因此，任何表述都无法达致一个统一的、结论性的诠释，也无法被视为一个具有普遍性的、抽象的系统。Bakhtin 把这种关系称为“对话性”（dialogism）。[7] 1960年代中期以后，保加利亚裔的法国后结构主义理论家 Julia Kristeva 借用 Bakhtin 的这个概念，进一步阐述文本的社会性特征。

19世纪的写实主义者认为文学可以真实地反映外在现实；20世纪初以来，俄国的形式主义、英美的新批评、法国的结构主义等流派的理论家，把文学和外在世界完全分割开来。1960年代中期以后，后结构主义者对这种文学与现实的二元关系有不同的思考。

---

[7] M.M. Bakhtin, edited by Michael Holquist, translated by Caryl Emerson and Michael Holquist, *The Dialogic Imagination* (Austin: University of Texas Press, 1981).

后结构主义者认为，意义不是产生于文本与外在世界之间的对应关系，而是产生于文本与文本之间的重复与变异—— Kristeva 称之为“互文性”（intertextuality）。Kristeva 认为，文本不是作者所原创的，而是既有语言的重新分布（包括分解与重构），也是各种既有文本的重新排列（permutation of texts）。文本的“互文性”指的是，某一个文本中，存在着从其他各种文本截取的表述，互相交错与冲撞；而这个文本，也只存在于它和其他文本的相关与相对的关系之中。那些既有文本，不仅仅是指由文字组成的文学文本，也包括文化、社会、历史等等文本：这些文本生成了我们所面对的这个文本，也成为这个文本中的一个部分。[8]

从互文性的角度来说，一个文学文本，是存在于各种先前既有的文学文本（如前人所写的小说、诗歌、戏剧等）、非文学的文本（如历史资料、新闻、广告等）、社会观念与意识形态（什么是好的和坏的、对的和错的等）等等交织起来的一个巨大繁复的互动性的网络。互文性所产生的网络及其中的互动方式，使文本的意义有多元阐释的可能性，也使文本变得不稳定。以《漫步经心》为例，从语言的层面来看，所有的词汇和句子，都是中文惯常表达方式中所见，却经过重新排列组合，产生如“找不刻意的方向”、“把公车误入童年”之类的非惯常语言。从隐喻的层面来看，我们可以看到“沙漠”从文学与日常语言的传统隐喻中被借用过来，被赋予新的含义，并与另外一些隐喻如“城市”和“公车”，形成新的交错对比关系。从既有的文学文本的层面来看，我们可以发现法国作

[8] Julia Kristeva, “The Bounded Text,” in Kristeva, edited by Leon S. Roudiez, translated by Thomas Gora, Alice Jardine, Leon S. Roudiez, *Desire in Language: A Semiotic Approach to Literature and Art* (New York: Columbia University Press, 1980), pp. 36–63.

家 Antoine de Saint-Exupéry 的小说《小王子》中的元素大量被植入文本中，与文中其他的隐喻有所联接与对照。从社会现实的层面来看，1980年代末在新加坡的经济和城市迅速发展的环境中，效率、规律和进步是主流的意识形态，被看成是理所当然应该接受的价值，可是，在文本中，这些主流价值反过来成为对于个人有所干扰和压迫的力量，并成为全文最根本的反抗对象。

像《漫步经心》这样的文本，借用 Barthes 的概念，我们可以称之为"可写的"文本。Barthes 将文本区分为两种，即"可读的"（lisible）与"可写的"（scriptible）。[9]"可读的"文本是封闭性的，如19世纪的写实主义文学，文本中只显示单元化的声音，并为读者提供单元化的意义。阅读这种文本的时候，读者的角色是一个被动的接受者，由文本的直线型叙事方式带领他进行阅读，最终的结果是达致一个真相的发现。对 Barthes 来说，"可读的"文本的功能在于强化既有的文化观念和意识形态，显示的是文本中的能指都可以找到相关的所指，也就意味着意义的稳定是可能的。相对于这种"可读的"文本，"可写的"文本如20世纪以来的欧美现代主义文学，则是不服从于既有的文学类型或社会观念的规范，通过反叛、谐拟、颠覆等方式，对各种既定的写作与思维模式进行挑战。因此，"可写的"文本无法采用现成的解码方式来进行解读，读者需要参与文本之中以生产意义。从这个角度来说，读者不是被动地被文本带领，而是通过文本中的互文性的梳理过程，也在扮演作者的角色。

我们也可以借用 Barthes 的概念来看中国现代文学。20世纪初的作家，如鲁迅、茅盾、巴金等，在各种批评话语中被评述为现实

[9] Roland Barthes, translated by Richard Howard, *S/Z* (New York: Hill and Wang, 1974).

主义传统的重要代表。当这些作家被批评家作为现实主义的典范来加以评论和推崇，并强调他们的作品含有指导性的意识形态时，作品的意义在批评话语中被确定下来，成为不可动摇的教条。这时，通过这些批评话语，我们所看到的作品，是 Barthes 所说的“可读的”文本；文本中所展示的是：语言可以再现世界，通过语言创造的文学作品可以反映真实的现实，而事实（无论是外在的世界或抽象的意识形态）也可以从作者传给读者。

那些在这个现实主义批评话语中，意义无法被如此确定，也因此不被推崇的作家如废名、钱钟书、穆时英、张爱玲等，他们的作品中往往具有“可写的”文本的特征。我们也可以看到，究竟是“可读的”还是“可写的”文本，不一定就是文本本身的性质，很大的程度上，是在批评话语中被塑造的结果。特别有意思的个案是鲁迅。鲁迅的小说，在中国的文学评论和文学史的语境中，往往被广泛认定为现实主义的作品，看来像是应该归类为“可读的”文本。不过，近20年来，世界各地的鲁迅研究展现的是各种各样的解读方式；在这些多元化的批评话语中，鲁迅的小说作为“可写的”文本，不断地被读者和评论者重写再重写。在这方面最有影响的专著，应该就是李欧梵于1987年以英文完成、在美国出版，并在1991年翻译成中文在香港出版的《铁屋中的呐喊：鲁迅研究》。[10] 由此可见，一个原先被认定为“可读的”文本，通过批评话语的运作，也可能被转化为“可写的”文本。

---

[10] 英文版是：Leo Oufan Lee, *Voices from the Iron House: A Study of Lu Xun* (Bloomington: Indiana, 1987)。中文版是：李欧梵著、尹慧珉译《铁屋中的呐喊：鲁迅研究》（香港：三联书店，1991年）。

非文字／文学的文本

从Saussure的语言学理论借用而来的符号系统概念，以及后来的理论家所提出的文本性与互文性概念，使文本研究成为一个多元学科和多元主体的领域，不但使文学分析有了一个新的方法，也使文本的范畴扩大到文学文本以外的任何事物。文学以外的各种艺术和文化产品，如绘画、雕塑、摄影、电影、音乐、舞蹈、剧场、建筑等等，在这个理论基础上，可以被看作是文本来进行批判分析活动。另一方面，海报、广告、新闻、服装、庆典仪式、体育活动等等社会行为和文化现象，都是在某种特定的文化环境和社会观念中产生与传播，因此可以对其结构关系进行分析并读出意义。同样的，即使是抽象的社会事件、意识形态、文化传统等等，在这个意义上，也可以看成是可供分析的文本。

Saussure早在20世纪初就预见他称为“符号学”（semiology）的科学的出现，认为这种方法可以运用在社会中的各种符号的研究上。[11] Barthes在1957年出版的《神话学》（*Mythologies*），是这种理论的批评实践中最为广泛阅读的。他采用符号学的理论，除了文学文本，也以摔跤比赛、葡萄酒、菜单、洗衣粉等等向来被毫无怀疑地接受的事物，作为文本来进行分析，讨论这些文本如何被转用以作为传达某种意识形态的媒介。[12] 如此一来，这些存在于日常生活中一般上看起来好像没有什么特别意义的事物，被看

---

[11] Ferdinand de Saussure, *Course in General Linguistics*, p. 16.

[12] Roland Barthes, translated by Annette Lavers, *Mythologies* (London: Hill and Wang, 1972). 中文译本为：罗兰・巴特著，许蔷蔷、许绮玲译《神话学》（台北：桂冠图书，1997年）。

成文本之后，经由符号学方法的分析，可以看到某种隐含着的意识形态，通过这些文本向接受者进行传播，并成为普通常识的一个部分。

从这个角度来看待文本，任何意义的生成就无法简单地看成是单纯产生自语言结构、外在现实的忠实反映，或者是作者意图要告诉读者的。意义产生自一个复杂而移动的网络，我们也可以称之为“语境”（context）。美国理论家Jonathan Culler对此有一段精辟的说明：

> 如果我们必须采取一个全面的原则或公式的话，我们可以说意义是由语境所决定的，而语境包括语言的规律、作者与读者所处在的情境、以及所有可以被视为有关联的因素。可是，如果我们说意义是取决于语境，我们也必须附加一点，那就是语境是没有边界的（boundless）：没有任何因素能够预先被确定是 [与某个文本] 有关联的，语境可以不断被扩展，也因此改变我们对于文本意义的认知。[13]

如此一来，文本的研究不可避免的无法只将焦点放在某个文本之上，而必须同时研究文本生产的历史与社会环境、文本流通与传播的方式、不同时代和不同类型的读者的接受情况，以及这些因素如何与被研究的文本进行的各种互动与冲撞。

20世纪初以来，语言学理论开始与文学研究结合，其他的学

[13] Jonathan Culler, *Literary Theory: A Very Short Introduction* (Oxford and New York: Oxford University Press, 1997), p. 67. 中文译本为：乔纳森·卡勒著，李平译《当代学术入门：文学理论》（沈阳：辽宁教育出版社，1998年）。

科如人类学、社会学、哲学、历史学、传播学等等，也参与文学与其他社会、文化文本的研究之中，使文本成为一个完全开放而跨学科的场域。回到我们一开始提出的问题：什么是文本？借用《漫步经心》中的隐喻：文本是“一片沙漠”，就是要“用来迷路”的。

第四章 细读
CLOSE READING

文本细读：切近的阅读

讨论了作者、读者、文本这三个文学作品的基本要素之后，接下来我们要谈的是方法问题：如何来读文本？萌芽于1920年代的英美“新批评”（New Criticism）[1]曾总结出一套处理文本的基础方法：close reading，1940和1950年代随着“新批评”的发展被广泛运用。Close reading 在中文里通常被译为“细读”或“精读”，然而无论是英文还是中文翻译，都指涉一个隐含的对象，也就是“文本”：close reading 强调的不仅仅是阅读的程度（精或细），更在于一种面对文本的态度，一种切近文本的批评姿态。正因此，当“新

[1] “新批评”1920年代发端于英国，1930年代在美国渐成气候，1950年代达至鼎盛。前后30年间，“新批评”不仅成为美国各大学英文系的教学模板，更主导了美国学术界的品味。主要代表人物有 I. A. Richards, John Crowe Ransom, Allen Tate, Cleanth Brooks, Robert Penn Warren, William K. Wimsatt, René Wellek 等等。

批评”淡出批评界之后，“文本细读”并未随之退场，这个概念的使用不再依附于“新批评”的批评实践主张，而被宽泛地用来指一种严谨地细查文本的阅读方式。

根据前一章讨论的“文本”概念，文本细读的对象不一定是文字文本，也可以是这样一幅画：

上面这幅达芬奇（Leonardo da Vinci）创作于1495至1498年间的《最后的晚餐》（The Last Supper），原本画在米兰一家修道院餐厅的墙上，描绘的是《圣经·马太福音》中耶稣受难前最后一次与十二位门徒共进晚餐的情景。根据美国大都会艺术博物馆（Metropolitan Museum of Art）公共网站上的画作介绍，这幅画捕捉了十二门徒在听到耶稣说“你们中间有一个人要出卖我了”那一刻表露出来的各种反应。在表现门徒们戏剧化的反应之外，画家同样赋予这一场景某种秩序感。耶稣的头居于画面正中，被窗口的明亮部分像光环似的环绕着，同样也是所有透视线的汇聚焦点。门徒们三人一组围绕在他身边，其中犹大的脸因为在阴影中而与其他门徒区分开来。[2] 这里引用大都会艺术博物馆的诠释，并非出于学术权威性的考量，而是因为它作为一个面向大众传播艺术史知识的媒介，它的诠释可能被较大范围地流传和接受。大都会艺术博物馆对于《最后的晚餐》的描述，突出了耶稣和犹大的角色，契合着《圣经》故事“最后的晚餐”一幕的主题——耶稣的预言、犹大的背叛，而这也成为对达芬奇这幅画作的一般解读。

2003年，关于达芬奇的《最后的晚餐》的另一种解读，随着一部流行小说的热卖而流传开来。在今天，流行文化重新诠释艺术经典的例子并不少见，然而有意思的是Dan Brown的小说《达芬奇密码》（*The Da Vinci Code*）所进行的诠释却是建立在画作本身的细节重读上。小说通过老教授Teabing和女主人公Sophie的问答，指点出《最后的晚餐》中一些很少被人注意的地方，譬如：桌上根本没有传说中的圣杯；十二门徒中居然有一个女性形象（画中左起第六位）；她和耶稣穿着颜色对称的服饰；把她的人形移到耶稣的另一侧，可以发现他们居然相互依偎，有着共同的表情，交错的视线；Saint Peter的手作刀刃状放在她的颈边等等。[3] 以这些画作细节的描述为基础，小说展开大胆的联想和诠释，认为《最后的晚餐》的主题并不忠于《圣经》，并且恰恰相反，它暗中揭示了一个为教会所不容的秘密，而证据就隐藏在达芬奇的画中。

[2] 可参考The Metropolitan Museum of Art介绍Leonardo da Vinci及The Last Supper的网页：http://www.metmuseum.org/toah/hd/leon/hd_leon.htm（浏览于2008年2月18日）。

[3] Dan Brown, *The Da Vinci Code* (London: Corgi Books, 2004), pp. 318–319, 327–334.

一个文本，可以有多种解读。《达芬奇密码》尽管是一部情节“纯属虚构”的小说，但它和你我一样，都是《最后的晚餐》这个文本的读者。在这里我们并不想讨论其阅读结果的“准确性”，从某种角度看对于画面细节的描述同样离不开个人的诠释和判断，譬如我们凭什么来断定人物的形象是男性还是女性呢？我们想指出的是，上面两种解读的对照，显示了文本细读作为一种方法和态度的意义所在。《达芬奇密码》对《最后的晚餐》的细读，令我们看到有的时候人们对文本的解读并非依据文本本身，而是被某些先入之见影响着。正如小说人物 Teabing 所感叹的：“我们对这幅画预先形成的认识是如此强大，以至于我们的意识封阻了这些不和谐的异常之处，蒙蔽了我们的眼睛。”[4] 抛开常识和成见，从文本本身读出“异常”的细节、“另类”的意义，《达芬奇密码》呈现的正是“切近文本的批评姿态”。

“揭开密码，秘密就藏在你眼前。”（Under the code: The secret is hidden right before your eyes.）[5] 借用《达芬奇密码》官方网站上的广告词，文本细读没有固定的方法，秘密就藏在你眼前的文本中，关键在于你如何摘掉有色眼镜，怎么去读出掩藏在文字、形式、结构等等文本褶皱部分的信息。然而同样需要提醒的是，这样的比喻并不意味着文本的意义像秘密一样原本就在那里，等待着被揭开，正如我们在第二章讨论的“阅读”课题，对于不同的读者，文本的秘密同样因人而异，文本细读就是发现文本信息，为进一步的诠释、批评提供依据。因此同一文本，通过文本细读，

---

[4] Dan Brown, *The Da Vinci Code*, p. 328.

[5] 引自以下网站：http://www.davincicode.com 与 http://www.randomhouse.com/doubleday/davinci/index-utc.php（浏览于2008年2月19日）。

结果并不一定相同，因为受到细读角度、时代、语境、意识形态等等诸多因素的左右，甚至会出现完全不同的解读或相悖的诠释。因而细读的结果，没有对错之分，只有文本依据充分与否、确凿与否的差别。正如面对《最后的晚餐》这个文本，《达芬奇密码》的细读是否有凭有据，我们只有回到画面，才能做出判断。

"新批评"与文本细读策略

文本细读（close reading）作为一个文学理论概念，它的最初登场发生在英国剑桥大学的校园中，与一次教学实验有关。当时任教于英文系的英国文学批评家I.A. Richards有意地将一些诗篇隐去作者姓名发给学生们评论，而收回来的结果却让他吃惊，没有署名的作品，让这些学生失去了评判的标准，他们没有办法就作品本身作出准确的理解和判断，没有办法辨别优秀作品和泛泛之作。在1929年出版的《实用批评》（*Practical Criticism*）中，Richards记录了这个实验的过程，他尝试分析剑桥学生缺乏基本鉴赏能力的原因，同时提供了一套用于诗歌分析的术语和方法，就是后来被美国"新批评"大为推崇的"文本细读"。[6]

由这段渊源看来，"文本细读"实际上是Richards针对当时批评状况提出的一个对策。剑桥学生"有眼不识泰山"，是因为他们长期接受传统文学观念和研究方法的熏陶，习惯从作品的外围入手，先摸清作者生平、时代环境、创作成就等背景资料，在"心中有数"的情况下再来理解作品。这样带有先入之见的"阅读"方

[6] I.A. Richards, *Practical Criticism: A Study of Literary Judgment* (San Diego: Harcourt Brace Jovanovich, 1929), pp. 3–16.

法在“新批评”流行之前一直占据批评界的主流，并且在此基础上形成了传记式、考证式的实证主义批评。面对隐去姓名的作品，剑桥学生表现出来的局限，正暴露了这一批评传统的弊病所在：过于仰赖外围材料的辅佐，却忽视了文本本身传达的信息。

Richards 的教学实验，开始把学生们及批评界的注意力拉回到作品，配合文本细读方法的学术训练，他希望能够恢复人们对文本本身的感悟能力。无论是出发点还是方法论上，美国“新批评”学派都和 Richards 一脉相承，只是他们加固了文本细读方法的理论基础，即“新批评”理论最为核心的文本自足性（self-sufficiency）的观点。这个观点认为文学作品的语言是独立自足的，意义只产生于文本的白纸黑字（the words on the page），与外在的“真实”世界无关，与文本以外的因素无关。也就是说，作品一经发表，便与作者是谁、什么时候创作、为什么要创作、作品在文化运动中起什么作用，以及读者有什么反应等等，都没有关系。这些意见集中表达在 W.K. Wimsatt 和 M.C. Beardsley 著名的“两大谬误”理论（“意图谬误”和“感应谬误”）中，前两章已有所介绍。[7] 可以说，文本自足性观点触及了文学研究的一个基本问题：文本的意义来自哪里？来自作者的创作？读者的阅读？还是文本（语言）本身？在每一种答案的基础上都发展出了相应的理论体系，而“新批评”相信意义公开、客观地存在于文本的语言之中，只要直面文本便能获知，获知的唯一方法便是“文本细读”。

---

[7] W.K. Wimsatt, and M.C. Beardsley, “The Intentional Fallacy,” in David Lodge, ed., *20th Century Literary Criticism: A Reader* (London: Longman, 1972); W.K. Wimsatt, and M.C. Beardsley, “The Affective Fallacy,” in W.K. Wimsatt, *The Verbal Icon: Studies in the Meaning of Poetry* (Lexington: University of Kentucky Press, 1954).

后来的批评理论发展中，“新批评”的文本自足性观点招到最多的诟病，批评者认为这种文本观点过分闭塞，将文本与外围因素隔绝的企图是不切实际的。Terry Eagleton 把它称为将文学作品“物化”（reification）的倾向，批评它“鼓励了一种幻想，认为任何文学作品，……都可以在孤立状态中加以适当研究，乃至理解。”[8] 同样的，以这一观点为基础的文本细读方法也在攻击中倍受牵连，被认为对诗歌语言和形式的过分专注导致了文本分析的狭隘和僵化。而最为著名也最为吊诡的指责却来自于“新批评”的先贤人物 T.S. Eliot ，他嘲笑这种逐字逐句分析的方法，像榨柠檬汁一样不把每一滴意义挤出来誓不罢休，并给“新批评”取了个绰号“榨柠檬汁批评学派”（the lemon-squeezer school of criticism）。[9] 当 Eliot 的长诗《荒原》（*The Waste Land*）被“细读”为表现了“一代人的幻灭”时，他对这个结论更是不屑，站出来表明这与他的创作意图毫无关系。[10] 而有意思的是，从“新批评”的立场看，这一反驳并不能证明“新批评”的“细读”无效，反过来却恰恰提供了一个说明“意图谬误”理论的案例。

尽管文本细读方法产生于“新批评”的理论框架内，并作为传达其批评主张的一个策略被大力推广，但在实际的操作中，文本细读作为一种方法，并不严格恪守“新批评”排斥文本外围因

8 Terry Eagleton, *Literary Theory: An Introduction* (Minneapolis, MN: University of Minnesota Press, 1996). 中文译本见吴新发译《文学理论导读》（台北：书林，2002年），页61。

9 T.S. Eliot, “The Frontiers of Criticism,” in Eliot, *On Poetry and Poets* (London; Boston: Faber and Faber, 1957), p. 113.

10 T.S. Eliot, “Thoughts after Lambeth ,” in Eliot, *Selected Essays* (London: Faber and Faber, 1932), p. 344.

素的理论法则，即便是“新批评”成员的“细读”实践，也时有讨论作者、讨论创作背景的“越轨”行为。比方说 Cleanth Brooks 和 Robert Penn Warren 在《理解诗歌》（*Understanding Poetry*）中“细读”Ezra Pound 的短诗《在地铁站》（In a Station of the Metro），就是结合 Pound 自己对创作状态的描述展开的。[11] 因此，作为一种逐渐独立于理论主张的批评方法，文本细读虽然在“新批评”时期达到鼎盛，但在1960年代也并没有因为“新批评”的落幕而退场，相反融入到后来层出不穷的批评潮流中。直至今日，文本细读方法仍发挥着效力，当人们整天空谈理论之时，它便会把人们的注意力拉回到文本本身，拉回到批评这个行为本身，正如Eagleton所言：文本细读是“一服针对美学主义无聊闲话可贵的解毒剂。”[12]

中国古代的“类”细读方式

中国古代文学传统中并未出现类似“新批评”的理论主张，但从处理文本的方式上看，同样有许多类似“文本细读”的方法。

1. 训诂注疏

训、诂、注、疏、传、笺、章句……这些可以说都是中国古代“读经”传统中的文本细读方法。“训”和“诂”都是说明、解释的意思，是研究、译解古代词义的方法。“注”对于古书来说，“好比用灌注的方法使阻塞的水畅通一样”，注入今天的语言

---

[11] Cleanth Brooks, and Robert Penn Warren, *Understanding Poetry*, fourth edition (Boston: Heinle & Heinle, 1976), pp. 71–73.

[12] Terry Eagleton 著，吴新发译《文学理论导读》，页61。

来令古代语言变得畅通。“疏”指疏通、分析，处理的文本不仅是经传，同时也包括古注。[13] 虽然这些术语的意思和用法各有侧重，但作为“读经”方法，它们的目的都是以今释古，用当下的语言去译解古代词义，同时也关注其中的语法、修辞现象。

这一套文本细读的“读经”方法可以说是中国传统经学的基础，因为古籍流传的年代久远，一方面存在章简错乱、真伪难辨、讹误甚多的问题，另一方面经书中的文字也因为语义的流变而艰涩难解，只有通过文本细读，逐字逐句的训诂、注疏、校勘、辑佚、辨伪、考订，才能让后人通晓解读，了解经书中的微言大义。

从战国末年公羊、穀梁逐字解释《春秋》开始，便逐渐形成了一个注疏的传统，逐渐发展出训诂学这一专门学问。训诂学定型于汉代，一直到南宋的《十三经注疏》都仍遵循逐字逐句讲解的细读方式。而从朱熹的《四书集注》开始，注疏体裁趋于简单化，因为更加强调阐发义理，所以就只重大意不重章句字面的意思了。最后在清代乾嘉考据学派那里，训诂、考据、校勘等等细读工作又成为了学问的中心，重振了这一脉传统。除了在经学的领域，注疏方式同样被用在对古文诗歌的释义点评中。

下面这一段训诂注疏的文例，摘自清代马瑞辰编撰的《毛氏传笺通释》，可让我们一窥中国古代“细读”传统的特色，细读的文本是《诗经》第一首第一句的前四字：“关关雎鸠”。

> “关关雎鸠”，传：“关关，和声也。雎鸠，王雎也，鸟挚而有别。”笺：“挚之言至也。谓王雎之

[13] 相关“读经”方法术语的解释，可参考庄雅州《经学入门》（台北：台湾书店，1997年），页8–10。

> 鸟，雌雄情意至，然而有别。”瑞辰按：玉篇：“关关，和声也。或作喧。”广韵：“喧喧，鸟和鸣也。”关、官双声，故关或作喧。然喧字不见说文，盖后人增益字也。释文：“挚，本亦作鸷。”左氏昭十七年传：“雎鸠氏，司马也。”杜注：“王雎也，挚而有别，故为司马，主法制。”是雎鸠实鸷鸟，传本作“鸷而有别”，义取有别，非取其鸷，故传下云“若关雎之有别焉”。鸷或假借作挚，郑笺因训挚为至，非传恉也。孔疏合而一之，误矣。……[14]

这段注疏逐字讲解“关关雎鸠”四个字，这里只引用了原文的一半，足见这一“细读”方法之细致的程度，字词的音、形、义都一一照顾到。如清代戴震所言：“经之至者，道也。所以明道者其词也。所以成词者字也。由字以通其词，由词以通其道，必有渐。”[15]就是说，要从经书中求得“道”，就要从字词的训诂开始，识字审音，才能够明白字词的意思，进而明白其中的圣人之“道”。不过，因为过分琐碎，这种方法，就像“榨柠檬汁”的“新批评”一样，一直受到批评。

从上面引文可以注意到，下带曲线的“传”、郑“笺”、孔“疏”等字样都是在援引前人的说法。所以说，注疏不仅细读文本的原文，还包括前人相关的注解，集录众说，加以评注，可谓中国古代“细读”方法的特色。中国的注疏传统是层层递进的，

[14] 马瑞辰撰，陈金生点校《毛诗传笺通释》（北京：中华书局，1989年），页29–30。

[15] 戴震《与是仲明论学书》，《戴震文集》（北京：中华书局，1980年），页140。

经有传，传有注，注有笺，还有疏、正义等等，也就是说“传”解释经，“注”解释经传，“疏”、“笺”等等则解释古注。这样一来，历代文本细读的结果往往能体现在一本书中（尤其是集解或集注类的本子）。比如这本《毛氏传笺通释》所续的便是《诗经》的传承脉络。《诗经》的注释版本汉代以后主要有毛亨的传、郑玄的笺。郑玄的《毛诗笺》不仅注诗经本文，也注毛传。唐代孔颖达的《毛诗正义》对传、笺都有详细的疏释。马瑞辰在吸收前人研究的基础上，重新注释，便有了这本《毛氏传笺通释》。这条线索都体现在上面这一段文字的标注中，可以说，这样的文本细读正是中国古代学术积累，代代相传的关键之一。

录各家之言，为的是表一家之见。集录众说，最终是为了论证自己的诠释。上文马瑞辰引《左传》和晋朝杜预的注，来证明毛传中“挚而有别”的“挚”是“鸷”的假借，而非郑玄笺中所言的“至”，可见文本细读的目的还是诠释自己的一家之言。历代积累的注疏，呈现的是各执一见的局面，正应了一个文本，多种解读的说法。

2. 评点

评点，是中国古代另一种形式独特的文本细读方式。评点的对象主要是小说，评点者在细读作品的过程中，随时将自己的理解、感触、评判、见解记录在原作的文字之间，记录的方法十分灵活，有眉批（即评语批在书眉上）、行间夹批，或者插入原文行文中间评述，也会在每回之前或者之后作一个总评，还有对全书的总评。所以，我们看到的评点本，评点文字是夹杂在原文中间的，并不独立成文，整个“细读”的过程历历在目，细致程度也一目了然。

明代的小说评点中比较详细的有万历年间两部署名李贽的《水浒传》评点本，有眉批、行批，还有每回总评，对“一部之旨趣，一回之警策，一句一字之精神，无不拈出”。[16] 清代产生了小说评点的两部重要作品，金圣叹评《水浒传》和脂砚斋批《红楼梦》。下面一段便是金圣叹批《水浒传》中“武松打虎”一节的文字：

> 只见发起一阵狂风。那一阵风过了，只听得乱树背后扑地一声响，跳出一只吊睛白额大虫来。出得有声势。武松见了，叫声：“啊呀！”从青石上翻将下来，有此一折，反越显出武松神威。不然，便是三家村中说子路，不近人情极矣。便拿那条哨棒在手里，哨棒十四。拿着哨棒，第八个身份。闪在青石边。一闪。已下人是神人，虎是活虎，读者须逐段定睛细看。我常思画虎有处看，真虎无处看；真虎死有处看，真虎活无处看；活虎正走，或犹偶得一看；活虎正搏人，是断断必无处得看者也；乃今耐庵忽然以笔墨游戏，画出全副活虎搏人图来。今而后要看虎者，其尽到《水浒传》中、景阳岗上，定睛饱看，又不吃惊，真乃此恩不小也。传闻赵松雪好画马，晚更入妙，每欲构思，便于密室解衣踞地，先学为马，然后命笔。一日管夫人来，见赵宛然马也。今耐庵为此文，想亦复解衣踞地，作一扑、一掀、一剪势耶？东坡画雁诗云：野雁见人时，未起意先改。君从何处看，得此无人态？我真不知耐庵何处有此一副虎食人方法在胸中也。圣叹于三千年中，独以才子许此一人，岂虚誉哉！那大虫又饥又渴，把两只爪在地下略按一按，和身望上一扑，从半空里撺将下来。虎。[17]

---

[16] 袁无涯刻《出像评点忠义水浒全传》，引自朱一玄、刘毓忱编《水浒传资料汇编》（天津：百花文艺出版社，1981年），页148。

[17] 施耐庵著，金圣叹批评，刘一舟校点《水浒传（上）》（济南：齐鲁书社，1991年），页426–427。

引文中的正文字体是《水浒传》的原文，小字体则是金圣叹穿插其间的批语。这种评点形式是金圣叹的革新成果之一，他把前人较多采用的行间夹批改为文字中间的小字夹批，这样一来突破了书页空间的限制，使评点更为细致、丰富、灵活。就像我们看到的，金圣叹的批语短则数字，长者洋洋洒洒近千言，对原作文本细细察看，对诸如“哨棒”、“闪”字出现的次数等各种细节都一一记录。

然而金圣叹评点《水浒传》，所做的可不仅仅是细读文本、评论文本，评到兴致所至，他会借题发挥，将自己的观点一吐为快，并且自由地延伸开去引用其他的文本来说明自己的观点，譬如上面他从施耐庵写人虎搏斗的场面，联想到赵松雪画马的传闻，又穿插苏东坡的诗便是一例。更为特别的是，金圣叹还常常越出评点者的角色范围，动手替“作者”修改文本，或改掉那些前后不一致的地方；或整段删除那些他认为冗长累赘的，与故事发展无关的文字；还作了不少文字、对话的润色工作。最大手笔的动作是他删掉了原来一百二十回的后五十回，并另加了一个结尾，所以金圣叹的《水浒传》评点本被称为金本《水浒传》七十回，因为那已经是金圣叹的再创作。

由此看来，金圣叹细读文本在很大程度上不是为了“评点”，而是为了“论证”，文本成了他论证自己文学观点的论据。金圣叹称“从来文章一事，发由自己性灵，便听纵横鼓荡，一受前人欺压，终难走脱牢笼”，[18] 以“性灵”为标准，金圣叹评出“六大

[18] 金圣叹《圣叹选批唐才子诗（第五卷）》（台北：正中书局，1956年），页151。

才子书”——《离骚》、《庄子》、《史记》、《杜诗》、《水浒记》、《西厢记》，并通过逐字逐句的评点来证明自己说言非虚，而那些不合“才子”气的文字都被修正改进。正因此在他眼中，天下文章只需一种读法：“夫固以为《水浒》之文精严，读之即得读一切书之法也”；[19]“圣叹本有才子书六部，……然其实六部书，圣叹只是用一副手眼读得”。[20] 这样的读法显然是拿文本为我所用，而非以文本为本的“文本细读”。

相形之下，脂砚斋评批《红楼梦》呈现的又是另一种“细读”情形。表面上看脂批承继了金圣叹以来形成的小说评点传统，评批的形式也相仿，但是脂批却有着其他评点本都不具备的独特之处，关键便在脂砚斋其人（包括批语中以其他署名出现的畸笏叟等人）。关于曹雪芹和脂砚斋之间的关系，一向众说纷纭，不管是同一人，或是父子，还是身边亲友，根据现有的资料，有几点结论是较为确凿的：脂砚斋看起来应该是曹雪芹同时代的人，关系亲近，有共同的经历，对曹雪芹家世知根知底。他不仅是小说最早的评论者，还在一定程度上参与了写作，甚至进入了小说的情节，总之，他对《红楼梦》的创作同样知根知底。[21] 所以我们看到的脂砚斋的评点内容，便不只是为人物故事、遣词造句拍手叫好，更多的是在透露《红楼梦》文本本身隐去的背景信息，像作者的家世、作者创作、修改的情况，以及所写情节的某些本

---

[19] 施耐庵著，金圣叹批评，刘一舟校点《水浒传（上）》，页11。

[20] 金圣叹《读第六才子书西厢记法》，载王实甫著，金圣叹评《绘图西厢记》（北京：北京师范大学出版社，1993年），页30。

[21] 冯其庸《红楼梦：脂砚斋评批·前言》，载曹雪芹著，黄霖校理《红楼梦：脂砚斋评批》（济南：齐鲁书社，1994年），页15–26。

事。比如第十六回回前批语点明："大观园用省亲事出题，是大关键事，方见大手笔行文之立意。""借省亲事写南巡，出脱心中多少忆昔感今。"[22] 这些批语似乎在暗示某些与"省亲"、"南巡"有关的曹家旧事，引发了研究者的诸多联想、考证和争论。所以看得出来，尽管脂砚斋的身份模糊，但他不同于一般的读者和评者，他更像是一个局内人（insider），始终站在作者的一方，替作者传话，而不具备自己独立的发言立场。从这个角度来看，脂砚斋的评点与我们先前讨论的"文本细读"并不相同，因为它不是通过"文本细读"完成的，那些信息并非从"文本"本身读到，它们来自于文本以外。

这样看来，细读文本的例子很多，但细读的背后却有着各种各样的意图和动机。在接下来的章节中，我们将通过对具体文本的批评实践，来进一步诠释我们所推崇的"文本细读"的态度：文本作为一个独立的意义场域，它既不是"作者"的传声筒，也不应该是"读者"为我所用的论据。只有以尊重文本的细读态度来面对文本时，文本自身的意义才有可能被发掘和解读。"隐喻"、"观点"、"人称"、"声音"、"叙事"，下面这些章节提供的正是我们进行文本细读时可能切入文本叙事的不同角度，我们会发现，文本正是透过这些叙事策略传达着多层次的信息，而同一个文本在切入点的更换下也会呈现不同的侧面。通过细读，打开文本自身的意义空间，这便是文本细读的意义所在。

---

[22] 曹雪芹著，黄霖校理《红楼梦：脂砚斋评批》，页256。

第五章 隐喻
METAPHOR

当你阅读一段文本时，一般情况下你可以从文字的字／词义组合中直接获得意义，然而有的时候文字本身的含义却不一定是它在文本上下文中产生的意义。不明白这个道理，就会影响阅读的结果，甚至会给阅读的过程带来困扰。

东汉哲学家王充在他的《论衡·艺增篇》中就记录下了这样一段让他生疑的阅读经历。当他读到先秦著作《尚书》用“血流浮杵”一词来形容武王伐纣的景象时，他写道：“案武王伐纣於牧之野。河北地高，壤靡不干燥。兵顿血流，辄燥入土，安得杵浮？且周、殷士卒，皆赍盛粮，无杵臼之事，安得杵而浮之？”[1]意思是说，《尚书》里写武王伐纣的地方地势高，土壤干燥，士兵受伤血流出来马上会渗入土地，怎么能让杵漂浮起来？再说

[1] 王充《论衡》（上海：上海人民出版社，1974年），页133。

周、殷的士兵们都带足了粮食，没有用得到杵臼的事，怎么会有杵漂起来呢？

王充摆出事实的依据来证明“血流浮杵”的说法不可信。从另一个角度看，“血流浮杵”在《尚书》中要表达的意思，或许并不在于这四个字字面提供的事实信息，而是来自字面以外。字面外的意义与文字本身保持着某种联系，需要读者去联想，去猜测。就像“杵”这样东西看上去与战场厮杀毫不相干，但它却可能因为在河流上漂浮的意象，与战争的血腥场面发生关联。血流成河，可以浮杵，如果血流可以被夸张地比作一条河，那“血流浮杵”便能够在上下文中产生出“字面外的意义”，被用来形容战争的惨烈。从此意义上讲，这样的语言表达，与“真实”问题无关。

隐喻就是这样一种意义在字面以外的表达方式，是我们在文本细读中特别需要留心的线索之一。那么在这种表达中，意义如何从文字本身产生出来，又如何与字面相关联？它与基于字面意义的直接表述有何差别，其目的和作用何在？这样的差异和区分对我们的阅读乃至认知又有何影响？这些问题，将引导我们从修辞学以外的角度来理解“隐喻”这样的“修辞”概念，同时也能反观出修辞观念本身的流变。

比喻和隐喻

三千年前的古人是如何形容美女的？我们来看《诗经·卫风·硕人》中的诗句：

手如柔荑，肤如凝脂，领如蝤蛴，齿如瓠犀。
螓首蛾眉，巧笑倩兮，美目盼兮。[2]

《周礼·大师》记载："教六诗：曰风，曰赋，曰比，曰兴，曰雅，曰颂"，[3] 其中的"赋、比、兴"被认为是《诗经》所采用的三种文学表现方式。上面这两句诗用的就是"比"的手法来描绘卫庄公之妻庄姜的美貌。所谓"比"，郑玄解释："比者，见今之失，不敢斥言，取比类以言之。"[4] 刘勰说明得更细致："故比者，附也……附理者切类以指事……夫比之为义，取类不常：或喻于声，或方于貌，或拟于心，或譬于事。"[5] 朱熹总结为："比者，以彼物比此物也。"[6] 可以推测，中国古代所说的"比"和现代汉语里"比喻"的意思差不多，都是指打比方，以彼物来比喻此物。根据后来的修辞学理论，这被借用的"彼物"可称为"喻体"；而被说明的"此物"可称为"本体"。英美"新批评"派的I.A. Richards曾用tenor和vehicle来指代这两部分，前者是被描述的主旨，相当于"本体"；后者是用来描述的"传达工具"，相当于"喻体"。[7] 所以对照上面的诗句，"手如柔荑"，"手"就是本体／tenor，"柔荑"则是喻体／vehicle，"柔荑"被借用来描

[2] 《诗经·卫风·硕人》，载高亨注《诗经今注》（上海：上海古籍出版社，1980年），页82。
[3] 杨天宇撰《周礼译注》（上海：上海古籍出版社，2004年），页337–338。
[4] 同上。
[5] 刘勰著，周振甫注《文心雕龙注》（北京：人民文学出版社，1981年），页394–395。
[6] 朱熹《诗集传》（上海：中华书局，1958年），页4。
[7] I.A. Richards, *The Philosophy of Rhetoric* (New York: Oxford University Press, 1936), pp. 96–97.

述“手”的形态。不过许多时候，本体和喻体不一定是具体的事物，也可以是抽象的概念。

本体和喻体之间的不同关系产生了现代修辞学的比喻分类。如果本体和喻体之间的比喻关系清晰明显，用“像”、“如”、“似”、“仿佛”等词连接，就构成了“明喻”（simile）。如果在表述中，两者之间不单是比喻关系，而成了等同关系，以“是”、“成为”、“变成”等词连接，那就是“隐喻”（metaphor），许多场合也称“暗喻”。更进一步的是，当本体不出现在文中，也没有比喻词连接，而直接以喻体替换本体出现，这就是“借喻”。所以，“手如柔荑，肤如凝脂，领如蝤蛴，齿如瓠犀”，这些都是明喻，而“螓首蛾眉”，本体和喻体都出现，但没有连接词，可以算是省略式的隐喻。

可以说，这样的分类很多时候是修辞学意义上的。然而在实际的文学批评活动中，我们更多面对的，或者说需要深入分析的往往不是词句表达上的比喻现象，本体和喻体在具体的文本中也并不那么容易辨别，而更为重要的是，对于文本分析、文学批评而言，文学修辞现象的意义并不在于修辞学上的区分归类。因而简单介绍上述分类之后，我们下面要讨论的“隐喻”概念更倾向于一个笼统的指称，指那些包含某种类比关系的修辞现象。在定义和区分的问题之外，我们更关心的是，把A比作B，这样一种语言表达是如何构成、如何运作、如何在文本中产生意义，如何影响我们对文本的诠释，乃至如何构筑我们对世界的认知的。

破译隐喻密码

隐喻就像密码，意义被掩藏在字面之下，需要破译才能获知。

破译隐喻密码的关键，在于把握本体和喻体之间的关系。那么，这一关系有哪些特征呢？

首先，本体和喻体应该是性质不同的两件事物。因此，“他长得很像父亲”，虽然出现了比喻词“像”，却不能算是比喻／隐喻。另一方面，本体和喻体并列，读者能通过想象发现某种相似之处、某种联系。“手如柔荑，肤如凝脂，领如蝤蛴，齿如瓠犀”，如果直译就成了“手像白茅的芽一样（……），肌肤如同凝脂一样（……），颈项如同天牛的幼虫一样（……），牙齿像葫芦籽一样（……）”，读者需要在括号中填入额外的内容，才能使句意顺达，而填入的就是读者想象和猜测到的这种相似性。

本体和喻体，原本互不相干，却被放在同一个语境中，被赋予联系。这样做的目的并不在于对比或说明，而是为了给熟悉之物（本体）增添陌生感和新鲜感，打破人们对它的刻板印象（stereotype），展示出那些不为人注意的特征，从而引导出新的认知。相反，如果一个比喻／隐喻不能打破，反而沿袭并加深了人们对事物的刻板印象，那就成了一种陈词滥调（cliché）。比方说，“爱情像玫瑰”，或者“逝去的爱情像凋零的玫瑰”等等。同样描绘逝去的爱情，下面的表达方式显然有所不同：

> 完全不爱了的那人坐在对面看我，
> 像空的宝特瓶不易回收消灭困难。[8]

这是台湾诗人夏宇的小诗《秋天的哀愁》，比喻句构成了诗歌的

---

[8] 夏宇《秋天的哀愁》，载《夏宇诗集／腹语术》（台北：现代诗季刊社，2005年），页70。

全部，其亮点就在于“不爱的人”和“空的宝特瓶”这一对新鲜的比喻关系上。“不易回收消灭困难”，诗歌最后点出了其中互为关联的相似点，令读者衍生出关于爱情的另类联想：逝去的爱情既不能收回，重新来过，爱情留下的记忆也无法轻易地抹去，消失在心中。这股矛盾的情绪正好与诗歌的题目《秋天的哀愁》相契合，所以说尽管诗歌本身只描述了一个场景，但通过比喻的暗示和标题的呼应传达出了浓郁的诗意。“不爱的人像空的宝特瓶”，新鲜的文学比喻令人突破陈词滥调的爱情印象，带来新的思考和感触，不过，当这一比喻流行开来，久而久之被人们熟悉和习惯之后，它就会变成又一个陈词滥调，这可以说是比喻／隐喻的进化论规律。

更多的情况下，文本中本体和喻体之间的关系，并不像《秋天的哀愁》这首诗那样清楚地点出来。两者之间往往保持着不确定的开放状态，任读者去想象、去诠释，就好像诗人北岛曾写过一首一字诗：

生活

网[9]

“生活”与“网”，以标题和内容的形式构成了一种隐喻，可是生活在哪种意义上是网？是一张怎样的网，渔网？蜘蛛网？互联网？还是泛义的无形的网？答案是无穷的，取决于你从何种角度去解读“生活”与“网”之间内在的相似之处。

---

[9] 北岛《太阳城札记·生活》，载《北岛诗歌集》（海口：南海出版公司，2003年），页6。

本体和喻体的关系有时不仅是开放的，更是隐晦的。本体和喻体的距离愈远，它们之间的联系就愈隐蔽。尤其当本体隐而不现的时候，隐喻更成了文本中的密码，不仅需要读者去破译意义，更重要的问题是怎样能从文本中识别出这些密码。文本中的某些文字，是大白话，还是看上去像大白话的隐喻？是单纯的描述，还是另有所指？这样的判断需要读者通过敏锐的观察、细致的体味和大胆的想象，来捕捉那些若隐若现的蛛丝马迹。

如果说隐喻是由本体和喻体构成的一个基本单位，那么另有两个概念也同样包含着这种隐喻性关系：象征（symbol）和寓言（allegory）。

从某种角度讲，象征是被重复和加强了的隐喻。当某个带有隐喻意味的意象反复出现，被反复强调时，它就成了一种象征。通常象征的“本体”不是具体的事物，而是抽象的观念，比方说，橄榄枝象征和平；莲花象征品格高洁等等，这样的象征已被广泛接受。而在文学文本中，象征的意义则要含混多义得多；与隐喻不同，象征不是比拟一事一物，而可以暗示多个层次的意义，并且指向文本的主题。

寓言，可以看成是放大了的隐喻，也就是说一个核心隐喻发展成了一个故事，拥有完整的叙事结构，并把寓意隐藏在情节之下。童年时代的寓言往往是拟人化的，讲故事的最终目的在于说教。而当我们说一部文学作品是一个寓言时，我们强调的是故事整体的隐喻性。

隐喻与传统修辞观

如果说本体和喻体是隐喻的基本构成；两者建立关系是隐喻的运行机制，那么回到更基础的问题——隐喻的工作原理，那便是本章开头就点明的“意在言外”的共识前提，只有当作者和读者对这一点都心照不宣时，隐喻才能发挥它的效力。进一步讲，“意在言外”的共识其实建立在另一层共识基础上，那便是对“言”、“意”区分的默认，即认为语言包含字面意义和字面以外的意义，可以说，正是在这一区分之上发展出了传统的修辞观念。

英语中，有一对概念指明了这样的区分：literal language和figurative language。前者指按照字面传达意义的语言，而后者的界定实际上是否定式的：非字面意义（non-literalness），可以翻译成修辞性语言，它们构成了西方传统语言系统的两大类别，隐喻就是其中一类具有相似关系的修辞性语言。

中文世界里并没有与之相应的概念分类，自古以来，关于“字面外意义”的讨论被包含在“言与意”的命题中。中国古代的批评传统一方面认为“书不尽言，言不尽意”；[10] 另一方面又醉心于“含不尽之意见于言外”的表达。[11] 显然，“言外”并非语言之外，同样是指字面之外。刘勰的《文心雕龙·隐秀》提到一种“隐”的写法：“隐也者，文外之重旨者也……夫隐之为体，义生文外，秘响傍通，伏采潜发，譬爻象之变互体，川渎之韫珠玉也”。[12] 这里的“隐”不一定单指隐喻，但它同样强调“生于文外”之“义”。以语言来表达语言（字面）无法充分表达的意义，在中国古代诗学观念中，修辞正是这样一种悖论式的努力。

---

[10] 《周易·系辞上》，载阮元审定《十三经注疏（上）》（上海：上海古籍出版社，1997年），页82。

[11] 梅尧臣语，录于欧阳修著，郑文校点《六一诗话》，载《六一诗话·白石诗说·滹南诗话》（北京：人民文学出版社，1983年），页9。

[12] 刘勰《文心雕龙注》（上海：商务印书馆，1937年），页54–55。

中文对“修辞”这个词的界定，与英文的figurative language依据并不相同，强调的是传统修辞观的另一个侧面——修饰作用。所谓“修”“辞”，从字面意思即可判断，是指“调整、修饰文辞或语辞”；[13]《现代汉语词典》的解释同样是“修辞：修饰文字词句，运用各种表现方式，使语言表达得准确、鲜明而生动有力。”[14]

“修饰”论和“非字面意义”论，可以说构成了传统修辞观发展的基础，而有意思的是，无论是伯拉图（Plato）、亚里斯多德（Aristotle）的西方传统，还是孔孟老庄的中国传统，对这种特殊的语言表达似乎都没什么好印象。古希腊的修辞学（Rhetoric）被看成一种“劝服”他人的手段和策略，[15] 但古典哲学家们同时也认为，语言修辞技巧的使用带有潜在的危险性。正如伯拉图在对话录（*Dialogues of Plato*）中借苏格拉底（Socrates）之口说的，修辞家“不需要了解事物的真实面目，他只需找到某种劝服的技巧在无知者中显得比专家更有知识就行了”。[16] 在他们看来，修辞性的语言（figurative language）是远离“真实”、“真理”的花言巧语，因为它们是字面语言（literary language）的变异，传达的并非字面的“真实”的意义。因而这一观点认为，修辞（语言）带有某种欺骗性，如果不加约束，便存在扰乱规范、颠倒逻辑、进而破坏理性、道德准则的可能。

---

13 陈望道《修辞学发凡》（上海：上海教育出版社，2001年），页1。

14 中国社会科学院语言研究所词典编辑室编《现代汉语词典》（第五版）（北京：商务印书馆，2005年），页1532。

15 亚里斯多德将修辞定义为“在每一个具体的情境中发现所有可利用劝服手段的能力。” Aristotle, translated by George A. Kennedy, *On Rhetoric: A Theory of Civic Discourse* (New York: Oxford University Press, 1991), p. 36.

16 Plato, “Gorgias,” in E. Hamilton and H. Cairns, eds., *The Collected Dialogues of Plato* (Princeton: Princeton University Press, 1961), p. 242.

在古代中国，道家因为崇尚“自然无为”而排斥修辞，老子有言：“信言不美，美言不信。善者不辩，辩者不善”。[17] 儒家则强调修辞的度：“子曰：辞达而已矣。”[18] 修辞作用只在修饰，其目的是为了表情达意，而假如过了那个度，就成了会“乱德”的“巧言”。[19] 可问题是，如何来定这个“度”呢？班固批评《离骚》“多称昆仑、冥婚、宓妃虚无之语，皆非法度之政、经义所载”。[20] 司马迁批评司马相如汉赋中的夸张描述是“靡丽多夸”、“虚辞滥说”。[21] 而同样的，在上文引用的王充《论衡·艺增篇》的例子中，他未必不知道“血流浮杵”是一种修辞手法，他只是担心这样的修辞被人们当作事实，以“艺增”为题，就是指语义的增加、效果的夸大，王充在这篇文章中列举了许多例子，来说明修辞太过，便有违“事实”。[22] 由此可见， 经义、道德、事实依据都可以是衡量修辞的尺子。

以上所述的看法，显然指向某种态度：修辞，需小心提防、处处管束，否则越了界，就会乱了规矩，传统修辞观造成的这样一种印象，其根源正来自于字面意义／非字面意义（修辞意义）的二元区分。这种论调的潜台词认为字面意义是原生的、客观的、可靠的、符合规范和事实的；而修辞意义是对字面意义的变异，不那

---

17 陈鼓应《老子注释及评价》（北京：中华书局，1984年），页361。

18 《论语·卫灵公下》，载程树德撰，程俊英、蒋见元点校《论语集释（四）》（北京：中华书局，1990年），页1127。

19 “子曰：巧言乱德。小不忍，则乱大谋。”《论语·卫灵公下》，页1115。

20 班固《离骚序》，载郭绍虞编《中国历代文论选（上）》（香港：中华书局，1979年），页120。

21 司马迁《司马相如列传》，载《史记（第九卷）》（北京：中华书局，1982年），页3073。

22 王充《论衡（第八卷）》（上海：人民出版社，1974年），页129–134。

么客观可靠，偏离规范和事实，是不值得信赖的。另一方面，对修饰作用的偏重同样导致了一种工具论的态度，也就是说修辞被单纯当作用来为语言增色添彩的工具，使用者需要把握其用途、力度和技巧，而这些都可通过学习来习得，各种各样的修辞手册就是传授技术的工具书。

传统修辞观下的隐喻，不过是众多修辞手法中的一种，它有着“修辞”应有的品质，意义二分法、修饰论、变异说、工具论都一概适用。但20世纪以后层出不穷的隐喻研究告诉我们，这些品质都是值得怀疑的，隐喻不只是修辞，甚至连“修辞”的概念也需要改写。

隐喻还可以是什么？

Mark Johnson 在发表于1981年的一篇文章中说：“我们正身处于一种隐喻狂热（Metaphormania）中。”[23] 当隐喻（metaphor）和狂热（mania）组合成一个新词的时候，隐喻已成为哲学、语言学、心理学以及文学批评等等共同的课题。修辞学中，隐喻是一种修辞手段，除此之外，隐喻还意味着什么？跨学科的隐喻研究提供了以下说法，每一样都在挑战传统的修辞观念。

说法一，隐喻是语言的构成方式，语言本质上就是隐喻性的。这一观点认为任何语言都须将物体或观念置换成一套抽象、随意的符号，而这一过程就是对实物或观念的隐喻。比如“心”这个字（符号）就是对心脏这一实物的隐喻；“中”是对一种方位观

[23] Mark Johnson, ed., *Philosophical Perspectives on Metaphor* (Minneapolis: University of Minnesota Press, 1981), p. ix.

念的隐喻，两者组合产生另一个隐喻“中心”，来表达更为抽象的概念。可是在平日的使用中，我们并不会觉得这些词语含有隐喻义，因为在我们反复熟练的使用中，我们已经忘记了其中内含的隐喻关系。这些被忘掉的隐喻，我们称之为“死的隐喻”（dead metaphor）。这个观点从根本上否定了字面／非字面意义的区分，因为我们所确信的字面意义只不过是死了的隐喻。

说法二，隐喻是文化结构的基础。这一观点关注的是隐喻含有的创造性机制，因为当我们需要表达一种新的观念时，往往会借用原有的隐喻意象。就好像，“隐喻”这个词本身就是“隐”含和比“喻”的意义组合，而英文 metaphor 在希腊文中的原意是传递、转换（transfer），这个词在现代希腊文中仍可以指运载行李的工具。可见，无论中文还是英文，“隐喻”／metaphor 这个词本身都是借用原有的隐喻意象组合／转换而成的，只不过当它成为固定的批评术语之后，就成了“死的隐喻”。更进一步，“死的隐喻”、dead metaphor、“隐喻狂热”、metaphormania，这些中文和英文的新词不也都是利用旧有隐喻拼接产生？就是这样，环环相扣，隐喻的不断翻新和不断“死亡”建构了我们的整个观念世界。环顾我们的文化和生活，政治斗争中有颜色隐喻（台湾的蓝、绿、红三色对峙）；职场上有体育隐喻（出局、擦边球）；大众交流更充满网络隐喻（博客／部落格，网虫）等等。隐喻的繁殖和传染使我们开口就不可能不用隐喻，而意识形态和文化传统正在其中构型、传播、发挥效力。

说法三，隐喻是一种思维方式、认知方式。George Lakoff 和 Mark Johnson 1980年出版了 *Metaphors We Live By* 一书，他们认为

隐喻不仅限于语言表达的范围，更是人类思维和认知的方式。[24] 也就是说，我们去认识、思考、进而尝试表达某一事物的整个过程（不仅仅是表达）都依靠隐喻运作，我们总是习惯运用已有的概念和符号来把握新的事物。这样一来，隐喻便无所不在，它渗透在人类生活的每个角落，包括一言不发的行为举止中都包含着隐喻，宗教仪式便是最好的例子。

让我们回到文学批评。如果使用隐喻是人类基本活动的一部分，那么文学文本中的隐喻扮演着怎样的角色？它如果不是可有可无的增色剂，那么它的出现作用何在？我们先来读下面这首顾城发表于1980年的诗：

眨眼

在那错误的年代，我产生了这样的“错觉”。

我坚信，
我目不转睛。

彩虹，
在喷泉中游动，
温柔地顾盼行人，
我一眨眼——
就变成了一团蛇影。

时钟，
在教堂里栖息，

[24] George Lakoff and Mark Johnson, *Metaphors We Live By* (Chicago: University of Chicago Press, 2003).

沉静地嗑着时辰，
我一眨眼——
就变成了一口深井。

红花，
在银幕上绽开，
兴奋地迎接春风，
我一眨眼——
就变成了一片血腥。

为了坚信，
我双目圆睁。[25]

这首诗的主体部分（中间三段）描述了一种“错觉”，在眨眼间，“我”所看到的彩虹变成了蛇影，时钟变成了深井，红花变成了血腥。然而诗的开头和结尾却又告诉我们这些景象并不是“我”的错觉，因为“我目不转睛”，“我双目圆睁”，这些相互矛盾的表达暗示了文本中的“错觉”（带引号的）一词和奇异景象的摹写其实都是隐喻。隐喻往往就是在这种表面的掩饰和上下文语境的暗示中产生意义，充满张力。

诗句的并列结构告诉我们，中间三段指向同一个隐喻并不断加强。彩虹、教堂中的时钟、红花，可以代表着美，信仰和理想。尤其是银幕上迎着春风的红花，是一个带有强烈政治意味的隐喻意

[25] 顾城《眨眼》，载顾工编《顾城诗全编》（上海：三联书店，1995年），页153–154。

象。而蛇影、深井、血腥，是变形的、阴暗的、触目惊心的。美好的事物，一眨眼就变成了丑陋，带有着超现实的荒诞意味。

诗歌开头的题解部分提示我们这种荒诞的“错觉”产生于一个错误的年代，联系诗歌的创作背景，文本的政治性凸现出来，这是一首写于中国文化大革命后初期的“伤痕”诗。文本外围的资料提供我们解读的线索，不过在这里我们更感兴趣的是在这首诗中，隐喻赋予文本意义，而且这种意义充满着不确定性。对于诗中美丑瞬间变幻的隐喻，可以诠释为原有的美好价值被彻底推翻，展示了那个时代黑白颠倒，精神扭曲的状态。而从另一个角度看，彩虹、时间、银幕上的浮光掠影都是无法把握的，它们隐喻着一种看上去美丽的虚幻假象。在眨眼间，假象破灭，“我”看到了阴森丑恶的真相。那么在这层意义上，文中带着引号的“错觉”实为一种反讽。又或者，整首诗只是在抒写一种感受：无论怎样的“目不转睛”，“我”都无法看清真相，一切表象都是不可靠的，只有感觉到的荒诞更为真实。

面对这些诠释，我们无法判断哪种更为合理，隐喻就是这样一种奇妙的语言，它一方面在掩饰和揭示之间释放意义，另一方面又创造出一个矛盾共容的意义空间，它有着自我破坏的倾向，本体和喻体之间没有永久的契约，正如“彩虹”可以变成“蛇影”，“时钟”可以变成“深井”，只有在不断的陌生化中，隐喻才能保持意义，不然便会死亡。

第六章 观点
POINT OF VIEW

观点？还是视角？

我们常会说：“就我的个人观点而言……。”这里的“观点”可作“看法、态度”解，那么作为学术概念的“观点”（point of view）在意义上有何不同？从上一章讨论的“隐喻”概念来看，“观点”这个词在我们的日常使用中实际上是一个“死的隐喻”，当它进入批评话语之后，恰恰还原了被人遗忘的本意：观——点，观看的位置。

尽管“观点”的概念常常和小说等叙事文本一起出场，但我们在阅读绝大多数的文本时，都能感觉到某人或某些人的眼光；我们跟随这些眼光来观看、体验文本里的一切，由此便产生了“观点”的概念及诸多相关的话题：谁在看？观看者的位置在哪里？这一位置如何左右着文本的视野？如何左右故事的推进、情绪的铺展？如何帮助生成特殊的文本效果？更进一步的，“观点”如何影响了文本观点／世界观的建构和传达？

讨论这些课题之前，我们先要来解决翻译问题，因为眼下中文学术界使用的译名五花八门，除了“观点”之外，最常见的有“视角”、“视点”、“叙述／叙事视角”等等，而从使用频率来看，“视角”更为通用。

按照字面直译，point of view 这个西方概念比较接近的中文翻译是“观点”，英文原意并没有“角”的意思。事实上，“五四”时期（1915–1927）最早的译介，清华小说研究社1921年出版的《短篇小说作法》就把这个词译为“观察点”，[1] 张舍我的《小说作法大要》、[2] 陈穆如的《小说原理》、[3] 夏丏尊、刘薰宇的《文章作法》[4] 也都用了这一译法。不过，早期译著同样出现了“述法”、“视域”、“视点”、“叙述角”等各种术语译名，在不同论者的描述中，它们的指涉对象、分类方法都不尽相同。这一混乱的局面与西方理论本身的混乱有关，可以说，“五四”时期的翻译，几乎与西方“观点”理论的发展同步，而西方理论界的讨论同样存在许多“家族相似”的姐妹概念，比如 Jean Pouillon 所说的 vision; Georges Blin 的 restrictions of field; Cleanth Brook 和 Robert Warren 的 focus of narration 等等，[5] 更为大众化的用词是 perspective 与 angle of vision 等。

1 清华小说研究社编《短篇小说作法》（北京：共和印刷局，1921年），转引自严家炎编《二十世纪中国小说理论资料（第二卷）》（北京：北京大学出版社，1997年），页132–133。

2 张舍我《小说作法大要》，《申报・自由谈》1921年8月7日。

3 陈穆如《小说原理》（上海：中华书局，1931年），页167。

4 夏丏尊、刘薰宇《文章作法》（第八版）（上海：开明书店，1930年），页43–44。

5 相关概念讨论见Gérard Genette, translated by Jane E. Lewin, *Narrative Discourse: An Essay in Method* (Ithaca, N.Y.: Cornell University Press, 1980), pp. 188–189.

可以猜测，现在学术界通用的“视角”最初对应的并不是 point of view，而是 perspective 或 angle of vision，尽管后来有关“小说视角”的讨论实际上指的就是 point of view。但问题是，这并不单纯是不同译法的问题，我们认为，point of view 和 perspective，观点和视角，可能是两个不同的概念，它们在文本分析中的侧重并不相同。

Point of view （观点）是指叙述者在文本中的观察点，故事从这个观察点被呈现，它与观看者的角色、位置、状态有关，回答的是“谁在看？”“在哪里看？”“看到多少？”的问题，相对应的有女性观点、孩童观点、“第一人称叙述”观点、全知观点、有限观点等分类。而视角是指观看的角度，关心的是看的动作，而不是动作的主人，种类宽泛得多，可以有偷窥视角、俯瞰视角、仰望视角；也可以引申为文化视角、审美视角、历史视角……只要以角度分，不同标准就会产生不同类别的视角。或许也可以说，“视角”是一个比“观点”更大的概念，而“观点”的针对性更强，也更具有主动权，因为同一个人可以有许多观看的角度，也就是说，一个观点可以有许多种视角。谈到视觉效果，观点和视角之间亦有差别：“门缝里看人，把人看扁了”是视角问题；“狗眼看人低”就是观点问题。如果我们不把这两个概念局限于小说文本的范围，它们的不同在一些运用特殊技巧的文本里体现得更为明显。比如，台湾导演杨德昌的电影作品《一一》（2000年）中，有一个性格内向的小男孩洋洋，他喜欢用相机拍下别人的后背，因为他想让别人看到他们自己看不到的一面。无论是洋洋的相机镜头，还是电影的摄像镜头，当它们对准别人的后背时，截取的是一个背后世界的独特“视角”，而同时那也是一种“孩童观点”，因为电影是通过洋洋的相机或眼睛观看世界的。

谁的观点？

卞之琳的《断章》是一首关于观看的诗：

你站在桥上看风景，
看风景的人在楼上看你。

明月装饰了你的窗子，
你装饰了别人的梦。[6]

这首诗中，谁在看？谁都在看。那么，我们所说的文本“观点”在这首诗中是谁的观点？是看风景的“你”？还是在楼上看“你”也看风景的人？或者，还有别人？

换个方式提问，如果把这首诗看成一段叙事，那么是谁在说话？是谁在描述他所看到的一切？可以想象，那是一个隐形的观看者和描述者，他高高在上，既看到了在桥上看风景的“你”，也看到了在楼上看“你”的那个人。每个文本中都有这样一个角色，或隐形或现身，讲故事给我们听，告诉我们他眼中的一切，我们称他为“叙述者”。

“叙述者”概念成立的前提就是与作者划清界限，那界限便是文本的边缘，其外是作者活色生香的生活世界，其内便是他创造出来的虚拟世界。叙述者，就是作者在虚拟文本世界的代言人，代他观看、发声，代他引介人物出场、交待故事发展、发表议论、甚至直接开口发问。他是作者和读者之间的中介，但并不是作者

[6] 卞之琳《断章》，《雕虫纪歷：1930–1958》（香港：三联书店，1982年），页64。

的替身，因为有时作者并不会让叙述者说出自己的真实想法，那时叙述者就成了一个说谎的傀儡。

从文本表面看，叙述者可能和作者没什么关系，但也可能与作者的现实形象很接近，譬如自传，或者以下马原小说《虚构》中的这段文字：

> 我就是那个叫马原的汉人，我写小说。我喜欢天马行空，我的故事多多少少都有那么一点耸人听闻。我用汉语讲故事；汉字据说是所有语言中最难接近语言本身的文字，我为我用汉字写作而得意。全世界的好作家都做不到这一点，只有我是个例外。……我就叫马原，真名。[7]

文本中的"我"和作者一样也叫马原，也用汉字写小说，也天马行空地写出了小说后来讲的故事。即便如此，我们认为那也只是一个名叫"马原"的叙述者，和一笔一划写下《虚构》的作家马原，和后来出现在故事中的人物马原，都不是一回事。混淆叙述者和作者，是作家耍的障眼法，他把自己的写作行为、写作状态写进小说中，制造出作家直接进驻文本的假象，是为了突出文本的"虚构"性，突出叙述者"我"的个人"观点"，是为了明白地告诉读者：所有的故事，都是"我"编出来的。这样的小说被批评家称为"元小说"或者"后设小说"（metafiction）。

无论是在《断章》中隐身，还是在《虚构》里现身，叙述者都以不同的方式显示着自己在文本中的存在。我们所说的文本观

---

[7] 马原《虚构》（北京：作家出版社，1997年），页1–3。

点正是指这个叙述者的观点，与他在文本中观看的位置有关。按叙述者在文本中“看的位置”、“看到多少”，观点的分类有不同的方式，譬如说：

- 全知观点（omniscient point of view）：以全知叙述者的观点叙事
- 客观观点（objective point of view）：以外部观察者的观点叙事
- 有限观点（limited point of view）：以故事中一个或几个人物的观点叙事

以上的三类观点，用法国叙事学家 Tzvetan Todorov 的公式可相应地表示为：叙述者 > 人物（叙述者说的比任何一个人物知道的都多）；叙述者 < 人物（叙述者说的比人物知道的少）；叙述者 = 人物（叙述者仅说出某个人物知道的情况）。[8]

全知观点的叙述者处在故事以外，如上帝一般无所不知、无所不能。他不是故事中的人物，没有具体的形象，但拥有超强的透视能力，可以毫无局限地自由出入不同人物的意识；亦有超强的覆盖能力，其视线可达最远的天际和最隐秘的角落；他更有超越时间的预知能力，曾发生、未发生、将要发生的事情尽在掌握之中。这样的叙述者拥有绝对的叙述自由，故事了然于心，跳跃、切换、插嘴，评头论足，怎么讲都不受约束，Mitchell A. Leaska 称之为总

[8] Tzvetan Todorov 的公式在 Gérard Genette 的著作 *Narrative Discourse* 中被介绍和推广，同时 Genette 还提出了自己的概念：“零聚焦”（zero focalization）、“外聚焦”（external focalization）、“内聚焦”（internal focalization）与上述公式相对应。Gérard Genette, translated by Jane E. Lewin, *Narrative Discourse: An Essay in Method* (Ithaca, N.Y.: Cornell University Press, 1980), pp. 188–190.

括式的叙事（summary narrative），[9] 而中国古代传统中，这种叙事方式最为常见的就是惊堂木一拍好戏开场的说书大戏。

客观观点与全知观点的观看位置其实相同，都处在故事之外，只是观看的主体有着天壤之别。不仅没有全知叙述者无所不知的法力，客观观点的叙述者除了记录亲眼所见亲耳所听之事，对其余的一概一无所知。他需要坚守局外人的本分，不能进入人物的内心，只能做外部言行的描写，就像一架开动的摄像机或录音机，只能选择是否记录以及记录的角度。从叙述方式来看，客观观点放弃了全知叙述者的特权，更多展现故事本身而不去刻意讲述，这样读者就获得了更多的阅读自由，不被告知事情的原委，需要自己去解读去体会去感受。正因此，运用客观观点成为现代小说偏爱的技巧之一，以沉默寡言的观看者取代喋喋不休的说书人，带有某种反叛色彩。

有限观点是指叙述者进入故事借用某一个人物的观点来观察、叙述，故事的呈现因而被锁定在这个人物的视野和感知中，除非转换观点，否则不能越界进入别人的意识，惠子曰“子非鱼，安知鱼之乐？”说的就是这个道理。有限观点很常用，因为它最接近现实生活的情形，我们都只是从自己的观点来看事物，这样的文本给读者亲临其境的感觉。有限观点运用起来变化很多，叙述者借用人物的观点，叙述便需要跟着这个人物的身份、处境、心情走，但问题是为什么要选择这个人物的观点呢？从不同人物眼中看到的故事会全然不同，所以观点的运用对文本意义起着决定性的作用。

---

[9] Mitchell A. Leaska, “The Concept of Point of View,” in Michael J. Hoffman and Patrick D. Murphy, eds., *Essentials of the Theory of Fiction* (Durham: Duke University Press, 1996), p. 161.

台湾诗人郑愁予的《错误》，是从过客“我”的观点来写小城思妇的落寞心情：

我打江南走过
那等在季节里的容颜如莲花的开落

东风不来，三月的柳絮不飞
你底心如小小的寂寞的城
恰若青石的街道向晚
跫音不响，三月的春帷不揭
你底心是小小的窗扉紧掩

我达达的马蹄是美丽的错误
我不是归人，是个过客……[10]

假如我们改变观点，以思妇的观点来改写，就成了这样一个文本：

你打江南走过
我等在季节里的容颜如莲花的开落

东风不来，三月的柳絮不飞
我底心如小小的寂寞的城
恰若青石的街道向晚
跫音不响，三月的春帷不揭
我底心是小小的窗扉紧掩

[10] 郑愁予《错误》，载《郑愁予诗集I：1951–1968》（台北：洪范书店，1980年），页123。

那达达的马蹄是美丽的错误
你不是归人，是个过客……

比较两个版本，观点转换导致文本意义和效果上的偏差就凸现出来。思妇观点下的自怨自艾取消了原诗幽远的意境，同样也取消了从过客的观点想象思妇愁怨的美学距离。而更为重要的是，观点的改变删改了原作的内在涵义，以“我”的观点观照思妇的忧思，实际上蕴含了双重情感，游子的思乡、思妇对游子的思念，两者在身份上的交错形成一种呼应，由此，“达达的马蹄是美丽的错误”不仅对思妇而言，更是“我”的无奈和惆怅。又或者，假如那个寂寞的妇人纯属“我”的想象，那么这首诗实际上写的并不是思妇，而是“我”自己，在“我”的内心意识中，将对故乡、爱人的思念投射在一个虚幻的形象上。

因此，不同人物的观点会呈现不同面貌的故事，这对作家来说，即是限制，却也是便利，灵活运用便能变幻出多样的文本。按 Gérard Genette 的说法，有限观点除了自始至终采用一个人物观点的固定式之外，还有不定式和多重式两种变形。[11] 不定式是指叙述观点会从一个人物转换到另一个人物，而多重式则是通过多个人物的观点叙述同一事件，日本作家芥川龙之介的《竹林中》是这一观点运用的经典之作。

有的时候，有限观点还会出现另一种状况，小说通过故事人物的口（如日记、书信等）讲述另一个故事。譬如说鲁迅的小说

[11] Gérard Genette, *Narrative Discourse: An Essay in Method*, pp. 189–190. 需要说明的是，Genette 的分类论述使用的是“聚焦”（focalization）概念。

《在酒楼上》，“我”在故乡的酒楼上偶遇旧识吕纬甫，听他讲述自己的经历。这种套式结构实际上制造了不同的故事层次，而上一层的某个人物就是下一层的叙述者，如此一来，同一个文本亦能融合不同人物的有限观点。而需要提醒的是，不管有多少层的故事叙述者，他们其实都是文本叙述者借用的观点人物，叙述者观点与人物观点重叠从而将叙述态度隐藏在人物观点的背后，在阅读中读者容易因为直接接触人物的言行内心而忽略这一转述中介，产生错觉。正如《在酒楼上》吕纬甫的倾诉始终有“我”的眼光观照着，而双重观点之间往往暗存相吸或相斥的张力，潜藏着文本的秘密。

有限观点和全知观点看上去水火不容，但在实际的运用中，常常会组合成一种看似矛盾的“有限全知观点”（limited omniscient point of view）。那是因为纯粹的全知观点在文本中很少存在，尤其在长篇小说中，观点往往是滑动的，总是在全知叙述者的观点和一个或几个人物的观点间不断切换，可以说“有限全知观点”是一个针对文本实际状况产生的修正概念。看这段《红楼梦》第六回中的文字：

> 上了正房台矶，小丫头打起猩红毡帘，才入堂屋，只闻一阵香扑了脸来，竟不辨是何气味，身子如在云端里一般。满屋中之物都耀眼争光的，使人头悬目眩。刘姥姥此时惟点头咂嘴念佛而已。于是来至东边这间屋内，乃是贾琏的女儿大姐儿睡觉之所。平儿站在炕沿边，打量了刘姥姥两眼，只得问个好让坐。刘姥姥见平儿遍身绫罗，插金带银，花容玉貌的，便当是凤姐儿了。才要称姑奶奶，忽见周瑞

> 家的称他是平姑娘，又见平儿赶着周瑞家的称周大娘，方知不过是个有些体面的丫头了。

全知观点交待刘姥姥进荣国府的大致情形，同时又不时调节到刘姥姥的观点中来呈现荣国府里的人和事，全景与细节相补充，灵活自如。脂砚斋夹批“是刘姥姥鼻中”；“是刘姥姥身子”；“是刘姥姥头目”；“从刘姥姥心中目中略一写，非平儿正传”。从这些批文可以看见，脂砚斋已经观察到了“有限全知观点”叙述进退之间的妙处。[12]

观点：传统和现代

追溯“观点”概念的产生渊源，西方对这一叙事技巧的发现，可说是现代小说观念形成过程中的产物。古希腊荷马（Homer）史诗以降的叙事传统里，叙述者往往有着绝对的权威，无所不知，任意描述，不仅控制着人物的言行、情绪、感觉，也控制着读者的阅读理解，因为对读者来说，“他”的声音和眼光是不容置疑也不用质疑的。到19世纪下半叶，受Gustave Flaubert作品的启发，作家和评论家的趣味开始发生变化，认为叙述者收敛姿态“客观”地呈现（showing）故事，比直接讲述（telling）故事更符合人们的生活经验，同时也更有技巧，更具有艺术性。在这样的氛围中，Henry James的小说创作让人们耳目一新，而“观点”也因此凸现为一个值得研究的问题。James的小说往往以某个人物的眼光为观点，通篇保持固定不变。这种后来被称为有限观点的手法，在当时被视为

[12] 曹雪芹著，黄霖校理《红楼梦：脂砚斋评批》（济南：齐鲁书社，1994年），页119–120。

现代小说的标志性技巧之一，标志着小说创作脱离全知观点的传统，从讲述故事到呈现故事的转变。不单单是创作实践，James 亦在小说的前言后语里阐释这种独特的观点运用，没有现成的概念可用，他只能靠一些复杂的描述来指代它，比如称之为“通过单一意识（single consciousness）进行的叙述方式”。[13]

Percy Lubbock 在1921年所写的《小说技巧》（*The Craft of Fiction*）算是最早系统研究观点课题的著作之一，在提出界定“观点”概念的基础上，他受到 Henry James 的影响，推崇叙述者身处于故事内部的叙述方式。[14] René Wellek 和 Ausitn Warren 在《文学理论》（*Theory of Literature*）中同样强调“小说的本质在于全知全能小说家有意从小说中消失，而只让一个受到控制的观点出现。”[15] 可以说，正是在那些后来被称为 Jamesian 的追随者的努力下，一套观点理论的经典法则逐渐形成，要点包括：推崇以人物为主的有限观点替代传统的全知观点叙述；强调观点固定，即在一部作品中，一旦选择某个人物的观点就不可变换；反对作者介入作品发言、评论；强调叙述的“客观性”（objectivity）等等。概而言之，他们主张通过有限观点的运用来约束叙述者的权力，试图以“客观”的方式来呈现故事，让读者自己去理解、感受、评价作品。

正统一旦确立，便逐步专断僵化。1961年 Wayne C. Booth 出版《小说修辞学》（*The Rhetoric of Fiction*）重新检视这一脉理论源

---

13 Henry James, "Preface," in *The Ambassadors* (Oxford & New York: Oxford University Press, 1998), pp. xxix–xlvii. 中文译本为：亨利・詹姆斯著，赵铭译《奉使记》（香港：今日世界出版社，1969年）。

14 Percy Lubbock, *The Craft of Fiction* (London: Jonathan Cape, 1960).

15 René Wellek and Austin Warren, *Theory of Literature* (Harmondsworth: Penguin, 1980), p. 223.

流，并指出其中的缺陷：小说创作不可能绝对客观。他批评当时普遍将“呈现”故事的方式置于“讲述”故事之上的风气，认为这种评判标准有脱离文本之嫌。[16] 同样，E.M. Forster也指出批评家们为小说创作找到了自己的技巧元素——“观点”，但对它过度紧张了。他不满程式化地运用有限观点，偏好观点转换（shifting viewpoint）的手法，认为它能使作品具有扩大或缩小感知范围的能力，而那与我们感知生活的方式有相似之处。[17]

如果说在西方理论界，全知观点和有限、固定观点一度被贴上传统与现代的标签，其间的转变被赋予文学现代化的象征意义，那么当“观点”概念被引进到中文语境时，这一公式和诠释也都被照单全收。清华小说研究社的《短篇小说作法》（1921年）在介绍“观察点”概念的同时，就强调小说家应该“在决定自身之视域以后，才好下笔”，而“作者既已决定一种观察点，此后自然应该把同一的态度贯彻全篇”。编者推崇“第三身称述法”，认为那是“最普通、最容易，而最稳当的，作者几乎完全隐于背景之后，不示真面目。”[18] 夏丏尊1925年发表的重要论文《论记叙文中作者的地位并评现今小说界的文学》坚持“记叙文应以不露作者面目为正宗”，[19] 在次年出版的《文章作法》里，同样表明“叙

[16] Wayne C. Booth, "Distance and Point-of-View: An Essay in Classification," in Michael J. Hoffman and Patrick D. Murphy, eds., *Essentials of the Theory of Fiction*, second edition (Durham: Duke University Press, 1996), pp. 117–118.

[17] E.M. Forster, *Aspects of the Novel* (London: Hodder & Stoughton, 1974), p. 55. 中文译本为：爱・摩・福斯特著，朱乃长译《小说面面观》（北京：中国对外翻译出版公司，2002年）。

[18] 清华小说研究社编《短篇小说作法》，页132–133。

[19] 夏丏尊《论记叙文中作者的地位并评现今小说界的文字》，《立达季刊》第1卷第1号，1925年。

事文底观察点不应变更，使文气一致而不散慢冗繁”。[20] 可以说，相似的主张在20世纪初的五四时期及后来的论述中屡屡出现，它们连同交相呼应的创作实践巩固了西方阐释内含的“观点”进化论，即预设了某种“观点”运用（如“有限观点”、“固定观点”）是好的，是现代的，优越于传统（全知观点）。而在今天看来，这一论断的影响并不局限于五四时期，很长一段时间内，它参与建构着中国文学史的现代性论述。

晚清至五四时期，中国小说叙事观点上的转变已被学界细致地讨论过。无论是文言小说中的“记言者”（像《聊斋志异》里的“异史氏”），还是白话小说中的“说书者”（如《红楼梦》以“列位看官”开场），中国传统小说中的叙述者大多占据着全知全能的叙述位置。到20世纪初，“新小说”家们通过翻译小说逐步领悟有限观点的技巧，逐步出现了自我抒情类型的第一人称叙述（如苏曼殊的《断鸿零雁记》），以及较晚的第三人称有限观点叙述（如刘鹗《老残游记》、吴研人《上海游骖录》等）。五四时期，作家们更直接引进西方小说观点理论，创作上的模仿和借鉴也逐步“正宗”，第一人称的抒情式叙述被大量采用，而第三人称叙述中的有限观点人物也不再扮演“新小说”中的旁观者、记录者角色，担当了故事中的行动主体。[21]

概括这样的小说史脉络是为了说明，在西方翻译作品和观点理论的影响下，中国小说叙述观点发生的变化，被现有的许多文学史话语赋予了小说革命的历史意义，它被看成中国小说现代化

[20] 夏丏尊、刘薰宇《文章作法》，页42–51。

[21] 陈平原《中国小说叙事模式的转变》（北京：北京大学出版社，2003年），页62–99。

过程的组成部分，也就是说从摆脱全知观点叙述模式到有限观点的“纯正”运用，从观点的游移到固定，中国小说被认为完成了 Henry James 式的转变，完成了从传统到现代的转变。

另一种传统

回避西方观点的进化论眼光，回到中国的小说传统本身，我们可以发现在西方概念输入之前，这一传统对于“观点”概念的认识并非白纸一张，不假以西方标准来衡量，这些创作和批评都自成特色。从唐传奇到明清笔记小说，中国古代文言小说不乏运用有限观点的例子，但就长篇白话作品而言，全知观点配合运用频繁转换的有限观点，可说是中国的传统模式。批评界常借用描述中国画的术语称之为“散点透视”，不同于西洋画的“焦点透视”。

这一观点运用的特色，在金圣叹、毛宗岗、张竹坡、脂砚斋等等的小说评点中，都成为值得一批的文本现象，而他们最感兴趣的往往是从全知观点转换到“某人眼中”的文字部分。譬如说，《水浒传》第九回写陆虞侯串通管营、差拨密谋一节，开头写道：“忽一日，李小二正在门前安排菜蔬下饭，只见……。看时……”。金圣叹评批：“‘看时’二字妙，是李小二眼中事”；[22]“为阁子背后听说话，只得生出李小二”，[23]称赞以李小二“眼中”写密谋的策略，更点出“生出李小二”，即取其观点人物的专门功能。除“眼中”之外，“口中、耳中、鼻中、心中、意中……”都是

[22] 施耐庵著，金圣叹批评，刘一舟校点《水浒传（上）》（济南：齐鲁书社，1991年），页206。

[23] 同上，页205，注释（一）眉批。

评点派关注的观点内容，在他们看来，某一人物听到的、感知到的、心中所想的都代表了观点的转换。上文所引的脂砚斋批刘姥姥“鼻中”、“耳目”、“身子”就是一证。

在金圣叹、毛宗岗的一些评点中，我们会发现他们将原文的全知观点段落刻意修改成有限观点，目的就是为了强调观点转换的文本功能，并配合提出自己的概念。譬如说，毛宗岗修改《三国演义》第四十八回，写魏、吴交兵，“却说周瑜引众将立于山顶，遥望江北……”，并加批语：“文聘之败，又在周瑜眼中望见。叙法变换”；“曹军折旗，却在周瑜眼中望见。叙法变换”。[24]“叙法变换”，应与“观点转换”同义。另有金圣叹修改《水浒传》“宋江怒杀阎婆惜”一段，容与堂本第二十一回原文如下：

> （阎婆惜）正在楼上自言自语，只听得楼下呀地门响。婆子问道：“是谁？”宋江道：“是我。”婆子道：“我说早哩，押司却不信，要去。原来早了又回来。且再和姐姐睡一睡，到天明去。”宋江也不回话，一迳奔上楼来。那婆娘听得是宋江回来，慌忙把銮带、刀子、招文袋，一发卷做一块，藏在被里，紧紧地靠了床里壁，只做鼾鼾假睡着。[25]

在这段全知观点叙述中有三个人物，分处不同位置，阎婆惜在楼上，阎婆在楼下，宋江在门口，经金圣叹修改之后，便成了：

---

[24] 罗贯中著，毛宗岗批评，齐烟校点《三国演义（上）》（济南：齐鲁书社，1991年），页598。

[25] 施耐庵、罗贯中著《水浒传》（上海：上海文艺出版社，1996年），页276。

> （阎婆惜）正在楼上自言自语，只听得楼下呀地门响。床上问道："是谁？"门前道："是我。"床上道："我说早哩，押司却不信，要去。原来早了又回来。且再和姐姐睡一睡，到天明去。"这边也不回话，一迳已上楼来。
>
> 那婆娘听得是宋江了，慌忙把銮带、刀子、招文袋，一发卷做一块，藏在被里，纽过身，靠了床里壁，只做齁齁假睡着。[26]

以各人的位置替换人名，全知观点便被改成了以阎婆惜的听觉为媒介的有限观点，这一改，从阎婆惜警觉地细听一直到"听得是宋江"，制造了戏剧效果。更重要的是金圣叹另加入批语："（只听得）三字妙绝。不更从宋江边走来，却竟从婆娘边听去，神妙之笔。……一片都是听出来的，有影灯漏月之妙。"[27] "影灯漏月"，可说是金圣叹对观点转换概念的一种比喻。如果说"灯"比喻能照遍屋内的全知观点，那么"影灯"即遮住灯光，切断光源，转而借用漏入屋内的月光来观察；而"漏月"比拟有限观点，一线月光之下，只能看到部分的情形。

总体看来，小说评点派推崇的与其说是单纯固定地运用有限观点，倒不如说是全知叙述下不断切换到不同人物的有限观点，即所谓"散点透视"。其功能评点者亦有谈及，比如金圣叹批前面李小二一段："一个，小二看来是军官；一个，小二看来是走卒。先看他跟着，却又看他一齐坐下。写得狐疑之极，妙妙。"[28]

---

[26] 施耐庵著，金圣叹批评，刘一舟校点《水浒传（上）》，页396。
[27] 同上。
[28] 同上，页206。

叙述受制于观点人物的身份意识，从李小二的“狐疑”中便能产生悬念和戏剧效果。而另外脂砚斋批《红楼梦》第三回贾宝玉眼中所见之林黛玉：“不写衣裙妆饰，正是宝玉眼中不屑之物，故不曾看见。黛玉之举止容貌，亦是宝玉眼中看，心中评；若不是宝玉，断不能知黛玉终是何等品貌。”[29] 由此可见，以人物的有限观点引介其他人物出场，实为一箭双雕的写法，既刻画了被看者的形象，也突显了观看者的品性特征。不过，这些好处往往需要与全知观点搭配使用，全知与有限观点间的转换，或者不同人物间的观点转换，才是古代评点者们内心认同的技巧。

对于“观点”这个概念来说，中国式的实践、诠释与西方体系化的理论发展有否高下之分？还是回到亚里斯多德的提示：只有希望产生某种效果，某种观点才是好的或坏的。[30] 观点的优劣只与文本效果有关，只与文本个体有关，传统与现代、中国与西方的对立区分都是人为涂抹的价值色彩。在具体的文本中，观点是一种控制力量——全知或有限，固定或转换，小人物的或大英雄的等等——观点的选择，控制着故事呈现的角度、意义彰显的力度，最终影响文本内含的世界“观点”、生命“观点”的表达。

---

[29] 曹雪芹著，黄霖校理《红楼梦：脂砚斋评批》，页64，注释（一）甲戌本眉批。

[30] “If such and such an effect is desired, then such and such points of view will be good or bad.” In Aristotle, *Poetics*, quoted from Wayne C. Booth, “Distance and Point-of-View: An Essay in Classification,” in Michael J. Hoffman and Patrick D. Murphy, eds., *Essentials of the Theory of Fiction*, second edition, p. 118.

第七章 人称

PERSON

人称与观点

关于“观点”的讨论总会谈到“人称”。“我”、“你”、“他／她／它”、“我们”、“你们”、“他们／她们／它们”，当不同的人称代词出现在文本中，就会引出一些以人称来区分观点的说法：“第一人称观点”、“第三人称全知观点”等等。类似的表述很常见，许多时候被人们想当然地使用着，然而，细想一下，我们根据什么称某个文本是“第一人称观点”呢？“第三人称”和“全知观点”之间的搭配又基于什么前提？更追究下去，我们面对的问题便是：什么是文本叙事中的“人称”？“人称”与“观点”有怎样的关系？“人称”又是如何在叙事中发挥作用的？鲁迅的小说《祝福》中介绍主人公祥林嫂的文字写道：

> 大家都叫她祥林嫂；没问她姓什么，但中人是卫家山人，既说是邻居，那大概也就姓卫了。她不很爱说话，别人问了才回答，答的也不多。直到十几天之后，这才陆续的知道她家里还有严厉的婆婆，一个小叔子，十多岁，能打柴了；她是春天没了丈夫的；他本来也打柴为生，比她小十岁：大家所知道的就只是这一点。[1]

像这样一段叙事，可能会因为全知叙述者在故事之外观看，文本中又只出现"第三人称"代词而被称为"第三人称全知观点"。然而这一判断却有令人困惑的地方：作为修饰"观点"的定语，"第三人称"如果说是观点人物的"人称"，显然是有问题的，因为全知叙述者并没有人称，并不是文本中的"他／她"。那么这个"第三人称"是谁的"人称"呢？

法国叙事学家 Gérard Genette 在讨论"观点"问题时曾点出：

> 在我看来有关这个问题的大部分理论著作都令人遗憾地混淆了我这里所说的**语式**（mood）和**语态**（voice），混淆了**谁是控制叙述视角**（perspective）**的观点**（point of view）人物？问题和另一个截然不同的**谁是叙述者**？的问题——或者，更简单地说，就是**谁在看**？和**谁在说**？的问题。[2]

---

1 鲁迅《鲁迅全集（第二卷）》（北京：人民文学出版社，1981年），页11。

2 Gérard Genette, translated by Jane E. Lewin, *Narrative Discourse: An Essay in Method* (Ithaca, N.Y.: Cornell University Press, 1980), p. 186. 黑体的文字部分在原文中同样以不同字体标示。

发出这样的感慨，Genette针对的是当时F.K. Stanzel、Norman Friedman、Wayne Booth等小说理论家的各种“观点”论述，尤其是那些用“人称”来区分观点的方法，他认为许多理论其实都不是在讨论“观点”问题，而是将“看”与“说”的问题混为一谈。

Genette的反驳提醒我们，文本叙事其实内含两个侧面：看和说。如果说“观点”涉及看的动作，那么“人称”则指向说（叙述）的部分。从理论上讲，叙述行为包含三大要素：叙述者、叙述接受者、被叙述者，用人称代词来描述三者的关系就是“我”向“你”讲述“他”的故事。这样一组人称关系实际上存在于所有叙事（讲故事）行为内部，这也就是为什么Genette断定无论叙述者是否现身于故事内，他在叙述中都只能是第一人称的。[3] 同样的道理，任何叙述接受者（narratee），听故事的人，都处在第二人称“你”的位置上，那么叙述文本中唯一可变的人称只能是被叙述者的人称，也就是说，我们通常所说的“第X人称叙述”中的“人称”指的就是被叙述者的人称：第三人称叙述是“我”向“你”说“他”的故事，第一人称是“我”向“你”说“我”的故事，而第二人称就是“我”向“你”说“你”的故事。由此看来，我们平时常用的一些概念便需要重新检视，比如“第X人称叙述者”就不那么妥当，“第X人称观点”也有待商榷，因为当观点人物和被叙述者并不重叠时，人称的指涉就会产生歧义。所以，上面这段《祝福》中的文本，从“观点”来看属于全知观点，从“人称”来分则是第三人称叙述，两种描述不能合二为一。

---

[3] Gérard Genette, *Narrative Discourse: An Essay in Method*, pp. 243–244.

或许是因为“人称”的运用很容易被辨识，它的叙事功能不太被理论界关注，Wayne Booth 就曾说：“人称大概是被滥用最甚的区分方式。说一个故事是以第一或第三人称讲述的并没有告诉我们什么重要的东西，除非我们更为精确地来描述叙述者的特殊品质是如何与特殊的效果相联系的……。”[4] 与“人称”相比，“观点”往往被认为是更能够体现叙事复杂性的因素，因为同一人称叙述采用不同的观点会带来迥异的文本效果。不过，这一章我们以“人称”为关键概念进行讨论，倒是想说明在文本中，“人称”具有不同于“观点”的叙事功能，更多的情况下，两者各施其职，协同合作，配合参与着文本意义的建构。

Genette 关于“人称”的讨论集中于第一人称叙述，他认为任何叙述都是第一人称的，而“真正的问题在于叙述者是否用第一人称指认他的其中一个人物”，即故事是被作为人物的“我”讲述的，还是被故事外的叙述者（隐身的“我”）讲述的。[5] 并且，同样作为人物的“我”参与故事的程度也会不同，可以是旁观者、见证者——如鲁迅《孔乙己》里的小伙计“我”，阿城《棋王》中追随“棋王”的知青“我”，也可以是故事的主人公讲述自己的经历——如香港作家西西的这一篇《像我这样的一个女子》：

> 像我这样的一个女子，其实是不适宜与任何人恋爱的。但我和夏之间的感情发展到今日这样的地步，使我自己也感到吃惊。……一开始的时候，我就不应该答应和夏一起到远方去探望一位久别了的

[4] Wayne C. Booth, *The Rhetoric of Fiction*, second edition (Chicago: University of Chicago Press, 1983), p. 150.

[5] Gérard Genette, *Narrative Discourse: An Essay in Method*, p. 244.

> 同学，而后来，我又没有拒绝和他一起经常看电影。对于这些事情，后悔已经太迟了，而事实上，后悔或者不后悔，分别也变得不太重要，此刻我坐在咖啡室的一角等夏，我答应了带他到我工作的地方去参观，而一切也将在那个时刻结束。当我和夏认识的那个季节，……[6]

小说就是这样开头的，且通篇都是以这种内心独白的方式来讲述。作为主人公的“我”是一个殡仪馆的女化妆师，当她陷入与“夏”的恋情时，并没有告诉他自己的职业。因为“我”的姑母就是因为这个职业而历经恋爱的挫折，孤独终老。两代爱情悲剧的故事，如果用第三人称（配合全知观点或有限观点）同样可以叙述得有声有色，那么西西选择第一人称的独白叙述用意何在呢？

从叙述者、被叙述者、叙述接受者三方的关系来看，第三人称讲述他人的故事，与故事的距离最远，即便表现人物的内心，也是远距离的观照。而在第一人称中，叙述者和被叙述者是重叠的，都在故事内，叙事直接进入主人公的意识。《像我这样的一个女子》将一个年轻女子矛盾的内心状态曝露出来，思绪的跳跃、情绪的波动都呈现得丝丝入扣。然而更为重要的是，小说采用第一人称并非自传式的坦白和宣泄，而是一种策略，使它得以将主人公“我”及姑母几十年的命运坎坷压缩到一个时间片段，如上面小说开头写的“此刻我坐在咖啡室的一角等夏”，那是秘密即将被揭开前的片刻。这一关键时间的选择，使第一人称能够展现主人公澎湃的心绪，回忆、自问、自我审视、自我怀疑、自我辩白

[6] 西西《像我这样的一个女子》（台北：洪范书店，1984年），页109。

等等意识活动，一方面烘托出人物剧烈挣扎的心理状态，另一方面又巧妙地将故事的前因后果从思绪碎片中拼贴出来，并制造出愈来愈强烈的悬念：恋人“夏”是否会接受“我”的职业现实呢？有意思的是，小说的第一人称叙述，始终约束在“我”的思索中，并且在结尾谜底就要揭晓时嘎然而止，让叙述停留于主人公的猜测，而“夏”的真实反应却不得而知。第一人称叙述加上有限观点的严格控制，给这部小说留下了悬念，小说的重心也由此凸显：它不在于讲一个有头有尾的故事，而意在呈现人物的内心曲折。

这么看来，人称的选择与叙述者的叙述姿态有关。与表现个人内心的第一人称相比，第三人称叙述则较为疏离。按前面提到的叙述关系来看，第三人称叙述之所以最传统最常用，正是因为它符合我们讲“他”人故事的自然习惯。在文本中以“他”为人称，自然区分并安顿了叙述者“我”和叙述接受者“你”的角色，只有被叙述者在故事中。这样一来，叙述者和被叙述者保持距离，赋予叙述者随意调节观点的绝对权力，或全知全能，或自我约束，或借用人物眼光，或中途转换，收放自如的观点运用，最能发挥叙述的虚构特色。另一方面，文本仅指涉“他”，使叙述者和叙述接受者都处在隐形的状态，都是“局外人”，由此叙述和接受都很容易成为一种远距离的轻松闲谈，没有第一人称叙述带来的倾诉压力。

回到本章一开始那段出自鲁迅《祝福》的引文。全知观点下的第三人称叙述，产生的就是众人（“大家”）道听途说、闲嘴八卦的叙述效果。祥林嫂的故事，是一个在他人嘴中流传的他人的故事。在一般课本和教材对《祝福》的主题分析中，祥林嫂的故事总是焦点所在，比如“它描写的是以勤劳朴实的农村劳动妇女为主角的一出平凡而悲惨的社会悲剧”；“祥林嫂受苦难、受宰割、受歧视、受唾弃的命运，成了封建宗法社会中千百万处于奴隶地位的农村劳动妇女的命运写照。”[7] 这样的解读之下，鲁迅创作《祝福》便成了对封建宗法社会有力的“控诉”和“批判”。

如果从“人称”的角度来重读《祝福》，我们会发现整部小说的人称运用并不是统一的，中途出现了转换。第三人称叙述的“祥林嫂”故事，实际上被外围的第一人称叙述笼罩着。那么，这一层第一人称叙述有何涵义？第三人称叙述不是已经完成了对祥林嫂悲惨命运的展示了吗？又或者，《祝福》为什么不像《孔乙己》一样就以第一人称叙述配合旁观者“我”的观点来统一整个叙事？中途转换人称和观点用意何在呢？

从叙事策略看，《祝福》实际上有两个层次的叙事，在祥林嫂的故事外层，包裹着“我”的故事，而双层的叙述、双重的观点包含着某种呼应。比照《孔乙己》，我们会发现一个不同，《孔乙己》里的小伙计“我”始终注视着孔乙己，而《祝福》里的“我”与祥林嫂只有一处交谈，而那个情节出现在外层的“我”的故事里，她其余的故事，于“我”只是听闻来的。那么是否有这样一种可能，《祝福》从某种意义上讲的其实是“我”的故事，祥林嫂的故事反而是一种衬托？小说开篇便讲述“祝福”气氛下“我”的百无聊赖，而路遇祥林嫂成了全文的关键。祥林嫂逼问魂灵的有无，地狱的有无，将“我”的无聊打破，令“我”不安，而她的死更让生命、生存的意义再次凸现于无聊的生活中，尽管“我”在暂时的惊惶过后，逐渐轻松，但内心的忐忑和负疚

[7] 杨义《中国现代小说史（第一卷）》（北京：人民文学出版社，1998年），页174–176。

让“我”想起了祥林嫂的一生。全知观点加第三人称叙述的祥林嫂的故事，并没有“我”的参与，并非“我”的观点，那是让叙述者和叙述接受者都轻松自在的“她”的故事，于己无关痛痒，可作饭后谈资，“我”只是众多消遣者之一罢了。正如祥林嫂诉苦，说多了就成了渣滓，那么小说叙述者“我”在又一次复述她的故事之后，同样也获得了某种精神上的解脱，在“祝福”的爆竹声中，“懒散而且舒适”地扫空了“从白天以至初夜的疑虑”。[8]可以说，《祝福》里的“我”是鲁迅小说中又一只飞了一圈又回到原地的蝇子，被祥林嫂的生命追问吓了一下，但迅速又回到了空虚聊赖的生活轨道上。

《祝福》发表于1924年3月《东方杂志》21卷6号，收入鲁迅的短篇小说集《彷徨》为首篇。从上面的解读看来，《祝福》外层的第一人称叙述正契合着书名流露的第一人称的“彷徨”心态。李欧梵曾分析认为，《祝福》里的叙述者“我”和祥林嫂的痛苦之间存在一种对比关系，“她的不幸激起她提出了那个重大的人生存在的问题，但这个问题本应是作为知识分子的叙述者更应当关心的。”[9] 如果说鲁迅希望通过这种对比来反观知识分子的消极状态，那么这一主题的表达正是通过人称和观点的转换策略来实现并加强的。第一人称叙述呈现了叙述者路遇祥林嫂前后的内心波动，而第三人称叙述将叙述者和叙述接受者都置于“看客”的位置，从侧面来隐喻知识分子与庸众的一致角色。更有意思的是，我们也可以发现这一部分反复出现一个集体人称：“大家”。“大家”和“我们”不同，可以包括也可以不包括“我”，这似乎也

[8] 鲁迅《鲁迅全集（第二卷）》，页21。
[9] 李欧梵《铁屋中的呐喊》（香港：三联书店，1991年），页64。

在暗示“我”是一个游移在“庸众”群体边缘的人物，在摆脱和从属之间，知识分子的无力和无奈凸现出来。而另一个问题是，对于这样一种精神状态，文本在“我”的第一人称叙述之间是否藏有及如何藏有潜在不同的态度？这是我们在下一章“声音”（voice）中需要解答的。

作为“他”和“你”的“我”

叙述离不开人称代词，我们前面说到任何一种叙述潜在都是第一人称的，那么特定的人称代词出现在文本中，都标示着与“我”的关系，“你”或“他”的指认都相对于“我”而言。可是，如果我们要叙述的是“我”本身呢，除了“我”这个人称外，我们还能用什么来叙述自己呢？叙述自己，是文学叙事的一大主题，在以下的文本中，我们可以看到独特的人称运用为我们探讨自己获得了自由，同时变幻的人称也再现出“自我”的多变影像：

> 许多人都说应该学习与自己相处，要经常和自己对话，其实大多数的人都言不由衷。据我所知，常照镜子的人固然很多，愿意长久与自己对话的人是很少，好些人非但不能与自己相处，而且希望能摆脱自己，更甭说与自己对话了。人们渴望各种自由，摆脱自己，也是其中的一种自由罢。
>
> 以前，我就是一个极希望能摆脱自己的人。现在，我倒是真的摆脱他了，老实说，我的确很久没看到自己了，当然，也没机会和他对话。这些日子，我常照镜子，不是因为自我迷恋，我希望能在镜子里看

> 到自己。但是，尽管我在镜子前花了不少时间，我对着它流泪，苦着脸哀求，鞠躬认错，甚至掌嘴巴，而我看到的依然是我，看不到我的自己。[10]

这是新加坡作家英培安长篇小说《我与我自己的二三事》的开头两段。整部小说将“我”的一生放置在“我”与“我自己”的离合关系中，对话、争吵、驱逐、寻找，当自幼陪伴左右的“我自己”被“我”抛弃，最终离“我”而去时，“我”才发现“我自己”的珍贵，追悔莫及。

从语法角度来说，“自己”是一个代词，可以用来复指前面的名词或代词。“我自己”，就是“自己”复指“我”加以强调，“我”和“我自己”的所指其实并没有差别。英培安的小说刻意将“我”和“我自己”分离开来，借此来突出人作为个体存在的双重性和矛盾性。问题是，文本是如何在叙述中实现这一分离的？引文的第一段首先将“自己”当作一个独立的对象进行描述，而在第二段中，出现了“他”这个人称。从叙述关系上看，“他”相对于“我”而言是一个远距离谈论的异己角色。以人称“他”来指代“我自己”，文本最终完成了分离动作，这一并不符合日常规范的用法，成为这部小说文本建构的一个独特符号。

依靠人称的变异使用，文本得以在叙述中分裂“自我”，使文学叙事获得了更多的自由，更丰富的可能性。英培安的小说以“他”来指代“我”内在的另一个自我，构成了一种自我观照的内省关系。这与小说中照镜子的隐喻相契合，“我”一直想在

[10] 英培安《我与我自己的二三事》（台北：唐山出版社，2006年），页2。

镜子里看到“我自己”，正是试图通过自身的镜像反观自身，然而却只能看到“我”，则暗示着内省的失败，小说用“我”驱逐、摆脱“我自己”的情节暗喻主人公自暴自弃的堕落过程。另一方面，“他”这个人称的选择，同时也显示在小说的叙述中，“我自己”是被叙述的第三者，而叙述的主动权始终在“我”口中，隐含的叙述接受者也处于被动地接受倾诉的状态。从这一点我们可以看到尽管英培安的小说富有新意地区分了“我”和“我自己”，展示了个人内在的多重声音和人格张力，营造了独特的戏剧效果，然而从叙述关系上看，小说中的“我自己”其实相当于故事中的一个人物，整部作品同样是从“我”的观点讲述“我”和“他”的故事。

英培安的《我与我自己的二三事》也出现第二人称“你”，比如：

> 与你分手之前，我极渴望你早点离开我。我有一句没一句地敲着键盘：但是，不管你相不相信，刚与你分手的那段日子，我非常不习惯。我们在一起毕竟太久了。[11]

关于“第二人称”叙事功能的探讨，随着现代小说技巧的发展越来越为人关注。然而需要注意的是，“第二人称”出现在文本中有许多种情况，我们首先需要分清的是这些“你”／“你们”所指是谁——是想象的听众（叙述接受者）？故事中的另一个人物？还是叙述者“我”的分身？

[11] 英培安《我与我自己的二三事》，页4。

虽然上面文字中的“你”是指“我自己”，但分析叙述关系，这段文字其实是一种书信格式，写信的对象“你”其实和“我自己”一样都是文本中的一个人物。更常见的“第二人称”用法是将“你”作为说话的对象，一个处于故事之外的读者或听众，没有鲜明形象，其实就是现身的叙述接受者。“看官，你道这花也怜侬究是何等样人？原来，……”[12] 这样的口气，说书唱本里比比皆是，而它们与儿童文学以及某些突出读者地位的现代小说本质上是一样的：“你”听“我”讲的还是“他”的故事。

在下面这个例子中，“你”的角色又是什么呢？

> 可这鱼竿还先得找个地方放好，我那小儿子要是看到了，非由他玩断了不可，你①买这东西干什么？屋子本来就挤，你②买这往哪里放？我就听见我妻子在嚷，就只好把它放在厕所里，厕所里也只有水箱上，我儿子不爬凳子够不着，说什么我也得回家乡去看看，解一解这一经勾起就难以排解的乡愁，接着你③就听见了砰当一声，我以为是我妻子在厨房剁肉，随即也就听见她叫喊，你④也不来看看！你⑤也就听见了我那小儿子在厕所里的哭声，也就明白了那鱼竿也跟着遭殃，你⑥也就下定决心，非把这鱼竿送回老家去不可。
>
> 可这家乡变得你⑦已经认不出来了，……[13]

[12] 韩邦庆《海上花列传》（北京：人民文学出版社，1982年），页1。

[13] 高行健《给我老爷买鱼竿》（台北：联合文学出版社，1989年），页245。编号为笔者加注的。

我们可以发现，上面标记的七个“你”所指并不相同。“你”①②④应该是出现在“我”妻子对我说的话里，文本刻意省略了标示对话的引号，从而引导了被叙述者人称自然地从“我”转向“你”。从动作连贯性看，“你”③⑤⑥⑦指的应该就是“我”，叙述功能上兼任了文本的被叙述者和观点人物。也就是说英培安小说中的“我”分裂出了一个“他”，而这里的“我”分裂出了一个“你”，尽管潜在的叙述者仍然是“我”，但这个“你”控制着叙事的观点，传达着“我”的意识。那么这样的“第二人称”叙述能产生什么效果？文本在同一段话里突然转换人称又是为了什么呢？

这段文本截自高行健写于1987年的短篇小说《给我老爷买鱼竿》。[14] 小说开头使用第一人称讲述主人公“我”在一家新开的鱼具店给老爷买了一根鱼竿，回忆起“我”小时候和老爷在一起的那些事，一直到上面这段文字，第二人称出现。之后，文本时而用“我”，时而用“你”来讲述叙述者送鱼竿回老家却一直找不到家的经历。而到小说结尾，在夹杂着足球赛解说词的叙述中，文本写道：“……我想起来了这场足球赛凌晨起实况转播，而转播业已结束，我应该起来看看，给我过世的老爷买的那十节的玻璃钢鱼竿是否在厕所的水箱上。”[15] 原来，文本叙述的回乡过程是“我”的一场意识流。

对于这个文本的解读可以从隐喻、象征、叙事结构等许多方面进行，而人称对于这样一部意识流小说而言，更有着关键性的

[14] 老爷，指外祖父，中国北方地区方言，一般写成“姥爷”。

[15] 高行健《给我老爷买鱼竿》，页259。

作用。人称的灵活转换，摹拟出意识状态的流动跳跃，同时更建构出多重层次的“自我”。首先在某种意义上，小说第一人称回忆性叙述本身就暗含了“我”的分裂。童年的“我”弄坏老爷的鱼竿，而现在的“我”给老爷买鱼竿是为了弥补精神上的缺憾，由此现在的“我”与过去的“我”，现实中的“我”与记忆中的，或者说是想象中的童年的“我”构成了一股张力，推动着主人公开始一场白日梦：“我”一方面沉溺于通过回忆代入童年的角色；另一方面尝试在现实的（其实是想象的）时空中寻找过去的踪迹，寻找家乡，寻找已经逝去的一切。如果说这两个层次的自我是跨越时空的对照，那么第二人称“你”的出现，又导致现实中的“我”进一步的分裂，“你”是“我”当下面对的另一个自我，是“我”自言自语的对象。

人称的运用分裂出多重的自我，小说借此来呈现精神“寻乡”历程的艰辛和不可能。反复出现的“我记得……”的句式，引导着叙述者“我”进入童年的甜美记忆。然而记忆越美好，现实越显得残酷。主人公每一步的寻找都在证明这种寻找的徒劳无功，家乡的湖、河、桥、路一切都不在了，家乡人变得陌生。与此同时，第二人称“你”包含的对话效果渲染出内心的疑问和讶异，将“我”的困惑、荒诞和迷失感进一步确认和加强：家乡已找不到一点痕迹，“我”童年的记忆在现实中无所归依，只有弥散在狂奔的意识流中。我们可以发现，小说前半部分的叙述中现实、回忆和想象的界线清晰，而后半部分呈现的则是天马行空不可驾驭的臆想状态，记忆和幻觉交织在一起，叙述者“我”、童年的“我”和当下对话的“我”／“你”一齐出场，相互碰撞。比如“我”想象在郊外的河边看见了老爷，一下子“我”又变成了童年那个光屁股小孩的模样，而“你”又久久地注视着小孩和老爷……如此自由的人称运用，打乱了连贯的指称逻辑，却恰好描绘出无法受控的意识流状态，以及自我在意识流中流畅的角色转换。文本后半部分的意识流书写映射出主人公面对坚硬现实的无奈与退却，试图在精神的畅游中获得慰籍，然而反讽的是他仍然无法逃开现实的一次次入侵：

> ……在二十七分钟的时候，鲁梅尼格一脚射中了马拉多纳，场上的比分是一比二，现在大家看马拉多纳带人进球——
>
> 老爷，你也踢足球吗？
> 足球踢你老爷。
> 你在同谁说话？
> 你在同你自己，你童年时的你。
> 那赤条条的孩子吗？
> 那个赤裸裸的灵魂。
> 你有灵魂吗？
> 希望有，要不这世界太寂寞了。
> 你寂寞吗？
> 我想是的，在这个世界上。
> 哪个世界上？
> 在你那个不为人知的内心世界里。
> 你还有你的内心世界吗？
> 希望有这样一个世界，在这个世界里，你才自在。
> 马拉多纳，马拉多纳，带球过人，射门！……[16]

[16] 高行健《给我老爷买鱼竿》，页256–257。

中间部分的问答，似乎是“我”和老爷的对话，又像是“我”与“你”的自我对话，而第二人称被叙述者和叙述接受者重叠的特征又将这内心的诘问指向外层的隐含读者（implied reader），召唤着阅读中的共鸣与认同。而有意思的是，文本刻意不加说明地穿插入足球赛的解说词，摹写出个人意识不断被现实噪音打断的情状，而最终主人公“寻乡”的“白日梦”也随着足球赛转播的结束而结束，只剩下厕所里的那根鱼竿，隐喻着被搁置的无法填补的心灵缺憾，成为这段精神历程的唯一证物。

人称运用和意识流书写，一直是高行健小说和戏剧实验的用力所在。高行健的长篇小说《灵山》更出现了“我”、“你”、“他”、“她”多重人称的交错运用。小说第52章揭示了这些人称的秘密涵义：第一人称“我”叙述现实世界的旅行，第二人称“你”则是“我”内心倾诉的对象，“一个倾听我的我自己”，这自我倾诉的过程又创造出另一个谈话的对手“她”，而“他”则是“我”远距离观照下的自己，“他是你离开我转过身去的一个背影”。[17] 高行健在一次演讲中解释说西方的意识流是“从一个主体出发，追随和捕捉这主体感受的过程，作家得到的无非是个语言的流程。”他因此称之为“语言流”。而要使这种语言表达得更为充分，“只要变更这主体感受的角度，譬如变一下人称”。[18] 转换人称，令文学语言更能捕捉意识流动的状态，高行健的人称运用实际上拓展了文学／语言表达的空间，而其中更暗含了一种

[17] 高行健《灵山》（台北：联经出版事业公司，1990年），页340–344。

[18] 高行健《文学与玄学·关于〈灵山〉》，1991年5月在斯特哥尔摩大学东方语言学院的讲话，载高行健《没有主义》（香港：天地图书有限公司，1996年），页173。

主流以外的文学观。如果说本章第一部分讨论的是小说家们如何在“我”对“你”讲“他”的故事这样一个基本叙事关系上运用人称策略讲出一个别致精彩的故事，那么第二部分的文本，尤其是高行健的创作则试图摆脱这一“文学一叙事”的模式：文学在讲故事之外，更为了认识“我”自己。《给我老爷买鱼竿》一书的《跋》里，高行健写道：

> 用小说编写故事作为小说发展史上的一个时代早已结束了。用小说来刻画人物或塑造性格现今也已陈旧。……我在这些小说中不诉诸人物形象的描述，多用的是一些不同的人称，提供读者一个感受的角度，这角度有时又可以转换，让读者从不同的角度和距离来观察与体验。这较之那种所谓鲜明的性格我认为提供的内涵要丰富得多。……我希望能找到用以认知人自身的一种更为朴素、更为确切、更为充分的语言。[19]

从讲故事、刻画人物的文学，转向认知人自身的文学，高行健的文学观为我们提供了文学创作的另一条思路，而如何运用汉语尽可能地表达自身、叙述自己，人称的多样化运用是高行健的一种尝试。

文学与自我认知的亲密关系，在另一层面上触及了文学批评领域中的身份／认同课题。一方面，写作本身正是形塑个人身份／认同的重要途径，另一方面，文本通过各种再现方式诠释着特定的身份／认同观念，人称便是其中一个重要的表征。人称代词“我

---

[19] 高行健《给我老爷买鱼竿》，页260–261。

／我们”、“你／你们”、“他／她／它／他们／她们／它们”出现在文本中，看上去指认的是描述的对象，实际上标示着对象与叙述主体“我”的关系。而标示同时也是一种区分，包含着特定的标准和眼光，个体或者集体，男或者女，人或者非人等等。人称代词的选择代表了某种判断，与说话主体的身份／认同、意识形态都有关系。譬如说，高行健在《灵山》中使用了各种人称，唯独没有“我们”，他在小说中同样有所解释：

> 你不知道注意到没有？当我说我和你和她和他乃至于和他们的时候，只说我和你和她和地乃至于她们和他们，而绝不说我们。我以为这较之那虚妄的令人莫名其妙的我们，来得要实在得多。
>
> 你和她和他乃至于他们和她们，即使是虚幻的影像，对我来说，都比那所谓我们更有内容。我如果说到我们，立刻犹豫了，这里到底有多少我？或是有多少作为我的对面的映像你和我的背影他以及你我派生出来的幻象的她和他或他的众生相他们与她们？最虚假不过莫过于这我们。
>
> 但我可以说你们，在我面对许多人的时候，我不管是取悦，还是指责，还是激怒，还是喜欢，还是卑视，我都处在扎扎实实的地位，我甚至比任何时候反倒更为充实。可我们意味着什么？除了那种不可救药的矫饰。所以我总躲开那膨胀起来虚枉矫饰的我们，而我万一说到我们的时候，该是我空虚懦弱得不行。[20]

[20] 高行健《灵山》，页342–343。

复数第一人称“我们”是“我”对自己所属集体／群体的认定，代表了“我”的集体认同。正如本书常常出现的“我们”指的其实是本书的作者团体，或者是包括读者在内的文本的解读者群体。前者是确凿的（本书有三个作者），而后者则是想象的。高行健对“我们”这个人称的排斥，抵抗的则是淹没了个体自我的想象的集体概括，这种概括建立在虚假的一致性上，为了输出某种意识形态而排除了个体的差异。上面的文字表达了高行健对这个空洞人称的强烈反感，而反观他的创作，变幻的人称都围绕“我”而生成，它们编织出多重、矛盾的自我映像，同样反衬出“我们”这个人称的苍白无力：“我”已经如此难以捉摸，如何来说“我们”？作家通过写作抵抗主流意识形态的课题，我们会在“意识形态”一章详细探讨，而在这里，高行健的创作实验显现出的是以人称来消解人称意识形态的努力，它让我们了解到“人称”在文学实践中可能承载的丰富涵义。

第八章 声音
VOICE

在文本细读中讨论“声音”这个概念，是件吊诡而有趣的事。“声音”，《现代汉语词典》解释为“声波通过听觉所产生的印象”。[1] 可除了剧场表演之类的有声文本之外，无声的文字文本也有“声音”吗？把文本叙述看成无声的“声音”段落，这样的隐喻使用构成了文本批评的讨论基础。任何文本都在试图表达什么，表达本身就是发出一种声音，或者更确切地“说”，是复数意味的声音（voices），因为从我们下面的讨论可以看到，文本的世界是众声喧哗的。

作者 vs 隐含作者

接着前两章的话题，“观点”概念针对的是“谁在看？”的问

[1] 中国社会科学院语言研究所词典编辑室编《现代汉语词典》（第五版）（北京：商务印书馆，2005年），页1223。

题，“人称”涉及“谁被说？”的问题，“声音”则主要处理“谁在说？”的课题。那么，谁在文本中说话呢？一般而言，文本声音包含人物的声音、叙述者的声音和隐含作者的声音，分别代表文本三个层面的声音来源——故事层面、叙事层面和文本层面。跨出文本再延伸一层，便是现实创作中的作者声音。所以说，“隐含作者（implied author）的声音”是个临界概念，它在文本的最外层，对应着作者的声音，是其在文本世界的代名词，因为对于独立存在的文本来说，作者不是已经死了？怎么还会有他的声音呢？

隐含作者的声音、作者的声音，还有作者作为个人的言行，三者被混为一谈的历史相当悠久。中国传统批评中，这实际上是一个“为人与为文”的古老话题。清代诗论家叶燮曾言：“诗是心声，不可违心而出，亦不能违心而出。功名之士，决不能为泉石淡泊之音；轻浮之子，必不能为敦庞大雅之响”，[2] 他因而称赞李白、杜甫、韩愈等人“无不文如其诗，诗如其文，诗与文如其人。”[3] 清代刘熙载也曾提出“诗品出于人品”，并称“人品悃款朴忠者最上，超然高举、诛茅力耕者次之，送往劳来、从俗富贵者无讥焉。”[4] “诗是心声”、“文如其人”、“诗品出于人品”，这些中国古代批评论断中包含了一种对文学创作的理想化想象：文章应该像一面明镜，照出作者为人的本来面貌／声音，可是，如果“猪八戒照镜子”，却照出了“人样”来，那就不再是个文学问题，而成了道德问题，有卖弄文采，粉饰造作之嫌。

---

[2] 叶燮著，霍松林校注《原诗·外篇上》，载《原诗·一瓢诗话·说诗晬语》（北京：人民文学出版社，1979年），页52。

[3] 叶燮《南游集·序》，《已畦文集（第八卷）》，《丛书集成新编》第124册（台湾：新文丰出版公司，1985年）。

[4] 刘熙载《艺概·诗概》，载刘熙载著，陈文和、刘立人点校《刘熙载集》（上海：华东师范大学出版社，1993年），页114。

以道德诠释文学，捉襟见肘之态显而易见。因为自古以来，人品与文品不符的现象比比皆是。对此，现代文学理论逐渐发展出了一个釜底抽薪的观点，从根本上否认了作者、作者其人以及文本中的“作者”三者之间存在什么对等关系。前面“作者”一章提到，“新批评”认为在阅读文本时考虑作者的声音是一种“意图谬误”；而“隐含作者”概念的另设，更清楚地指代了“作者”在文本中的角色，进一步撇清了作者与文本之间纠缠不清的关系。尽管“隐含作者”概念存在的必要性一直受到争议，但这一理论脉络影响深远。

“隐含作者”的概念由美国芝加哥学派批评家 Wayne Booth 在1961年提出，他认为“只有将作家与其隐含于作品中的形象区分开来，我们才能避免一些无意义的，无法证实的讨论，比如关于作家‘诚实’或‘严肃’的特性的讨论”。[5] 根据 Booth 的解释，“隐含作者”是作者在创作过程中创造出来的“第二自我”（second self），与那个“现实的人”（real man）不同，它经过一个选择和精炼的过程，并且同一个作者会视不同的需要，在不同的作品中创造各异的化身。[6]

更具体地说，隐含作者是作者在文本中的代言人，而它的发言取决于作者想在这个文本中说什么，因此“隐含作者的声音”，也就是文本所呈现的思想情感、价值信念，可能与作者的生活现实相符，也可能恰恰相反。排除刻意作伪，自我粉饰的成分，即便作者十分“忠实”地进行创作，所诞生的隐含作者也只能是其真实

---

[5] Wayne C. Booth, *The Rhetoric of Fiction*, second edition (Chicago: University of Chicago Press, 1983), p. 75.

[6] Ibid., p. 151.

人格的一部分。美国批评家 James Phelan 曾开玩笑地说，如果把作者比喻成土豆（马铃薯），隐含作者就是“薯条”或者“烤土豆”。作者会在创作中塑造出不同的自己，譬如余光中在《乡愁》里是个思乡的游子，在《我的四个假想敌》中则成了吃醋的父亲。另一方面，Phelan 也强调这种塑造有自由也有限制，正如土豆上坏了的部分可以事先切除，但改变不了它仍是土豆而不是西红柿（番茄）。[7] Phelan 的比喻非常有趣，但也有可商榷之处。作者毕竟不是土豆，他并不是一个静态的固体，其意识状态是变动不居的，因而可以说文本中隐含作者的声音，只是作者在某一时空某一部分意识的凝结，并不能涵盖他整体的思想历程。

转换到读者／观者／听众的位置再来看这个问题。正如前面“作者”一章曾提到的，我们所谈论的“作者”，很多时候并不是那个有血有肉的人，而来自于阅读的想象。正如我们从某人在不同时间场合的表情、声音中拼贴出关于这个人的整体印象，“作者”也常常是我们从一系列文本的隐含作者及其它外部资料中整合出来的虚构产物。那么接下来的问题是，“隐含作者”从哪里来？作者创造了“隐含作者”，但在文本的字里行间，“隐含作者”并没有声音，也没有形象。Seymour Chatman 提醒我们：“隐含作者和叙述者不同，他什么也不能告诉我们。他，或者更确切地说，它，没有声音，没有直接进行交流的工具。它是通过作品的整体设计，借助所有的声音，依靠它为了让我们理解而选用的一切手段，无

[7] 转引自申丹《究竟是否需要“隐含作者”？——叙事学界的分歧与网上的对话》，载《国外文学》2000年第3期，页9、12。

声地指导我们。”[8] 这里的“所有的声音”，包括人物的声音、叙述者的声音、文本细节透露的各种声音；这里的“一切手段”，包括情节设置、修辞运用、观点选择、叙述方式的处理等等，所有这些文本元素都在引导读者去感受、领悟其背后的某种语调、风度、价值取向、人生态度，那便是“隐含作者的声音”（这显然也是一个充满吊诡的隐喻），诞生于作者的笔下，最终由读者建构成形。因而从这层意义上讲，“隐含作者的声音”的建构也必然受到读者自身因素，如知识背景、伦理价值观、文化限制等等的影响，而这就进入了文本接受层面的讨论。

照理说，一部作品中隐含作者的声音应该是和谐统一的，否则就是个失败的作品。但现实并不那么简单，因为一个文本可能有许多人参与创作，《诗经》、《圣经》、《荷马史诗》、《红楼梦》一百二十回，这些古老的经典无不如此，文本的流传和改写反衬出单一“作者”概念的虚构性。Chatman 认为不管多少人集体创作，一个文本只有一个隐含作者。[9] Phelan 也提出续写前人未完成的作品，其首要任务就是要为整部作品创造出一个单一连贯的隐含作者。[10] 这些看法都是从读者接受的角度入手，然而读者是否有可能从一部作品中读出两个或者多个隐含作者，而不影响对作品的评判呢？现代影像作品的复制、重叠、拼贴，时下流行的网上小说接龙，这些源源不断涌现的新鲜例子，似乎在提醒我们，一个文本，一个隐含作者，并不那么理所当然。

---

[8] Seymour Chatman, *Story and Discourse* (Ithaca: Cornell University Press, 1978), p. 148.

[9] Ibid., p. 149.

[10] 转引自申丹《究竟是否需要“隐含作者”？——叙事学界的分歧与网上的对话》，页11。

说谎者的声音

台湾作家张大春在《公寓导游》的开头就说："各位千万不要期待从我这里听到什么故事，我只是个导游而已。"[11] 看完作品，你就能发现这句话不可当真，因为他从头到尾都在讲故事。所以叙述者，有的时候会"说谎"。

有的文本，会选择一些特殊的叙述者来叙述故事，他们不一定在说谎，但声音同样不可信，比如下面这段文字摘自余华的短篇小说《我没有自己的名字》：

> 我是谁？我看着他们嘿嘿地笑，我不知道该怎么说。我没有自己的名字，可是我一上街，我的名字比谁都多，他们想叫我什么，我就是什么。……他们怎么叫我，我都答应，因为我没有自己的名字，他们只要凑近我，看着我，向我叫起来，我马上就会答应。
>
> 我想起来了，他们叫我叫得最多的是：喂！[12]

这个不知道自己名字的叙述者"我"，讲起自己的故事颠三倒四，且不带任何感情。可见，叙述者的判断能力（傻子？）、知识限度（孩童？）、道德倾向（恶棍？），乃至生理缺陷（盲人？）都可能影响叙述的可信度。（请注意，只是"可能"，并非"一定"。）可是在这样的文本里，胡言乱语往往暗吐"真言"；失明

---

[11] 张大春《公寓导游》（台北：时报文化出版企业股份有限公司，2002年），页165。

[12] 余华《我没有自己的名字》，载《黄昏里的男孩》（北京：新世界出版社，1999年），页1。

者往往看见事实“真相”；童言无忌往往一针见血；荒唐小人往往一语中的，这样的叙述者声音质疑着“正常”与“不正常”、“可信”与“不可信”之间的界线。

更多的情况下，叙述者是否可信，并不这么容易判断。还是来看鲁迅的《祝福》，结尾一段这样写道：

> 我给那些因为在近旁而极响的爆竹声惊醒，……我在这繁响的拥抱中，也懒散而且舒适，从白天以至初夜的疑虑，全给祝福的空气一扫而空了，只觉得天地圣众歆享了牲醴和香烟，都醉醺醺的在空中蹒跚，豫备给鲁镇的人们以无限的幸福。[13]

《祝福》在爆竹声中开始，在爆竹声中结束。爆竹声，为整个文本添上了团圆祥和的喜庆底色，而叙述者“我”也最终被感染，扫空疑虑，融入到一片“繁响”的祝福中。那么，小说末尾这一团和气的叙述者声音可以信任吗？

叙述者的可信性问题，同样由 Booth 首次给予界定：“当一个叙述者的言行与作品的规范（也就是说，隐含作者的规范）相一致时，我称之为可信任的（reliable），不一致时则是不可信任的（unreliable）。”[14] Booth 所谓的“规范”（norms），可以说就是隐含作者的“声音”，展示作品的价值取向和文本意义的所在。隐含作者是一个幕后操纵者，控制着所有的文本表现，包括叙述

[13] 鲁迅《鲁迅全集（第二卷）》（北京：人民文学出版社，1981年），页21。

[14] Wayne C. Booth, “Distance and Point-of-View: An Essay in Classification,” in Michael J. Hoffman and Patrick D. Murphy, eds., *Essentials of the Theory of Fiction*, second edition (Durham: Duke University Press, 1996), p. 127.

者的声音，但问题是这个叙述者可以开门见山、直抒胸臆，也可以拐弯抹角、言此及彼，甚至正话反说。正如 Booth 进一步强调的，“不可信任”的意思并不仅仅是“说谎”，因为有一些不可信任的叙述者（unreliable narrator）“表现得好像他们一直在为作品的规范讲话，但事实上并非如此”。[15] 因此，文本细读，对叙述者所言应抱以一种怀疑的态度，从其他的文本细节中来推导揣摩隐含作者的声音，来判断这个叙述者是否值得信任。

由此，重读《祝福 》，我们便能发现文本中隐藏了同一叙述者的两种可信度不同的声音。外层的第一人称叙述中，“我”的声音是左右摇摆、游移不定的。对于祥林嫂的死，“我”时时感到不安，又时时从自我辩解中解脱出来。在“我”用“说不清”来搪塞祥林嫂关于地狱有无的逼问时，“我”一面担心“倘有别的意思，又因此发生别的事，则我的答话委实该负若干的责任……。但随后也就自笑，……而况明明说过‘说不清’，已经推翻了答话的全局，即使发生什么事，于我也毫无关系了。”接着有一段评论：

> “说不清”是一句极有用的话。不更事的勇敢的少年，往往敢于给人解决疑问，选定医生，万一结果不佳，大抵反成了怨府，然而一用这说不清来作结束，便事事逍遥自在了。我在这时，更感到这一句话的必要，即使和讨饭的女人说话，也是万不可省的。[16]

---

[15] Ibid., p. 127.

[16] 鲁迅《鲁迅全集（第二卷）》，页8。

此话语带机锋，是正言，还是反语？它让我们开始怀疑这个叙述者声音的可信程度，而更确凿的证据来自文本内的另一种叙述者声音，内层的第三人称叙述。这时“我”的主观观点隐退，一个被默认为“我”的全知叙述者承担叙述，在他冷眼旁观的讲述和评论中，撇清了当事者的游移，一些段落也让隐含作者的批判声音逐渐明朗：

> 她未必知道她的悲哀经大家咀嚼赏鉴了许多天，早已成为渣滓，只值得烦厌和唾弃；但从人们的笑影上，也仿佛觉得这又冷又尖，自己再没有开口的必要了。她单是一瞥他们，并不回答一句话。[17]

由此，内层叙述从外层叙述者纠缠反复的声音中跳脱出来，拉开了一个审视反观的距离，从而反衬出“我”这个叙述者的不可信任，“我”的自我开脱和辩解便成了一种反讽。从声音的角度来分析《祝福》这个文本，两层叙述不只是情节交代的需要，更构筑了一个内含张力和冲突的声音世界。如果说，故事中的人物声音暗示庸众对待弱小生命的价值态度，那么外层“我”的声音则呈现了一种尝试抽离却无力抽离的精神状态，文本内时时作响的爆竹声，隐喻着一股庸常的世俗力量，将试图游离出去的不和谐音消融在众人的合唱中。内层叙述，表面看来同是“我”在说话，实际上已通过观点和人称的调整设计暗中转换了声音，冷漠中立的旁观者口吻，在前两种声音的衬托下，暗自彰显出截然相悖的批判态度，而那就是隐含作者的声音。

---

[17] 同上，页18。

从《祝福》这篇小说看来，一个文本的叙述者声音是否可信，答案并不是非此即彼的。一则不同的叙述层次会隐含不同的叙述者声音，二则可信度这件事，似乎也像光谱一般有个渐变的过程，并非一分为二。所以说，讨论“不可信任的叙述者”概念，判断是与否本身并不是最终目的，以怀疑之心面对文本，听音辩色，读出隐含作者的真意才是重点所在。

反讽

台湾诗人痖弦的《如歌的行板》是一首反讽的诗：

温柔之必要
肯定之必要
一点点酒和木樨花之必要
正正经经看一名女子走过之必要
君非海明威此一起码认识之必要
欧战，雨，加农炮，天气与红十字会之必要
散步之必要
溜狗之必要
薄荷茶之必要
每晚七点钟自证券交易所彼端

草一般飘起来的谣言之必要。旋转玻璃门
之必要。盘尼西林之必要。暗杀之必要。晚报
之必要穿法兰绒长裤之必要。马票之必要
姑母遗产继承之必要
阳台、海、微笑之必要
懒洋洋之必要

而既被目为一条河总得继续流下去的
世界老这样总这样：——
观音在远远的山上
罂粟在罂粟的田里[18]

这首诗通过一个言之凿凿的叙述者声音，罗列并置了十九种看上去并不那么必要或完全不必要的“必要”之事。绝对肯定的口气有可能是一种反讽，因为这个叙述者有“正话反说”的嫌疑。

“反讽”（irony）的希腊语词形 eironeia 最早出现在伯拉图的对话录（*Dialogues of Plato*）中，含有褒贬不一的两个意思：“说谎”和“掩饰”。前者指类似亚里斯多芬（Aristophanes）的喜剧人物的那种以华丽言辞欺骗他人的说谎行为，后者则指苏格拉底在辩论中擅长用的“掩饰”技法：把话语真正的意思掩藏起来，通过装傻和追问来暴露对手的弱点，这后来被称为苏格拉底式的反讽（Socratic irony）。这一脉络使反讽发展成为一种传统的辩论技巧和话语策略，即表面上说一个意思，实际上是在表达另外一个意思。这一发展过程中，“说谎”的意义成分慢慢消退，使用“反讽”，不再为了欺骗对方，相反是为了让听者能够听出话语中的另一层意思。[19]

从古希腊、古罗马一直到18世纪，“反讽”都只在修辞的层面上被使用被研究。我们现在对这个概念的一般认识，也着重于言与意的矛盾关系。就像《如歌的行板》的反讽首先体现在诗句的表达上，如诗中所写的“旋转玻璃门／之必要。盘尼西林之必要。暗杀

[18] 痖弦《如歌的行板》（台北：洪范书店，1996年），页47–49。

[19] “反讽”概念的发展历史可参考 Claire Colebrook, *Irony* (London and New York: Routledge, 2004), pp. 1–8.

之必要。”句式短小，连用句号，斩钉截铁的肯定语气，便是在暗示弦外之音的存在。凡事皆必要，万事都有“必要”的理由，于是就有了“世界老这样总这样”的感叹。从字面荒诞的肯定到一种世界观的表达，诗歌进入了另一种意义上的反讽：“观音在远远的山上／罂粟在罂粟的田里”，世界不是单纯绝对的，世界有这一面同样也有另一面，世界本身就是反讽的。19世纪欧洲的浪漫主义反讽观（romantic irony）正是从这一哲学的角度来理解“反讽”，他们从苏格拉底面对世界的怀疑态度受到启发，认为他的反讽不仅是一种修辞手法，更包含着对世界本质的体察，世界不是表面看上去的那样，它是矛盾的，似是而非的，而只有通过反讽的方式才能呈现这种状态。从这层意思来解读，《如歌的行板》正是这样，通过反讽来触摸人类存在的反讽本质，每一件“看上去”不必要的事都是必要的，世界就是这样既荒诞又合理。

20世纪的英美新批评在文学批评领域里发展了反讽研究，“反讽”被视为文学，尤其是诗歌的基本结构。美国批评家 Cleanth Brooks 把“反讽”定义为“语境对于一段陈述明显的歪曲”，也就是说文本中的表述或描述的事件，在周围语境的压力下，意义会发生明显的变化，产生所言非所指的效果。他断言反讽存在于任何时期的诗中，因为它来自语言本身的张力。[20] 拿《如歌的行板》为例，“旋转玻璃门／之必要。盘尼西林之必要。暗杀之必要。”这些陈述的意义并非来自陈述本身，而产生于上下诗句共同建构的意义空间，所以“暗杀”的“必要”性只有在诗歌的荒诞氛围中才能够被理解。

---

[20] Cleanth Brooks, “Irony as a Principle of Structure,” in Hazard Adams, ed., *Critical Theory Since Plato* (New York: Harcourt Brace Jovanovich, Inc., 1971), p. 1042.

关于“反讽”的后续研究层出不穷，角度各异。而文本分析方面，在诗歌之外，小说、戏剧中的“反讽”样式更被学者关注，根据表述和文本语境之间不同情形的张力关系，细分出了许多种类。比如言意悖反，是语言的反讽（verbal irony）。事件与情境发生冲突，则是情境的反讽（situational irony），清代小说《儒林外史》里写的范进中举，因为高兴过头发了疯，可算是一例。我们前面提到的整个文本结构内叙述者和隐含作者的声音差异，是结构性反讽（structural irony）。而假如对于故事，读者比故事中的人物知道更多，读者的预见和人物的言行之间便会产生戏剧性反讽（dramatic irony）。这种情况发生在悲剧里，人物无法躲避厄运的降临，便是悲剧性反讽（tragic irony）。与之相关的，主人公个人努力与结果之间的落差，构成命运的反讽（cosmic irony），因为他总是被命运捉弄，无论如何抵抗，都逃不了命运的掌控。曹禺的戏剧《雷雨》可为后几组反讽类型提供很好的注解：被隐瞒血缘关系的兄妹相爱制造出戏剧性反讽的效果，而鲁妈所作的一切终究无法阻止真相暴露，家破人亡的惨剧发生，这都是对悲剧性反讽和命运反讽的有力诠释。

从声音的角度来看反讽，文本叙述者和隐含作者声音的冲突构成的只是其中一种反讽，而把“声音”当成一个隐喻，反讽就是文本内在各种不和谐音混合产生的特殊效果。联系我们在“文本”一章的讨论，有的时候，反讽的意义张力也可能来自文本内在的“互文性”（intertextuality），也就是来自其他文本的声音。熟悉音乐的读者可能知道，痖弦《如歌的行板》的诗题，其实与交响乐有关。“行板”出自意大利语，形容缓缓徐行的速度，如歌声般舒缓、流畅。痖弦在一次演讲中说“‘如歌的行板’是交响乐习用的第二乐章曲式，在音乐上是人人都知道的常识，拿到文字的世界来就显得比较新鲜，因为没有人这样用过。”[21] 痖弦的解释说明作诗可以汲取其他的艺术资源来增添新鲜感，而从诗歌本身来看，这一诗题实际上自然引入了另一种文本的声音。“如歌的行板”的乐声印象成为诗歌的背景音响，衬托出诗句的节奏感和音乐美，而同时，两者配合营造的舒缓氛围又与诗句语义透露出的琐碎、无聊、无奈以及沉重的情绪构成反讽，诗歌在不同声音的交汇撞击中变得富有层次，意味深长。

回溯中国古代的文学传统，反讽，无论作为概念还是文本表现，都被包容到由《诗经》开启的讽刺、讽谏的文学批评课题中，在论述上很少加以区分。从现代汉语的角度来看，讽刺较容易与语言反讽类型混淆，两者都包含言非所指的特点。但在程度上，讽刺更为直露，反讽则含蓄间接，意味深远。而这背后的根本差异在于，讽刺是以表达说话者意图为首要目的的，针对性和倾向性显而易见，并常常伴有道德训诲的潜台词。而作为文学概念的反讽，强调的并非作者意图，而是文本效果，说话者态度并不那么鲜明，其言下之意需要从文本线索中体味、解读。譬如，《红楼梦》第二十九回有这么一段：

> 原来那宝玉自幼生成有一种下流痴病，况从幼时和黛玉耳鬓厮磨，心情相对，及如今稍明时事，又看了那些邪书僻传，凡远亲近友之家所见的那些闺英闱秀，皆未有稍及林黛玉者，所以早存了一段心事，只不好说出来……[22]

[21] 痖弦《生活的诗，诗的生活》，载《香港文学》2007年4月号，总269期，页62。

[22] 曹雪芹著，黄霖校理《红楼梦：脂砚斋评批（上）》（济南：齐鲁书社，1994年），页511。

如脂砚斋所言，《红楼梦》通部小说，“笔笔贬宝玉，人人嘲宝玉，语语谤宝玉”，[23] 问题是如何来解读这种“贬”、“嘲”、“谤”的叙述者声音。单从字面来看，我们并不能轻易判断叙述者所说的“下流痴病”是正言还是反语，必须通过了解整部作品隐含作者对宝玉的态度才能定夺。脂砚斋在第十二回夹批中透露：“观者记之，不要看这书正面，方是会看。”[24] 脂砚斋这个读者以自己的阅读经验来暗示《红楼梦》的反讽笔法，感叹“作者之笔，狡猾之甚”，“观者万不可被作者瞒蔽了去，方是巨眼”。[25]

由此看来，中国古代对于反讽的理解可能也与曲笔传统有关。反讽是否也能算作“春秋笔法”的一种？金圣叹评《水浒传》有言：“虽然，诚如是者，岂将以宋江真遂为仁人孝子之徒哉？《史》不然乎？记汉武，初未尝有一字累汉武也，然而后之读者，莫不洞然明汉武之非是，则是褒贬固在笔墨之外也。”[26] 撇开金圣叹读《水浒》评宋江的个人立场不论，他的这段评语指出了文本有可能将褒贬态度隐藏在文字以外，而其中的反讽意味需要读者自己去揣摩出来。

脂砚斋、金圣叹在讨论文本“反讽”时，都强调了读者的角色，可见对于反讽而言，是否“会看”是个大问题。金圣叹提到《水浒传》“一部书中写一百七人最易，写宋江最难。故读此一部书者，亦读一百七人传最易，读宋江传最难也。”原因是：“盖此书写一百七人处，皆直笔也，好即真好，劣即真劣。若写宋江则不

---

[23] 同上，页99。
[24] 同上，页213。
[25] 同上，页7。
[26] 施耐庵著，金圣叹批评，刘一舟校点《水浒传（上）》（济南：齐鲁书社，1991年），页665。

然：骤读之而全好，再读之而好劣相半，又再读之而好不胜劣，又卒读之而全劣无好矣。”[27] 金圣叹这段“读后感”，恰恰点出了解读反讽的难度，因为反讽本身就具有阻碍解读的模糊性。首先，反讽常常以“曲”、“隐”的方式表达，乍读之下并不易读出表面以外的另一层意思。其次，如上文所讲的，反讽的构成基础就是无法调和的张力关系，存在于文字与含义之间，行动与结果之间，表象与真实之间……。更为重要的是，反讽往往是说话者对现实相对性、矛盾性、悖谬性洞察之后的一种表达，而反过来，运用反讽也恰恰是为了表现这种无法说清的似是而非的生活本质。

权力的声音

传统叙事学研究的范畴中，“声音”概念，和我们前几章谈论的“隐喻”、“观点”、“人称”一样，都是运作于文本内部的叙述策略，它们共同解答着“故事如何被讲述？”的问题。1980年代以后，文学批评者们开始思考文本外围的因素，如社会、历史、文化、政治等力量如何渗透并作用于文本，核心问题变成了“故事为什么被这样讲述？”。“声音”概念在这种氛围中同样被重新诠释：“声音”不再只是组织结构、表达意义的文本技巧，而成为社会权力关系在文本中的再现载体，因为文本发出怎样的“声音”，与谁掌握叙述的权力有关。这一思路引导人们开始去反思长久以来的文学史书写和文学生产过程，开始去反问：我们所听到的，是否都是权力者的声音？被压迫的弱势者，如何才能发出自己的声音呢？正是在此意义上，“声音”概念被女性主义批评理

[27] 同上。

论等弱势群体研究广泛借用，美国叙事学家 Susan S. Lanser 就曾感叹："对于当代女性主义者，没有哪个词比'声音'这个术语更令人觉得如雷贯耳的了。……对于那些一直被压抑而寂然无声的群体和个人来说，这个术语已经成为身份和权力的代称。"[28]

从叙事学角度理解的文本的"声音"和从文化政治角度解读的权力的"声音"，构成了批评界对"声音"概念的两种阐释，不同的批评理论往往各有侧重，比如女性主义批评"通常不涉及叙述的技巧方面，而叙事学研究一般也不讨论叙述声音的社会性质和政治寓意"。[29] Lanser 在1990年代对女性作家作品中叙述声音的研究，则有意识地打破了这一区隔，来表明文本的叙述声音同样能够解读出权力政治的声音，"叙事技巧不仅是意识形态的产物，而且还是意识形态本身"。[30]

Lanser 的研究将女性作家的叙述声音分为三种模式：作者型叙述声音（authorial voice）、个人型叙述声音（personal voice）和集体型叙述声音（communal voice），首先指出不同叙述声音模式对于女性作家而言先在暗含了不同的性别权力关系。比如，作者型叙述声音相当于叙述者在故事外的第三人称叙述，因为这一"隐身"的叙述者没有性别特征，女性作家就可能通过声音的掩饰来分享男性的叙述权威，而同时却不可避免地强化了这一权威。相比之下，个人型的叙述声音，就是叙述者为主人公的第一人称叙述，就无法采用这种无性别的掩饰手段，因为主人公"我"必须

[28] Susan S. Lanser, *Fictions of Authority: Women Writers and Narrative Voice* (Ithaca: Cornell University Press, 1992), p. 3. 中文译本为：苏珊·兰瑟著，黄必康译《虚构的权威：女性作家和叙述声音》（北京：北京大学出版社，2002年），页3。

[29] Ibid., p. 4.

[30] Ibid., p. 5.

有明确的性别特征。由此女性作家书写女性主人公自己的故事，这种常常被读者混同为自传的叙述模式，在男性中心的社会中便会遭遇许多障碍，她们需要保证“故事本身和故事中的女性自我形象符合公认的女子气质和行为准则，否则就有遭受读者抵制的危险”。女性叙述权威的难以建立，使得许多女性作家都避免采用这种叙述声音。集体型的叙述声音，是 Lanser 发现的一种属于边缘群体或受压制群体的叙述方式，相对于西方小说个人化的男性化的传统叙事模式，集体型叙述声音能够表达一种群体的共同声音或者各种声音的集合，这便为“形成某种带有政治意义的女性集体的声音”带来了可能。三种叙述声音模式代表着三种叙述权威，Lanser 的研究通过大量的文本分析来呈现女性作家如何在叙述声音模式带来的限制和可能性之间建立自己的叙述权威，在男性中心的叙事传统中发出自己的声音。[31]

女性主义的课题我们会在“性别”一章中着重涉及，而这里介绍 Lanser 的研究成果是为了说明，当我们将性别、种族、阶级等社会权力关系引入对文本叙述声音的思考时，便能发现文本的“声音”从来就不是中性的，那中性的声音印象是来自于我们对权力声音的默认，来自于权力声音的控制和掩饰，弱势者的声音在这一过程中则被排斥和掩盖了。然而另一方面，Lanser 的研究也让我们看到，文本的声音同样能够成为弱势者挣脱控制，争取自身叙述权利的反抗者的声音，从此意义上讲，文本是一个权力扩张与争夺的场域，而“声音”概念，为我们提供了一条线索去解读出文本的权力寓意。

---

[31] Ibid., pp. 3–24.

第九章 叙事

NARRATIVE

故事新编

鲁迅的小说集《故事新编》中的《补天》是如此开场的：

> 女娲忽然醒来了。
>
> 伊似乎是从梦中惊醒的，然而已经记不清做了什么梦；只是很懊恼，觉得有什么不足，又觉得有什么太多了。煽动的和风，暖暾的将伊的气力吹得弥漫在宇宙里。
>
> 伊揉一揉自己的眼睛。[1]

鲁迅在序言里写道，《故事新编》当中的“叙事有时也有一点旧书上的根据，有时却不过信口开河”。[2] 从《补天》的例子来看，作品

[1] 鲁迅《鲁迅全集（第二卷）》（北京：人民文学出版社，1981年），页345。
[2] 同上，页342。

所依的“根据”应该是中国传统典籍里关于女娲造人和补天的神话故事。譬如“造人”一节，《太平御览》里就有记载：“俗说：天地开辟，未有人民；女娲抟黄土作人，剧务力不暇供，乃引绳于泥中，举以为人。故富贵者黄土人也；贫贱凡庸者絙人也”。[3]

《补天》的第一部分和这“旧书”上的记载，可以看成是两个关于女娲造人的叙事文本，它们叙述的是同一个故事，而《补天》，按鲁迅的说法，加入了许多“信口开河”的成分，譬如上面这段描写女娲梦醒一刻的文字。这样看来，同一个故事有许多种叙述的方式，可以“信口开河”地添油加醋，也可以像“旧书”那样的精炼扼要，一句话概括故事始末。本章要谈的“叙事”概念，便是一个关于“讲故事的方式”的课题。

“讲故事”这件事，被区分为“所讲的故事”和“故事被讲述的方式”，这一组二元关系的确定，正是“叙事”课题的讨论基础。俄国形式主义批评家以素材（fabula）和情节（sjužet）的术语来称呼这对二元关系。法国结构主义批评家们则提出用故事（histoire）和话语（discours）来指代大致相同的区分。现在比较通用的英语表达是 story（故事）和 discourse（话语），美国叙事学家 Seymour Chatman 就曾以这对概念命名自己的著作*Story and Discourse* 来探讨小说和电影之中的叙事结构。在 Chatman 对前人理论的总结中，一个叙事文本（narrative text）可以分为故事和话语两个层面，故事则由事件（events）和存在的事物（existents）组成，前者包括行动（actions）和事件的发生（happenings），后

[3] 转引自鲁迅《鲁迅全集（第二卷）》，页354。

者包括人物（characters）和环境（setting）。可以说，这些都是叙事的内容，而话语则是组织和结构这些内容的方式。[4]

1969年法国结构主义批评家 Tzvetan Todorov 用法语造了一个新词 narratologie，[5] 便是我们今天所说的叙事学（Narratology），用来描述关于叙事和叙事结构的理论和研究，而将叙事现象分解为“故事”和“话语”两个层面，正是叙事学研究的基本前提之一。可以说，叙事学就是研究故事被通过怎样的话语方式组织到一个叙事结构中，也就是研究故事和话语两个层面之间的互动关系。以鲁迅的《故事新编》为例，当“旧书”上的故事被换一种方式重新讲述时，叙事学关心的便是“故事”是如何被“新编”的，“故事”如何左右着“新编”的方式，“新编”的过程又如何改写了“故事”的意义。

故“事”新“编”

叙事学研究领域中，有一些研究者的兴趣偏重于“故事”的层面，这一方向早期受到俄国结构主义批评家 Vladimir Propp 的民间故事研究的影响。借用俄国形式主义细分结构的方法，Propp 将大量的俄国民间故事分解到最小的故事单元，总结出七种基本的人物角色和二丨 项人物在故事中的行为功能（function），包括英雄出场、英雄与坏人交战、艰巨的任务交给英雄、任务完成、坏人受到惩罚、英雄成婚并登上皇位等等。[6] Propp 指出他所研究的民

---

4 Seymour Chatman, *Story and Discourse: Narrative Structure in Fiction and Film* (Ithaca: Cornell University Press, 1978), pp. 18–20.

5 Tzvetan Todorov, *Grammaire du Décameron* (Mouton: The Hague, 1969), p. 69.

6 Vladimir Propp, *Morphology of the Folk Tale* (Austin: University of Texas Press, 1968), pp. 25–66, 79–83.

间故事，都出现了这三十一项行为功能中的某一些，更为重要的是，它们的出现都遵循着同一个固定不变的顺序。

和 Propp 的结论不同，法国结构主义人类学家 Claude Lévi-Strauss 认为叙事作品中存在比人物的行为功能更为根本的结构。他运用类似于语言学分析句子结构来发现语法规则的方法，从各地的神话故事中拆解出一种他称之为“神话素”（mytheme）的基本结构（正如音素 phoneme 是语言的基本单位），他认为神话素存在于所有神话故事之中，这也是世界各地的神话彼此相像的原因。剖析神话素，考察它们之间的组合方式，Lévi-Strauss 试图寻找叙事内在普遍一致的深层结构，他相信其中隐藏的正是人类思维中共通的宇宙法则（universal laws）。[7]

Propp 和 Lévi-Strauss 的研究影响了1960年代法国结构主义叙事学的发展，许多学者沿着他们的方向致力于将叙事现象分解成基本的部件，来确定它们在叙事中的功能和相互之间的关系。如果说这一条研究思路关注的是叙事的共性，研究者相信所有叙事行为都受到某种不变的潜藏在人们意识深处的永恒法则的约束，那么另一些叙事学家的探索方向正好相反，他们着眼于叙事的“话语”层面，致力于发掘人类的创造力赋予叙事的多样性，发掘作家们如何突破既有的叙事规范，如何超越限度，来创造出独特的叙事效果。

讨论中首先出现的一个问题是，事件彼此之间如何连接（succession of events）？如果说“叙事”就是讲述一连串彼此相关的事件，那么事件之间以怎样的关系来联结成一个完整的叙事呢？英

[7] Claude Lévi-Strauss, translated by Claire Jacobson, *Structural Anthropology* (New York: Basic Books, 1963), pp. 204–208.

国小说家 E.M. Forster 曾举过这样一个例子："国王死了，接着王后也死了"，是按照两个事件发生的时间顺序叙述的，所以是"故事"（story），而"国王死了，接着王后也因为悲伤而死了"强调的则是两个事件之间的因果关系，Forster 称之为"情节"（plot）。[8]

我们来看《太平御览》记载的"天地开辟，未有人民，女娲抟黄土作人"一句，按照 Forster 的观点，事件之间除时间顺序之外并没有明显的关联。有趣的是，鲁迅的《补天》在事件的空隙之间补充进了一层因果关系，他写到女娲睡醒后发出叹息："唉唉，我从来没有这样的无聊过！"[9] 然后她走到海边玩泥巴，无意间作出了人。因为觉得无所事事，所以女娲才造人出来，《补天》在事件之间填入的因果关系改变了叙事的意义，女娲创造人类的神圣"故事"主题，在这一戏谑"情节"的设置中被消解了。

Forster 关于故事和情节的概念辨析被广泛引述，同时也引起了一些争论，一种反对意见认为 Forster 的判断忽略了叙事上的省略现象，也忽视了读者在阅读文本时的主动联想能力。从这个角度来看"天地开辟，未有人民，女娲抟黄土作人"一句，在"未有人民"与"女娲抟黄土作人"之间，读者似乎并不难推导出其中的因果关系：因为没有人，女娲才造人。可见在某些叙事中，因果关系潜藏在文字的空白之间，需要由读者通过联想或诠释来建立事件的联结，领会叙事的意义。如果有读者像鲁迅一样，在空白处填入了"另类"的诠释和想象，那便能产生截然不同的意义。这么看来，"情节"（或者是"故事"和"情节"的差别）可以说是读者从叙事文本中读出来的，叙事的过程也只有在听故

[8] E.M. Forster, *Aspects of Novels* (Harmondsworth: Penguin, 1963), p. 93.

[9] 鲁迅《鲁迅全集（第二卷）》，页345。

事的人那里才最终完成，这就涉及到读者在文本诠释中的重要角色，我们在前面的章节中已有所讨论。

除了因果关系之外，事件的联结和组合方式还与许多方面的因素有关，譬如：谁是故事的叙述者？以谁的观点讲故事？讲的是谁的故事？借助谁的声音讲故事？故事是说给谁听的？这些问题，也就是我们前几章逐个讨论过的"观点"、"人称"、"声音"、"读者"等课题，在叙事学中它们都指向"话语"的层面：用怎样的方式来讲一个故事？而下面我们要谈的是其中另一个重要问题：叙事的时间。

法国叙事学家 Gérard Genette 的《叙事话语》是一本从各个方面讨论叙事话语问题的著作，标题上就注明这是一本关注"方法的论文"。书中前三章都与叙事的时间有关，分别是"时序"（order）、"时距"（duration）和"频率"（frequency），代表叙事文本在时间处理方面的三种可能方式。[10]

首先是时序。如果把女娲造人的神话传说，当成一个简单的叙事，我们可以发现说故事的顺序是按照故事发生的前后顺序进行的：天地开辟，未有人民（过去）、女娲抟黄土作人，剧务力不暇供，乃引绳絙于泥中，举以为人（现在）、故富贵者黄土人也，贫贱凡庸者絙人也（以后）。这种叙事时间（narrative time）与故事时间（story time）平行一致的叙事方式，一般称为顺叙。

古希腊和古罗马的史诗写作中，有一种称为"in medias res"（从事物的中间开始）的手法，指的是叙事从故事的中间开始，而

---

[10] Gérard Genette, translated by Jane E. Lewin, *Narrative Discourse: An Essay in Method* (Ithaca, N.Y.: Cornell University Press, 1980), pp. 33–160.

非从头开始。古代说故事的人已经领会叙事时间的特殊性，说故事可以不按照事件发生的自然时间和顺序，可以不按照事件发展的前后逻辑，而可以按照自己的意愿，从中间甚至从结尾开始，往前追溯事件的发生，这种手法称为倒叙（analepsis，flashback）。

Genette 称叙事顺序排列差异的现象为“时序错置”（anachrony），除倒叙之外，另一种跳叙（prolepsis, flashforward）的手法在文本中运用得较少，我们较为熟悉的例子是《红楼梦》第五回，贾宝玉进入太虚幻境，从判词中预先察觉出其他人物最终的命运，以后的小说故事和人物发展，已经预先在这一回展露了端倪，这可以当成一个跳叙的文本。

频率是指事件的发生及其在叙事中出现的次数问题。事件可以反复发生，在叙事中只出现一次；也可能事件只发生了一次，而叙事却反复描述；当然也有事件反复发生，叙事同样反复描述的情况，而重复叙事（repeating narrative）往往是为了突出某个事件的重要性和象征性。《补天》中有两处明显的重复叙事，一处属于事件的重复，女娲两次感叹：“唉唉，我从来没有这样的无聊过！”[11] 第一次无聊而造了人，第二次无聊是因为补天耗尽了力气。另一处则是景色的描写，可以说是叙事的重复：

> 天边的血红的云彩里有一个光芒四射的太阳，如流动的金球包在荒古的熔岩中；那一边，却是一个生铁一般的冷而且白的月亮。[12]

[11] 鲁迅《鲁迅全集（第二卷）》，页345、351。

[12] 同上，页345、353。

这段文字第一次出现在小说的开头，描绘女娲从梦中醒来所见的景色，她不理会太阳和月亮“谁是下去和谁是上来”。同样的文字再次出现则是在小说的结尾，在这幅画面中，“伊的以自己用尽了自己一切的躯壳，便在这中间躺倒，而且不再呼吸了”。可以说，《补天》中的这两处重复叙事，自然烘托了小说开头和结尾的氛围反差，前面的闲适、慵懒和最后的悲怆，在同样话语和句式的重复中，加强了对比和呼应的叙事效果。

“时距”的概念，探讨的则是故事发生和叙事所用时间上的落差关系，与叙事流动的速度有关。不过，文字的叙事本身并不具有度量速度的标准，我们依循的只是一种想象的感觉。譬如上文引的景色描写一段，我们可以想象故事的发展在这细腻的景色摹写中暂时停顿（pause）了，叙事时间延缓了故事推进的速度。而小说结尾写到秦始皇让方士去寻仙山：“方士寻不到仙山，秦始皇终于死掉了；汉武帝又教寻，也一样的没有影”，[13] 这里显然大量省略了实际发生的事件，通过概括起到了加速（acceleration）的作用。不过有的时候叙事文本出现省略（ellipsis）的情况，不只是略去重复或者类似发生的事件，也有可能是为了留给读者更大的诠释空间，就像《红楼梦》关于秦可卿死因和过程一节的空白，一直引来读者的多方猜测和解读。

与时距有关的另一种情况是，几秒或几分钟发生的事在叙事文本中被拉长了，就好像电影中的“慢动作”（slow motion）。譬如《水浒传》第二十二回叙述武松打虎的过程：

[13] 同上，页354。

> 说时迟，那时快；武松见大虫扑来，只一闪，闪在大虫背后，那大虫背后看人最难，便把前爪搭在地下，把腰胯一掀，掀将起来。武松只一闪，闪在一边。大虫见掀他不着，吼一声，却似半天里起个霹雳，振得那山冈也动，把这铁棒也似虎尾倒竖起来只一剪。武松却又闪在一边。原来那大虫拿人只是一扑，一掀，一剪；三般捉不着时，气性先自没了一半。那大虫又剪不着，再吼了一声，一兜兜将回来。[14]

“说时迟，那时快”，正表明了叙事速度慢于故事发生的速度，是一种叙事的减速（deceleration）。武松打虎的紧张场面，落到纸面上，每个动作被分解描述，时间被拉长了。而有意思的是，这段文字又通过简练有力的用词，如“一闪”、“一掀”、“一剪”、“一扑”，来加快叙事的节奏，消减了“慢动作”的拖沓感，在刻画每个动作细部的同时，又能凸现动作的利落快速。

叙事是一场叙述者与时间展开的游戏，通过调节事件发生的时序、频率和时距，叙述者令故事以截然不同的面貌呈现出来。同样的，一个故事在不同的观点、人称、声音的控制下，都会生成迥异的叙事文本，这些都是使故事转化为叙事的“话语”方式，都是影响故“事”新“编”的要素。叙事学家对叙事话语层面的探索，令我们看到叙事的丰富可能性，故事与叙事之间的空间被不断拓展，故事的意义也在“新编”的过程中不断被改写。

---

[14] 金圣叹《读第五才子书施耐庵水浒传》（河南：中州古籍出版社，1985年），页370。

“故”事新编

叙事，就是讲故事，而“故”事，也可以理解为“过去的事”，在中国古代的叙事传统中，叙事与这“过去的事”（历史）的关系尤为密切。

《周礼·春官宗伯》有这么一段，讲解古代“职丧”官员的职务范围：“职丧掌诸侯之丧。及卿、大夫、士凡有爵者之丧，以国之丧礼莅其禁令，序其事。”[15] 这段话说明了“职丧”要如何料理宫廷丧事的细节，所谓“序其事”就是安排安顿丧礼事宜的先后次序。

从文字字义来看，中国古代“叙”与“序”相通，“序事”也可以说就是“叙事”，透露了一种安排事件先后的意思，跟现代叙事学理论讨论的“时序”问题不谋而合。不过，除了指先后的时间顺序之外，“序”也包含另一层与空间有关的意思。根据清代孔广森的文字训诂，“序”指的是“东西墙”，是正堂东西面的一道区隔。因此我们可以追溯，“叙”（通“序”）的原始意义，除了时间的顺序安排之外，还包含不同空间的分割作用，对于“事”的“叙”，除了观照“先、后”的时间维度，还带有“东、西”的空间维度。[16] 从这一点来看，现代叙事学中某些关涉空间变换的话语方式，如人物观点的改变，叙事焦点的移动等，与中国古代“序”字隐含的空间性，也有相通之处。

由此看来，和西方由史诗戏剧传统中酝酿产生叙事理论的发展脉络不同，中国古代的“叙事”观念出自古史官，跟历史的书

---

15 《周礼注疏》（上海：上海古籍出版社，1990年），页335。

16 杨义《中国叙事学》（台北：南华管理学院，1998年），页11。

写、记载，规范的制定、执行都关系密切。而且这一历史书写传统在要求对事件的“如实记载”之外，也有一些记载方法上的讲究，从现代叙事观点来看，记录史实，同样是一种叙事，史实（不过“史实”这个概念本身也有待商榷）如何被记录，如何被呈现便是叙事方式的问题。相传孔子编写《春秋》，在据实记述的过程中并不直接表明自己对事件的态度，而是通过含蓄的修辞手段、选择性的区别用词、素材的择取等等细部的编排，隐露出褒贬的态度，被后世称为“春秋笔法”或“微言大义”。如果说“春秋笔法”正是中国古代历史书写传统中的一种叙事方式，那么换个角度看，这种方式的强调是为了提醒读者，在阅读历史文本的时候，必须注意其“笔法”的运用，去思考叙事方式的问题，才能够从“微言”中读出“大义”来。

从历史叙事转向文学叙事的论述，随着明清小说创作及其评点的发展壮大逐步出现，而将历史“纪实”和小说的“虚构”叙事相提并论，则是在金圣叹的小说评点中。《第五才子书读法》中，金圣叹曾作出如此的区分：“《史记》是以文运事，《水浒》是因文生事。以文运事，是先有事生成如此如此，却要算计出一篇文字来，虽是史公高才，也毕竟是吃苦事。因文生事即不然，只是顺着笔性去，削高补低都由我。”[17] 在金圣叹看来，《史记》的对象虽然是“现成”的历史事件，但也得需要有剪裁、组织等“运事”的能耐，并非易事。而相反像《水浒》这样的虚构小说，则是“因文生事”，不受史实的约束，“削高补低”具有更大的自由度。

[17] 金圣叹《读第五才子书施耐庵水浒传》，页18。

金圣叹的这段话，将《水浒传》这样当时尚属边缘的小说文类和《史记》放在同一个平台上加以置评，在中国古代叙事课题的论述中可谓是一个突破。而更值得注意的是，它并非从内容真实性的角度来比较历史和文学叙事的差别，而是着眼于两者叙事方式上的不同，并且进一步来突出虚构叙事自由发挥的特性，推崇小说叙事手法上的多样性。《第五才子书读法》中，金圣叹还说："吾最恨人家子弟，凡遇读书，都不理会文字，只记得若干事迹，便算读过一部书了。"[18] 从叙事角度来理解金圣叹在这里使用的"文字"和"若干事迹"等词眼，"文字"相对于"事迹"而言，应该就是指对于故事事件的处理和安排，与叙事的手法有关。因而金圣叹最恨人家子弟"只记得若干事迹"，但却不记得将这些"事迹"串联起来的"文字"，也就是在批评那些只记得"故事"，却不留意"说故事的方式"的读者。

那么如何来读这些"文字"呢？金圣叹以《水浒传》为文本，列举了许多种类的"文法"，譬如有"倒插法"，"谓将后边要紧字，蓦地先插放前边"；"夹叙法，谓急切里两个人一齐说话，须不是一个说完了，又一个说，必要一笔夹写出来"；"草蛇灰线法，如景阳冈勤叙许多'哨棒'字，紫石街连写若干'帘子'字等是也。骤看之，有如无物，及至细寻，其中便有一条线索，拽之通体俱动"，也就是指某个关键意象和标记在叙事中多次重复出现，虽然不引人注意，却起到连贯情节的作用。另外"欲合故纵法"是有关设置叙事的"悬念"，而"横云断山法"则是指叙事过程中故事转换的现象，因为"文字太长了，便恐累坠，故从半

[18] 同上，页22。

腰间暂时闪出，以间隔之”。其他还有“大落墨法”、“棉针泥刺法”、“背面铺粉法”、“弄引法”、“獭尾法”、“正犯法”、“略犯法”等等。[19] 以上介绍并非想要从金圣叹列举的《水浒传》文法中找出某些现代叙事学理论的影子，而要指出的是，金圣叹的小说评点正是强调通过“文本细读”来关注小说作品各个层面的叙事手段和技巧，从故事的剪裁、情节的安排、叙事的顺序到小说整体结构的布局，他对“说故事的方式”问题的探讨为中国小说叙事实践和理论的发展都带来了深远的影响。

可以说，金圣叹对于叙事方式的关注，将小说的叙事特性凸现出来，不过小说叙事仍然受到某些历史叙事观念的左右，譬如说对叙事“真实性”的追求。还是来看《水浒传》第二十二回武松打虎的情节，小说写到老虎终于被武松打倒在地：“武松把只脚望大虫面门上、眼睛里只顾乱踢。那大虫咆哮起来，把身底下爬起两堆黄泥，做了一个土坑”。[20] 金圣叹对这段描写做出这样的评点：

> 耐庵何由得知踢虎者，必踢其眼，又何由得知虎被人踢，便爬起一个泥坑，皆未必然之文，又必定然之事，奇妙绝妙。[21]

金圣叹认为作者施耐庵是不是真的懂得踢虎的法门并不重要，这样的写法都是“未必然之文”，重要的是能让读者感到这是“必定然之事”，也就是说叙事的方式可以变换，但表现的东西要具有“真实性”，要能让人信服。正如 Andrew Plaks 指出的，叙述

[19] 同上，页22–24。
[20] 同上，页371。
[21] 同上。

的内容或许是非现实的故事，但却必须呈现出一种能够说服读者的逼真度（verisimilitude）。[22] 换句话说，小说叙事虽然是虚构的，但仍要遵从历史“真实”的标准。

故事“新”编

鲁迅的《补天》中重复出现这样一个情节：女娲造出了人，却听不懂人说的话。其中一段写到天崩地塌，女娲问一个身上包着铁片的神情丧气的小人“那是怎么回事？”小人说：“呜呼，天降丧……颛顼不道，抗我后，我后躬行天讨，战于郊，天不祐德，我师反走，……我后爰以厥首触不周之山，折天柱，绝地维，我后亦殂落。呜呼，是实惟……”女娲听不懂，转身问一个同样包着铁片却兴高采烈的小人，小人说：“人心不古，康回实有豕心，觑天位，我后躬行天讨，战于郊，天实祐德，我师攻战无敌，殛康回于不周之山。”女娲仍然没听懂，再问一个没包铁片的小人，他却只会重复女娲的问话。那么到底是怎么一回事呢？女娲最终不得而知。[23]

这一情节同样“新编”自一个“旧书”上的神话故事。《淮南子·天文训》记载：“昔者共工与颛顼争为帝，怒而触不周之山，天柱折，地维绝。天倾西北，故日月星辰移焉；地不满东南，故水潦尘埃归焉。”[24] 正是共工和颛顼作战，撞倒不周山，以致天崩地塌，而成为女娲补天的缘由。这段神话故事在鲁迅的“新编”中

[22] Andrew Plaks, “Terminology and Central Concepts,” in David L. Rolston, ed., *How to Read the Chinese Novel* (Princeton: Princeton University Press, 1990), p. 112.

[23] 鲁迅《鲁迅全集（第二卷）》，页349–351。

[24] 转引自鲁迅《鲁迅全集（第二卷）》，页354。

转化为上面一组对话，小人的说话内容还模仿了《尚书》等古书上的文字。这样一种叙事方式除了将共工怒触不周山的神话故事融合到女娲补天的情节之外，还有什么意义呢？

如果说《尚书》、《淮南子》上的文字，代表着古人记录下的“历史”，那么《补天》的情节则暗示“历史”只是人们站在各自立场的“叙事”而已，共工和颛顼之战，出自双方的口中是迥异的故事。而女娲听不懂人说的话，同样也隐喻着人类的历史叙事是由人自身建构出来的，是权力斗争的产物，连“造物主”都不能了解“真相”，谈何历史的“真实”。将历史理解为一种叙事，从而强调历史的文本性（the textuality of history），正是1980年代初美国“新历史主义”（New Historicism）的代表观点，[25]在这里我们不展开讨论，而从上面这个情节，我们可以体察到历史作为一种叙事，最好地诠释了叙事与权力的关系，历史往往是权力者的叙事，曾经发生的“那是怎么回事？”，我们不得而知。

回到叙事的角度再来看《补天》中的这个情节，历史记载的神话故事，经过“新编”之后反过来消解了故事本身的意义，掌握权力的史官叙事被新编成了消解权力的小说叙事，这正说明了叙事能产生某种力量，在故事的不断“新编”过程中，去重新审视原有叙事中的权力关系。

历史是叙事，文学是叙事，我们生活中的讲述、书写、影像的纪录，都是叙事，那么到底什么不是“叙事”？法国学者 Paul Ricoeur 曾言：叙事并非对于身外之事物的探究，我们到来的这个

[25] Louis Montrose, “Professing the Renaissance: The Poetics and Politics of Culture,” in H. Aram Veeser, ed., *The New Historicism* (New York: Routledge, 1989), p. 20.

世界已经充满了种种叙事，我们无时无刻不是活在叙事之中。[26] 我们生活在叙事中，我们又在不停地说故事，以不同的“说”的方式来说那些以前就被说过的“故事”，从我们之前谈过的“互文性”观点来看，每一次说故事（叙事）不都是一次“故事新编”？问题的关键是，这重新“说”的过程，这“新编”的过程，如何影响着我们对“故”事的认知，对世界的看法。

还是来读《补天》。神话是先民的叙事，是古人解释世界的一种答案。“天地开辟，未有人民、女娲抟黄土作人，剧务力不暇供，乃引绳絙于泥中，举以为人、故富贵者黄土人也，贫贱凡庸者絙人也。”女娲造人的神话里同样包含着解释，解释为什么这个世界有“富贵者”和“贫贱凡庸者”的差别。叙事为解释世界提供了答案，为混沌万物提供了一种秩序和规律，而故事通过传承也让人们相信这种秩序和规律是自然的存在，世界也就变得更容易理解和把握。

然而叙事也总是不断在打破原有叙事建构出来的各种模式，通过不同的“说”的方式来重新看待世界。譬如《补天》，文本融合了许多段落的历史和神话故事：女娲造人补天、共工怒触不周山、巨鳌驼仙山、“女娲氏之肠”以及《史记》中关于秦始皇、汉武帝寻仙山的纪录。这些故事被重新节选组织，被重新赋予时序关系和因果关系，整合到一个叙事文本中。更值得注意的是《补天》的观点设定，如果说历史记载中的叙述者是以全知观点来陈述“事实”，那么我们可以发现《补天》的主要部分（除了

[26] Paul Ricoeur, “Narrative Time,” in W.J.T. Mitchell, ed., *On Narrative* (Chicago: University of Chicago Press, 1981), pp.181–182.

结尾）是以女娲的有限观点来叙述的，也就是说《补天》呈现的是一个神眼中的世界和人类，通过她的眼睛，我们看到的是人类的愚蠢和残酷，人类的创造只是因为她的无聊，而人类来到世界上却只会带来灾难。通过这一观点的转换，文本嘲笑了那些自视高贵的人们，以及他们自诩神圣的权威。

现代叙事学告诉我们，叙事包含故事和话语两个层面，而上面的例子也告诉我们，这两个层面其实是互相交融的，故事在被讲述的过程中产生意义，叙事的方式决定着意义的建构。故事一直在被讲述，新的意义随着新的讲述方式的生成而不断生成，进而影响着我们对世界的理解、再现和表达。在“观点”、“人称”、“声音”，以及本章“叙事”中，我们已经看到了叙事的丰富可能性，对于叙事学而言，它并非在指导我们故事是如何被讲述的，恰恰相反，它只是在提醒我们，叙事的方法无穷无尽，等待着我们自己从文本中去发现。

第十章 **再现**

REPRESENTATION

文学反映现实？

文学与现实世界之间的关系，是文学理论最关心也最广泛讨论的课题之一。如果有人问你这个问题，你很可能会不假思索地说："文学反映现实。"这样的说法看起来像是普通常识，不过，如果仔细想想，也引发一些新的问题。首先，这句话把文学与现实世界对立起来，视为两个毫不重叠的物体；文学与现实世界，究竟是不是互相独立，像是存在于两个没有交集的空间呢？其次，表述中采用了"反映"作为比喻来说明二者的关系，那么，文学是不是像一面镜子一样，可以"忠实地"将现实世界加以"反映"？这两个问题看起来简单，却都是跟我们对待文学的态度有着密切的关系，也是值得深入思考的大问题。

完成于1932年并于次年出版，茅盾的长篇小说《子夜》被认为是反映1930年代初上海城市面貌的作品。小说开篇如此叙述：

> 太阳刚刚下了地平线。软风一阵一阵地吹上人面，怪痒痒的。苏州河的浊水幻成了金绿色，轻轻地，悄悄地，向西流去。黄浦的夕潮不知怎的已经涨上了，现在沿这苏州河两岸的各色船只都浮得高高地，舱面比码头还高了约莫半尺。风吹来外滩公园里的音乐，却只有那炒豆似的铜鼓声最分明，也最叫人兴奋。暮霭挟着薄雾笼罩了外白渡桥的高耸的钢架，电车驶过时，这钢架下横空架挂的电车线时时爆发出几朵碧绿的火花。从桥上向东望，可以看见浦东的洋栈像巨大的怪兽，蹲在暝色中，闪着千百只小眼睛似的灯火。向西望，叫人猛一惊的，是高高地装在一所洋房顶上而且异常庞大的霓虹电管广告，射出火一样的赤光和青燐似的绿焰：Light, Heat, Power！[1]

这段文字，详细地叙述上海入夜的景象。乍看起来，首四句采取了不带感情的客观角度，描述苏州河的流水与岸边的船只。不过，这种看似客观的书写态度，很快的就开始转变；在接下来的文字中，尤其是与“洋人”有关的物体，如“浦东的洋栈像巨大的怪兽”、又如“叫人猛一惊的”“洋房顶上”的“霓虹电管广告”，都已经不再是客观的景物描写，而是带有强烈的主观色彩，对照于整部小说的主题，这段看起来是描述性的文字，具有深刻的隐喻意义。如果说文学反映现实，作为当代的读者，小说的文字是不是让我们像看到镜子中所反映的影像那样，看到一个“客观的”1930年代初的上海？

---

[1] 茅盾《子夜》（北京：人民文学出版社，1952年），页3。

我们也许可以看一看在接近年代的另外一篇小说的文字。穆时英的短篇小说《上海的狐步舞（一个断片）》，发表于1932年11月，叙述的也是上海：

> 上海，造在地狱上面的天堂！
>
> 沪西，大月亮爬在天边，照着大原野。浅灰的原野，铺上银灰的月光，再嵌着深灰的树影和村庄的一大堆一大堆的影子。原野上，铁轨画着弧线，沿着天空直伸到那边儿的水平线下去。
>
> 林肯路（在这儿，道德给践在脚下，罪恶给高高地捧在脑袋上面）。[2]

穆时英文字中的上海，显然与茅盾的有所不同。他并没有像茅盾那样以大量的文字描述细节，而是选择性地叙述几个物体，包括月亮、原野、树影、村庄、铁轨、林肯路。读者从文字中所看到的，这几个物体的描述，几乎没有具体的、图像化的细节，而只是几个抽象概念的罗列。如果我们沿用“镜子”作为比喻，穆时英的这面“镜子”，一方面“反映”出来的1930年代初的上海，与茅盾的“镜子”很不一样，另一方面，看来并没有“反映”出什么具体的影像。

从这两个例子，我们已经可以看出“反映说”的种种问题。“反映”究竟是什么意思？从修辞的角度来说，“反映”在这里的使用是一种比喻手法。《现代汉语词典》（2005年版）中的“反映”词条下，并没有说明其本义，而只是提及其比喻性的

[2] 穆时英《上海的狐步舞（一个断片）》，载李欧梵编《新感觉派小说选》（台北：允晨文化实业股份有限公司，1988年），页177。

用法："反照，比喻把客观事物的实质表现出来"，并举例句说明："这部小说反映了现实的生活和斗争"。[3] 值得注意的是，根据美国学者刘禾的研究，"反映"一词并不是中文原有的词汇，而是现代汉语借自日文汉字，日文又是从英文 reflect 一词翻译过来的。[4] 如此一来，我们不得不追溯 reflect 的意义。根据《牛津英语字典》（*Oxford English Dictionary*），reflect 作为一个及物动词，基本的意思，是指光线、声音或热能，以某个物体的表面作为媒介，碰触之后朝其来源的方向回弹。与我们所讨论的语境最直接有关的一个解释是：藉由镜子或其他光滑的物体表面，展现人或物的影像。在这个意义的层面上，reflect 多是作为比喻使用。[5] 由此可见，"镜子"或"某个光滑的物体表面"作为一个媒介，在"反映"的动作中，占据关键的位置。

问题是，外在现实中的"客观事物"，是不是能够通过这个媒介，使其"实质"展示在我们的眼前？还是在这个"反映"的过程中，现实世界里的事物的样貌和形态，因为媒介的不同性质，显示出来的影像会产生不同的变异？即使是最光滑的镜子，也只能够以二次元的平面形式，展示现实中三次元的立体物件。由是

---

[3] 中国社会科学院语言研究所词典编辑室编《现代汉语词典》（第五版）（北京：商务印书馆，2005年），页379。

[4] 〈附录B：现代汉语的中—日—欧外来词〉，载刘禾著，宋伟杰等译《跨语际实践：文学、民族文化与被译介的现代性（中国，1900–1937）》（北京：三联书店，2002年），页397。刘禾的书中，收录了许多现代汉语的词汇，说明这些词汇经由日文译自欧洲语文再由中文借用流传，或者是日文借用古代汉语的既有词汇，但转用来表述与原来词汇的意义完全无关的现代概念，再由现代汉语引用。本书原著是英文版：Lydia H. Liu, *Translingual Practice: Literature, National Culture, and Translated Modernity — China, 1900–1937* (Stanford: Stanford University Press, 1995).

[5] *Oxford English Dictionary Online*, second edition, 1989.

观之，在现实和影像之间的这个媒介，究竟有着怎样的性质，又如何在现实和影像之间发生作用，就非常值得研究了。以上述茅盾与穆时英的小说为例，作为一种现实的1930年代初的上海，经过两面不同的“镜子”所产生的“反映”效果，显然是两种不同的影像——两个小说家的叙述方式，分别创造了两种不同的上海现实。从茅盾的小说中认识上海的读者，来到穆时英的小说所叙述的上海，会感觉那是全然陌生的城市！

换一个角度来说，以上的表述方式，似乎暗示“现实”和“影像”是两个互不牵涉的物体。就如本章一开始所提出的问题——文学与现实世界是不是互相独立的？——“现实”和“影像”之间是什么关系，以及二者是不是可以放在一个二元对立的坐标上来看待，也是一个有意思的课题。“文学反映现实”的提法，暗示了文学作品并不是现实世界的一个部分，可是，难道文学作品是存在于一个现实世界以外的空间里？有这样的一个空间吗？难道文学作品的写作、阅读、出版、流通，可以不受到现实世界的种种物质与非物质的条件所制约？美籍巴勒斯坦裔学者 Edward Said 在其重要的著作中讨论这个课题时，提出文本的“在世性”（worldliness）。Said 认为，文本的存在，往往是纠结于某种情状、时间、空间、社会之中；文本就在世界之中，也因此是在世的（worldly）。[6] 有别于新批评理论家所认为的文本是一个与现实无涉的自足体，Said 和后结构主义理论家把文本的创造和诠释，视为受制于现实中的各种社会、政治、经济等等力量的行为。文本不仅不能够独立于现实

[6] Edward Said, “The World, the Text, and the Critic,” in Said, *The World, the Text, and the Critic* (Cambridge, MA: Harvard University Press, 1983), pp. 34–35.

世界，相反的，文本的写作和阅读，也同时形塑了人们对于世界的认知方式，由此改变了现实的意义，甚至现实本身。

要讨论茅盾的《子夜》，显然必须将小说放置在一个适当的历史与社会语境之中来进行。简要地说，我们不能忽略《子夜》的创作，是20世纪初的中国新文学运动、1930年代以后的左翼文学运动等等语境中完成，也必须考虑到作者茅盾作为中国共产党积极创始成员，以及他可能带着某种意识形态写作的种种因素。另一方面，《子夜》出版以后的阅读和评论中，读者的社会政治背景和意识形态，也影响了读者从小说中读取意义的方式和读取了什么意义。1940年代以后共产党的意识形态主导之下，茅盾的《子夜》"简直可以用一句话把它们 [小说主题] 概括出来：在帝国主义经济侵略和腐败政府横征暴敛的双重压迫下，三十年代长江三角洲的整个经济都濒临破产了！"[7] 同样一部小说，美国学者夏志清却认为"太偏重于自然主义的法则，所以我们很不容易看到茅盾作为一个热诚的艺术家的真面目"，小说"仅是按照马克思主义的观点给上海画张社会百态图而已"，而"书中的人物，几乎可以说都是定了型的，是注定了要受马克思主义者诋毁的那种丑化人物"。[8] 换句话说，《子夜》的写作是受制于作者所处在

[7] 王晓明〈惊涛骇浪里的自救之舟 —— 论茅盾的小说创作〉，载王晓明编《二十世纪中国文学史论（第二卷）》（上海：东方出版中心，1997年），页285。

[8] 夏志清著，刘绍铭等译《中国现代小说史》（香港：中文大学出版社，2001年），页136。本书原著是英文版，于1961年出版，第三版为：C.T. Hsia, *A History of Modern Chinese Fiction*, third edition (Bloomington: Indiana University Press, 1999).

的社会语境与他所接受的意识形态；《子夜》的阅读，则是受制于不同读者在进行阅读行为时的各种语境与意识形态。小说中所描述的上海，一方面，某种程度上建构了后世读者对于现实世界中的上海的认知方式，另一方面，通过文学话语的流传与影响，也成为现实中的上海的其中一种面貌。

艺术再现与政治代表

文本和现实世界之间错综复杂的关系，与其单纯地、二元化地说成是“反映”，不如说是“再现”（representation），虽然“再现”这个概念也有其复杂与混乱的意涵。欧洲古代的文学理论中，就认为文学是一种“生活的再现”（representation of life），意味着艺术是对于现实世界的“模仿”（mimesis）。古希腊哲学家亚里斯多德不仅认为所有的艺术——包括语言艺术、视觉艺术、音乐艺术——都是一种再现的形式，也认为人类与动物不同之处，正是他们能够通过再现进行模仿与学习。[9] 在这个层面上，再现与模仿是同样的意思。不过，现代文学理论中的“再现”，作为一个批评概念，因为社会理论、媒体理论，以及文学理论本身的各种讨论与阐述，有了更复杂的含义。

对应于英文 representation 一词的中文翻译，日常生活语言中比较常用的是“代表”。根据刘禾的研究，“代表”是日文借用古代汉语中已经存在的词汇来翻译英文 represent 一词，再被现

[9] 亚里斯多德著，姚一苇译注《诗学笺注》（台北：中华书局，1966年），页52。

代汉语转借表示这个源自英文的概念。[10] 可是，当 represent 翻译为“代表”，实际上只是翻译（或重点翻译）了英文原词的部分意思。*Oxford English Dictionary* 中记录的 representation 词条下提及的当代用法，首先是指根据物体的样子所复制而成的东西，特别是指以人或物为复制对象的绘画，或是以某种具体的图像或象征符号来表现抽象的概念。[11] 这个部分的意思，翻译成中文的时候，无法完全以“代表”一词来显示，而比较常用的词汇是“表示”、“表现”、“表述”或“象征”。列举在《牛津英语字典》中的 representation 的另外一个意思，是指由某个人或物替代另一个人或物——通常前者在替代后者时，被赋予某种权利或权威。这层意思，在中文的习惯中，我们通常采用的词汇是“代表”，例如，议员在国会中代表选民。

Representation 的这两个意思，在我们这里讨论的语境中，可以分别用“艺术再现”（artistic representation）与“政治代表”（political representation）来表示与区分。二者的一个重要差别在于“政治代表”是在某种契约的约束之下（例如选举），被代表的人赋予代表者某种具有权威性的力量，让后者得以在前者缺席的情况下行使前者应有的权利。这种关系，也正是现代民主政治制度运作的原则与基础。“艺术再现”则没有这种授权与受权的

---

[10] 《附录D：回归的书写形式外来词：源自古汉语的日本“汉字”词语》，载刘禾著，宋伟杰等译《跨语际实践：文学、民族文化与被译介的现代性（中国，1900–1937）》，页404；又见 Lydia H. Liu, *Translingual Practice: Literature, National Culture, and Translated Modernity — China, 1900–1937*, p. 334。值得注意的是，古代汉语“代表”与现代汉语“代表”虽然使用的是同样的文字符号，其意义没有沿革继承的关系。在刘禾《附录D》中所列的例子，都是这种情况。

[11] *Oxford English Dictionary Online*, second edition, 1989.

关系，其重点在于创造再现的人（作者）选择性的以某种媒介与方式，展示他对于现实世界的独特认知。有了这层理解与辨识，如果评论者认为《子夜》是茅盾最优秀的小说，他可以说《子夜》是茅盾的“有代表性的”（representative）作品，可是，他不能够说《子夜》的叙述“代表”1930年代的上海，因为小说中所“再现”的是茅盾认知中的、选择性地进行书写的上海。茅盾的《子夜》中再现的上海，与穆时英的《上海的狐步舞》中的再现有所不同，而二者都不是现实世界里的上海——假设有一个“现实世界里的上海”的话。

另一方面，即使我们可以从现代语言使用的角度来分辨“代表”与“再现”的差异，二者皆是以一物或人替代另一物或人的相似性质，却也使得这两个概念的意思具有重叠与流动的特征。英国文化理论家 Raymond Williams 在详细讨论相关概念时，指出从18世纪以来，尤其是在19世纪中以后有巨大影响的现实主义和自然主义的理论与实践中，在人物塑造和情境描述方面，“代表性”（representative）这个表述方式有着“典型性”（typical）的含义。即使在现代的语言使用上，来自同一个英语字源的“代表”和“再现”，Williams 认为，也很难估计二者之间的重叠程度；采用哪一个词语来表述，与文化语境有着密切的关系。[12] 这也是为什么以现实主义意识形态进行写作的《子夜》，以及把《子夜》评论为现实主义作品的文学话语，往往强调这部小说的“代表性”与“典型性”，而我们讨论《子夜》和相关概念时，如果选择一种比较开放的阅读方式，却要有意识地分辨“代表”和“再现”。

[12] Raymond Williams, *Keywords: A Vocabulary of Culture and Society*, revised edition (London: Fontana, 1983), p. 269.

再现：沟通、选择与建构

每一种再现都是以沟通作为目的来进行的。美国学者 W.J.T. Mitchell 认为再现的结构具有四个维度：要表达的人或物、代替的人或物、创造者、接受者；前二者之间的关系是再现，后二者之间的关系是沟通。这两种关系，形成一个交叉的线轴。他也指出，再现作为一种沟通的媒介，往往也不可避免地对创造者和接受者之间的沟通产生障碍，造成误解、偏见，甚至假象。[13] 这种以再现作为媒介的沟通及其潜在的障碍，在日常生活中的例子不胜枚举。新加坡旅游局的官方网站的首页上所再现的新加坡，[14] 是一个有意思的例子：

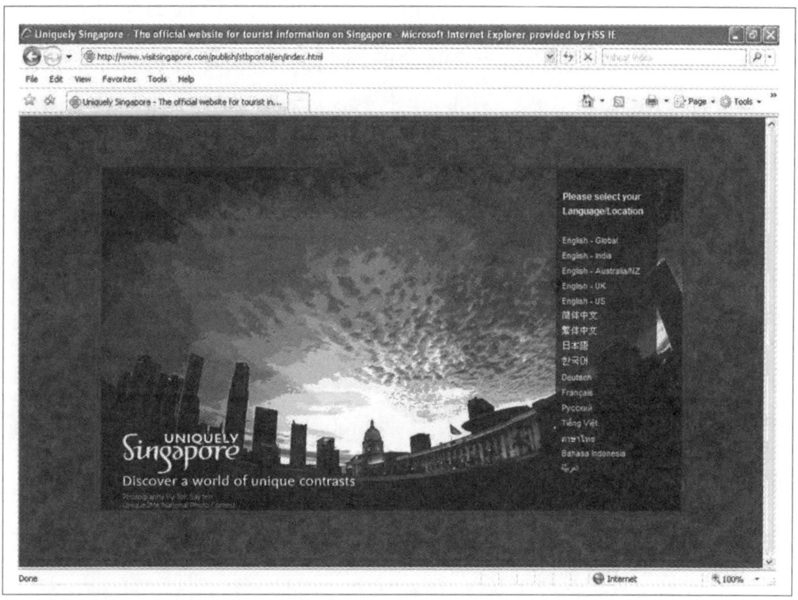

13 W.J.T. Mitchell, "Representation," in Frank Lentricchia and Thomas McLaughlin, eds., *Critical Terms for Literary Study*, second edition (Chicago and London: University of Chicago Press, 1995), pp. 12–13.

14 新加坡旅游局主页 http://www.visitsingapore.com/ 。这个网站的照片时常更换，这里所分析的网页文本浏览于2007年10月27日。

新加坡旅游局是一个官方机构，任务是向外国人推销新加坡，以吸引他们选择新加坡作为旅游目的地。很明显的，在这个架构中，旅游局（再现的创造者）代表政府，塑造一个新加坡的形象。通过什么方式与形态再现新加坡，直接涉及这个形象的接受者（也就是潜在的外国旅客），以及旅游局想要再现一个怎样的新加坡。

我们可以假设，这个网站的主要想象读者是第一次认识新加坡。看到这张照片，他们会对这个地方产生怎样的印象？网站首页的这张照片，左下角是新加坡的金融区，参差的摩天楼再现的是新加坡作为一个现代城市的特点。右下角是一栋富有殖民地时期建筑风格的政府大厦，再现的是新加坡的历史与传统。照片拍摄的时间，显然是白天将尽而即将入夜的时刻，占据照片大部分空间的，是天空中染上亮红色余晖的云朵。这张照片整体的再现，显示了新加坡既是一个现代化的城市，又具有丰富的历史传统，也暗示了新加坡有着多姿多彩的夜生活。照片中的各个元素，分别再现的是新加坡的不同层面。这些元素组合起来，形成一个多层次的意义网络，称为“再现系统”（system of representation）。我们也可以称这些组成元素为“符码”（codes）。接受者在面对这个再现系统时，通过本身对于这些符码的诠释，使这个再现对他们而言产生意义。旅游局作为创造者，外国旅客作为接受者，网站首页的照片作为新加坡的整体再现——这个通过再现完成的沟通方式，如果根据以上的解读，对于网站的想象读者来说，可能达到了预期的传达效果。

可是，我们也可以很明显的看得到，这个新加坡的再现方式，是有着某种选择性的。作为一种再现，替代的物体（照片）必然不可能将所要再现的对象（新加坡）完全加以展示，组成再现形象的各个符码，也因此是经过创造者有意识的选择。旅游局网站的再现可能引发的问题是：为什么要以金融区的高楼大厦来再现新加坡的现代感？难道没有别的事物也有着现代意义的吗？为什么要以英国殖民地时期的官方建筑来再现新加坡的历史与传统？其他种族与社群（如华族、马来族、印度族、民间会社、宗教团体等等）的文化和传统难道不是新加坡历史的组成部分？换一个角度，是不是能够跳开这种现代／传统二元化的认知方式，以其他性质的元素来再现新加坡？

旅游局选择这些符码来再现新加坡，或者选择具有这些符码的照片来再现新加坡，显示了旅游局作为创造者，在接受者认知过程中，意图塑造某种对于新加坡这个概念的印象。这个再现的方式，向接受者展示新加坡的某一些层面，也隐藏了另外一些层面。换句话说，作为一种沟通的媒介，再现不是必然的，而是一种有意图、有意识的建构（construction）。接受者看到的是创造者想要他们看到的关于这个概念的层面，而其他没有被选择涵括在这个再现之中的符码，就被排除在接受者认知的范围之外了。接受者对新加坡这个概念的认知，也因此只是某种片面，而无法得知其他的层面。

同样以新加坡作为再现的对象，新加坡音乐创作者梁文福发表于1990年的《新加坡派》，歌词中再现的新加坡是相当不同的样貌：

> 爸爸说我出世在六十年代
> 一岁多国家才算诞生出来
> 那时候没人相信新加坡牌
> 还有人移民海外

旧家的戏院建在六十年代
我钻在人群里看明星剪彩
那时候粤语片是一片黑白
有些来新加坡拍

渐渐地我们进入七十年代
一穿上校服我就神气起来
裕廊镇烟囱个个有气派
比我长高得更快

那时候林青霞的电影最卖
凤飞飞抒情歌曲全班都爱
孙宝玲赢了一串金牌回来
我一夜兴奋难耐

当我们不觉到了八十年代
地铁将这个传奇讲得更快
大家都忽然要向自己交代
将新谣唱起来

我们已搬家住得舒服自在
旧戏院变成教堂做礼拜
有时我独自回到旧地感怀
惦记那昔日小孩

朋友们说我越活越不赖
像岛国一样实在

到底是它给了我胸怀
还是我给了它爱？

一晃眼已经来到九十年代
爸爸你再唱一遍往日情怀
我们的故事我们自己记载
未来就看下一代

别人将苹果派都送过来
我们也可以创造新加坡派
现在是别人纷纷移民前来
谁不爱新加坡牌

I like it Singapore Pie
我最爱新加坡派[15]

《新加坡派》作为一个再现系统，和旅游局的网站照片的相似之处，在于文本中对于新加坡的再现，也是放在一个从过去到现在的线型发展的框架中进行，并通过过去和现在景观之间的差异对比表达一种“进步”的概念。不过，两个文本所选择的再现符码有所分别，而二者所诉求的接受对象也很不同。《新加坡派》再现1960年代和1970年代的“过往时代”，选择的符码都是非官方的、民间的符码，包括电影、明星、歌星等流行文化元素，以及运动员这样的大众关注的对象。从1970年代到1990年代的具有“现代”意

[15] 梁文福《新加坡派》，载《写一首歌给你：梁文福词曲选集》（新加坡：八方文化创作室，2004年），页88–89。

义的符码，则是象征国家现代化的工业发展（裕廊镇烟囱），以及人们生活组成元素如大众交通工具（地铁）和日常景观的改变（旧戏院变成教堂）。这些符码的运用，显然是将一般新加坡人作为主要的想象接受者，而根本上不同于旅游局所诉求的外国旅客。另一方面，《新加坡派》中的叙述者以亲身经历整个过程的身份，与他所叙述的时代变迁在时间上重叠，加强了个人命运与新加坡建国发展的联系，其目的显然也是为了使得文本的接受者更能够产生认同感。

《新加坡派》中的各种过往和现代的符码，形成一个社会与文化的网络，让许多新加坡人得以使自己的记忆与他人经验加以联系，由此形成一个生命共同体，也因此有效地在接受过程中产生认同情感。值得注意的是，这些再现符码的运作，也就是这些再现符码要产生意义的话，必须是发生在某个特定的社会与文化环境之中。某个符码具有某种意义不是必然的，就如 Mitchell 所指出的，是使用这个符码的社会中的成员共同接受的，也就是一种约定俗成。[16] 譬如说，《新加坡派》里出现的“孙宝玲”，是新加坡的国家游泳队成员，曾经在国际运动赛会上赢得奖牌，在1970年代末被视为国家英雄式的人物。大多数没有亲身经历那个时代的新加坡人，是难以从这个符码中读出上述的意义；而对于新加坡以外的接受者，“孙宝玲”这个符码是完全没有意义的。另一方面，新加坡的中文媒体上使用的是中文名字“孙宝玲”，可是，对于非华族、非华语使用者的新加坡人来说，他们可以认同的符码，是这个人物的英文姓名“Junie Sng”，对于“孙宝玲”这

[16] W.J.T. Mitchell, “Representation,” p. 13.

个符码无法有相关意义的联系。同样的道理，旅游局网站照片中的“高楼大厦”之所以让接受者有效地得到“新加坡是一个现代化城市”的讯息，并不是这些建筑本质上就有这样的意义，而是在环球化的语境中，人们已经有所共识地认定，“高楼大厦”是一个城市现代化发展的具体再现。

文化符码

我们在第三章（文本）中讨论过 Saussure 所提出的语言作为一个符号系统（system of signs）的概念，指出语言符号是由“能指”和“所指”两个元素组合而成。Saussure 的理论虽然以语言作为对象，后来的文学和文化理论家将之引申到其他文本中的符号系统的分析。时常被评论者引述来说明这个概念的例子是交通灯。一般常见的交通灯，有红、黄、绿三色，分别显示的意思是：停止、警示、前行。可是，某种颜色具有某种含义，并不是必然的或自然的。颜色的意义的产生，是在某一个社会文化语境中，所有成员共同接受的，也就是一种约定俗成。同样的颜色，在另外一个社会文化语境中，可能有完全不同的含义。譬如说，红色在交通灯的符号系统中再现的意义是“停止”或“危险”，不过，在中国文化或华人文化里，红色往往表示的是“吉祥”或“喜庆”，婚嫁庆典的布置和器皿多数是以红色为主要颜色，春节时长辈分派的压岁钱是放在“红包”里。与此不同的是，新加坡的回教徒在开斋节也有长辈派钱给晚辈的习俗，用的不是“红包”而是绿色封套的“绿包”。文化理论家一般认为，颜色作为一个符号系统，其意义是在各种颜色的差异之中展现。换句话说，如果交通灯只有红色而没有其它颜色，就无法显示红色作为停止的意义；

如果在华人文化中没有白色作为丧事的象征，红色也就无法显示喜庆的意义。

从符号学的角度来说，所有的文化产品，包括物质的与人的行为，都可视为传达某种意义的符号系统。文化产品作为符号的运作方式，与语言符号由能指和所指组成的意义结构相似，也因此是可以被分析的。以服装作为例子，某种布料和剪裁的服装被称为牛仔裤，另一种布料和剪裁的则被称为晚礼服，这是第一个层次的物质符号系统：布料和剪裁是能指，牛仔裤和晚礼服是所指。在某个特定的社会文化语境中，牛仔裤被认为是粗犷的或休闲的，而晚礼服被认为是优雅的或正式的，这是第二个层次的文化符号系统：这时，牛仔裤和晚礼服是能指，而它们再现的那些抽象概念则是所指。[17] 第一个层次的能指（意义），在第二个层次转变为符号，成为含有另外一个意义的所指。

把文化产品看成是符号系统，并对第二个层次的含义进行解读，是20世纪中以后文化评论的重要方法。这方面的实践，以法国文化理论家 Roland Barthes 于1957年出版的《神话学》为先驱，也影响最大。[18] Barthes 所讨论的一个经典文本，是法国杂志 *Paris-Match* 的封面照片："一个尼格罗青年，穿着法国军服，做敬礼的动作，他的目光朝上，可能是看着一面三色旗 [法国国旗] 。"[19] 这张照片作为第一个层次的能指，其中的符号包括穿军服的黑人、手

---

17 Stuart Hall, "The Work of Representation," in Stuart Hall, ed., *Representation: Cultural Representations and Signifying Practices* (London: Sage Publications, 1997), pp. 37–38.

18 Roland Barthes, translated by Annette Lavers, *Mythologies* (London: Hill and Wang, 1972). 中文译本为：罗兰・巴特著，许蔷蔷、许绮玲译《神话学》（台北：桂冠图书，1997年）。

19 Roland Barthes, "Myth Today," in Barthes, *Mythologies*, p. 116.

臂提起放在额前的动作、向上的目光等等，而其所指就如 Barthes 所叙述的那样："一个黑人士兵对法国的致敬"。可是，Barthes 的解读并没有停留在这张照片的表面层次，而进一步读出另一层意义。他认为，这张照片所再现的更深一层含义是：法国是一个伟大的帝国，她的所有子民，没有因为肤色的不同而有所分别，一致对法国表现忠诚的态度，而且，这个黑人对他所谓的压迫者所展示的热情，正是对殖民主义的批评者最有力的反驳。[20] 第一个层次的意义是直接而明显的，要解读第二个层次的意义，则必须将这个文本置放在更广泛的语境之中来进行，也就是法国殖民主义的历史、行为、意识形态，Barthes 将之称为"'法国性'（Frenchness）与'军事性'（militariness）的有意识的结合"。[21] 第二个层次的指涉意义，正是 Barthes 在这本书中主要论述的概念：神话（myth）。[22]

任何文本作为一个再现系统，都可以被阅读与解构，其目的是要得到文本中可能隐含的意义。Barthes 对于文本阅读的处理方式，提示读者的是，文本的意义并不只是显示于文本的表层符号，而必须结合文本所产生的历史、社会、文化等等语境，以及其中的各种意识形态。就如 Barthes 在《神话学》一书中所分析的文本包罗万象，涉及日常生活中的各种事物与现象，他的阅读策略很能够适用于我们对于各种日常所见文本的分析。以下的例子是新加坡的《联合晚报》在2007年推出内容与版面革新时所刊登的广告：[23]

---

[20] Ibid.

[21] Ibid.

[22] Myth 的中文翻译，常用的有"神话"与"迷思"两种。

[23] 《联合早报》（新加坡），2007年10月15日，页9–10。

这两则全版广告，分别是同一个年轻女子的正面与背面的照片。读者首先看到正面照片中的女子：衣着大方、神态优雅，虽然站立的姿势显得悠闲，却也不失端庄。广告文案以“话说在前头”为主，而比较小的文字“好戏在后头”已经向读者预示了“后头”将有惊奇。当读者翻到下一页，照片显示的是女子的背面，焦点显然是在她裸露的背部，以及背上色彩鲜艳的一株开在带刺花茎上的红色玫瑰。文字方面，“好戏在后头”一句成为主题，读者这时可以轻易解读何谓“好戏”。这一系列的广告还有第三则，主要文字是“前看后看都有看头”，以及比较小的说明文字：“风格设计皆焕然一新！前看有第一手新闻、社会奇情、世界大小事。后看有八卦消息、娱乐休闲与生活时尚。内容更充实更多样化！”[24] 很明显的，通过这些文字的说明，前两则广告中的图像的意义，也就是 Barthes 所说的第一个层次的所指，已经具体揭示。可是，这一系列的广告，是不是还可以进行第二个层次的分析？是不是再现了某种“神话”？

女子的正面形象再现的端庄优雅姿态，让人联想起新加坡航空公司自1970年代初以来塑造的“新加坡女孩”（Singapore Girl）造型。两者的相似之处在于，第一，她们的姿势神情都展现温婉柔和的特质，符合一般上对于“东方”女性的想象（包括西方观点和内在化了西方观点的某些新加坡人的自我认知）；第二，她们的衣着密实，没有直接暴露女性的性征，可是，通过前者的半透明黑色外罩衣裙使里面穿着短裙的胴体若隐若现，或者后者的具有“东方”色彩的紧身长裙凸现女性胴体的曲线，都带有某种性的暗示。这种再现方式的特点是，性的特征并不是直接展现，而是以一个“东方”女性的带有神秘感的造型，通过暗示的方式，诱发接收者产生联想与幻想，同时对于广告要推销的产品发生兴趣。

有意思的是，《联合晚报》革新版的广告，还有第二个部分：女子的背面形象。女子的衣裙从正面看显得端庄，背面的设计却颇有惊奇效果，让女子的背部几乎完全裸露，展示了背上的彩绘玫瑰（可能是刺青）：暗示并未在表面显露的精彩、大胆、刺激，甚至像带刺的玫瑰一样有一点危险。第二则广告刊登在第一则的后面，明显的加强了读者发现惊奇的效果，也再现了引导读者发现隐藏在端庄背后的一种新体验的意图。

---

[24] 《联合早报》（新加坡），2007年10月15日，页11。

作为一个符号系统的文本，这个系列广告的再现方式及其意识形态，还可以结合更广泛的社会文化语境来阅读。《联合晚报》广告的正面与背面的对比之下，显示创作者（广告商或者广告文本设计者）努力想要暗示可能隐藏而被忽略的精彩刺激，却又要在表面展现端庄姿态。这种叙事策略，与新加坡政府从1990年代以来多方面设法将新加坡塑造成一个多姿多彩、充满活力与刺激的城市，在意识形态上互相谋合，就如前文讨论的新加坡旅游局网站图片所再现的：在进步的现代城市与丰富的传统文化之外，新加坡还有充满诱惑的夜生活。这种极力想要改变新加坡原有的严肃和沉闷的国际形象的意图，在新加坡的主流媒体和官方话语之中，显然已经成为一种“普通常识”（common sense），也是新加坡人对于自我、对于“新加坡性”（Singaporean-ness）—— 新加坡或新加坡人的特质或特征 —— 的认知方式：新加坡旅游局的广告标语，正是“非常新加坡”（Uniquely Singapore）。就如 Edward Said 提醒我们的，文本和现实世界是互相纠结的，那些到处充斥在主流媒体和生活空间里的文本，不仅塑造了外国人对于新加坡的印象，也在新加坡人的自我认同建构中产生影响。

第十一章 意识形态
IDEOLOGY

"我可以在任何地方谈成一笔百万元的生意。"
（新加坡南洋理工大学2006年度的招生广告）

上面这个“文本”在2006年一度流动在新加坡西部的街道间，它被刷在公共汽车上，载着文本的“隐含读者”（implied readers）——报考大学的新生？——驶入“隐含作者”（implied author）——南洋理工大学？——的领地。

不知道这个广告策略是否为南洋理工大学招来更多的优质新生，单从广告“文本”来看，无论画面还是“叙述者”的画外音都充满了诱惑：潜水至一个空无一人的海滩，轻松微笑着谈成一笔百万元的交易。

通过虚构故事（场景）产生诱惑的效果，是广告的策略所在，而其中的秘诀更在于，读者往往会相信虽然故事是虚构的，但“产品”的承诺的确能够实现。比如，百万交易不一定会发生，文本隐喻的“成功”前途却并非不可能。不过，问题是，这个文本再现了怎样的“成功”内涵？

从文字和数字可知，“成功”的前途首先是成功的“钱途”。从画面可知，成功人士（“我”）应该是一个年轻的华人男子，“成功”的贸易伙伴则是年轻的白人男子，贸易语言为英语，而标志“成功”的贸易方式（潜水）是自由的，休闲的，富有创意和品位的，更是普通人生活之外的。这些要素构筑了这个文本的“成功”定义。如果说故事和场景是虚构的，那么其背后隐含的“成功”定义是对社会现实的真实写照吗？或者，它同样也是被虚构出来的？

被虚构出来的“成功”图像，诱惑着尚未跨入校门，尚未“成功”的普通学生。某种虚构的观念意识会被大多数人所接受，甚至是那些被这一观念视为弱势的人也对之心悦诚服，这股奇怪的力量就是意识形态。当我们不了解它时，世界的运作是这么自然而然，而这一批评概念的出现，告诉我们，每一种文本中的叙述和再现，都是特定“观点”下的叙述和再现，都服务于特定群体的利益，正是因为它引导我们以它的方式看待世界，世界才显得如此“自然而然”。就是这样，我们在不知不觉中，自觉自愿地被隐含各种意识形态的文本载入了它们的领地；而我们下面要做的便是：走出来，看清楚文本是如何被塑造、包装，并传播着怎样的意识形态。

“虚假意识”？

意识形态（ideology）一词翻译自法文idélogie，最早由法国哲学家 Destutt de Tracy 在1796年提出，而它在批评理论中至今不衰的影响力则得益于 Karl Marx 的论述。从构词便可看出，de Tracy 把 ideology 定义为一门“思想的科学”，强调以科学的方法来考察观念意识的来源和发展过程，不再依赖宗教和形而上学的解释，所以说“意识形态”的最初语意是积极有益的，并不像后来发展的那样面目可憎。经过半个世纪的演变，Marx 在1846年的早期著作《德意志意识形态》（*The German Ideology*）中的使用显然是贬义的，以题为证，被他称为“德意志意识形态”的正是他在文中着力批评的德国唯心主义思想家的观念。他们认为世界是人的精神观念的具体体现，而在 Marx 看来，这根本就是本末倒置，他认为“不是意识决定生活，而是生活决定意识”，人的物质实践（material practice）才是社会研究的出发点。[1] Marx 的用法丰富了“意识形

[1] Karl Marx, “The German Ideology,” in David McLellan, ed., *Karl Marx: Selected Writings* (Oxford: Oxford University Press, 1977), p. 164.

态”的贬义色彩，与唯心主义世界观的牵连，令这个词语包含了类似于“空洞”、“抽象”、“脱离生活实际”的指责，ideologue 和 ideologist 就可以用来指纸上谈兵的空想家。正是在这一意义上，Friedrich Engels 扩展出了后来屡屡被人引用的论断：“意识形态是由所谓的思想家通过意识所形塑的一种过程，但是这种意识是一种虚假的意识（false consciousness）”。[2]

意识形态的“虚假性”更在于它掩盖、扭曲了社会资源、权力分配不公的事实。根据 Marx 的思路，人们在生产方式中的不同分工、不同关系导致了阶级差异，而其中的统治阶级不仅控制着社会物质力量，同时也形成了占统治地位的观念意识，并操纵着观念的生产和分配。这些观念意识将统治阶级自身的利益描绘成社会所有成员的共同利益，通过理想化、普遍化的方式表现出来，使它们显得富有理性，普遍有效。这样的伪装最终变得那么自然，以至于统治阶级的成员视之为理所当然，被统治者也把它们当成不可能改变的“现实”坦然接受，甚至都不认为自己处在被剥削、被压迫的境地。

分析上面那幅“成功”图像内含的意识形态，我们是否能看到一些在新加坡社会中占统治地位的观念意识？在新加坡这个华人占大多数人口，以欧美为（或者被认为是）主要经济合作伙伴的社会语境中，什么标志着“成功”，或者，这个社会追求着怎样的“成功”？是商业效益、财富、权力、高品位的生活，还是什么？什么样的人更可能拥有“成功”？拥有名牌大学学位的、说

[2] Karl Marx and Friedrich Engels, *Selected Correspondence* (Moscow: Progress Publishers, 1965), p. 459.

英语的、年轻的、男性、华人或者白人？当这一整套“成功”理念被大多数人所接受并成为社会的主流观念时，对于普通大众而言，尽管生活现实与这样的“成功”图像很遥远，但并不妨碍他们对这样的“成功”抱以认同和幻想，并期待有一天自己（或下一代）能够成为其中一员。从意识形态的角度来看，这幅大学招生广告向普通大众投注的正是这样的承诺。

接下来的问题是，统治阶级的观念如何能够被大多数人接受而变得自然合理呢？意识形态如何发挥效力，让人心甘情愿地接受于己不利的“现实”？马克思主义（Marxism）以及后来的批评理论从许多角度提供了答案。意大利共产党的领导者 Antonio Gramsci 在被捕入狱后的反思过程中，领悟到一种他称之为“霸权”（hegemony）的社会控制力量，他的《狱中札记》（*Selections from the Prison Notebooks*）描述道：

> 每个国家都是伦理国家，因为它们最重要的职能就是把广大国民的道德文化提高到一定的水平，与生产力的发展要求相适应，从而也与统治阶级的利益相适应。学校具有正面的教育功能，法院具有镇压和反面的教育功能，因此是最重要的国家活动；但是在事实上，大批其他所谓的个人主动权和活动也具有同样的目的，它们构成统治阶级政治文化霸权的手段。[3]

[3] Antonio Gramsci, edited and translated by Quintin Hoare and Geoffrey Nowell-Smith, *Selections from the Prison Notebooks* (New York: International Publishers, 1971), p. 258.

与 Marx 专注于物质基础的决定作用不同，Gramsci 强调政治文化霸权在国家统治中扮演的重要角色。只有依靠政治文化霸权手段，统治阶级才能将大众的意识统一起来，除了法院代表的反面机制之外，各级学校和教会等文化组织承担着正面的教育功能。通过这些实践活动，统治阶级强加于社会生活的总方向，会在被统治大众中获得一种"自发的"首肯（consent）。

这一见解在法国哲学家 Louis Althusser 那里得到了进一步的发展。Althusser 认为马克思主义理论所指的"国家机器"（State Apparatuses）包含政府、军队、警察、法院、监狱等等，是一种以暴力手段进行统治的"压迫性国家机器"（Repressive State Apparatuses）；而同时还存在另一种"意识形态国家机器"（Ideological State Apparatuses），教会、政党、学校、家庭、媒体等等则是通过意识形态来发挥统治作用。[4] 谈到意识形态的作用方式，Althusser 更指出，意识形态具有一种询唤作用（interpellation），能够询唤个人成为主体。[5] 他举了一个例子，在大街上，一个警察（或任何人）招呼道："嗨，你！"被招呼的人就会转过身来，在这一百八十度的肢体变化中，他变成了一个主体。因为他识别出那声招呼"确实"是针对他的，而不是别人。Althusser 察觉到这个奇怪的现象很难只是用"罪恶感"来解释，他认为人会自觉响

[4] Louis Althusser, "Ideology and Ideological State Apparatuses," in Althuser, edited by Ben Brewster, *Lenin and Philosophy and Other Essays* (New York: Monthly Review Press, 2001), p. 96.

[5] 许多中文译本将 interpellation 翻译成"召唤"，这里尝试译成"询唤"，以强调此概念所带有的"质询"意味，一种强制性的介入和打断，内含权力关系，同时也和日常用语中的"召唤"一词有所区别。

应意识形态的询唤，因为人只有在这种响应中才认识到自己是个主体。[6] 在 Althusser 看来，意识形态首先通过意识形态国家机器的实践发挥询唤作用，个人在接受询唤的过程中也接受了意识形态的虚构描述，而他强调意识形态虚构的并不是已有的生产关系状况，而是个人与他们真实生存状态之间的关系，扭曲误导了个人对自身状态的认知。

从这些论述来看，关于“成功”的意识形态正是依靠各种国家意识形态机器的运作传播、推广开来，如政府的报告；如父母、学校的引导；如电影、电视的再现；如公共汽车上的这幅高等学府的招生广告等等，大众作为听众、观众和读者，被不断询唤。当我们作出自认为充分自由自主，与统治阶级无关的选择时，其实并不知道自己所追求的“成功”目标，并非产生于真实的生活状态，而是由他人制定和推动的。而环顾现实，“成功”的内涵其实是丰繁多样的。

Althusser 的理论把意识形态放置在人们的日常生活实践中思考，从而转换了从“虚假意识”看待“意识形态”的传统视角——意识形态不是与现实对立的，或掩盖现实的“虚假”幻像，相反，它是一种物质存在，通过意识形态国家机器的现实操作，塑造了我们的现实生活。譬如说，我们关于生活的各种信念：相信政府的正确；相信法律的公正；相信上帝；相信美等等，这些都是特定意识形态机器产生的意识形态（政治意识形态、法律意识形态、宗教意识形态、美学意识形态），它们并不一定契合我们的生存状况，但同样左右着我们的人生选择，它们本身就是现

[6] Louis Althusser, “Ideology and Ideological State Apparatuses,” p. 118.

实。不仅如此，Althusser 更进一步断定："人天生就是一种意识形态动物"，只有在接受意识形态的询唤时人才成为主体。[7] 这样一来，妨碍我们看清"真相"的"虚假意识"，反而变成了我们获得主体性的必要条件，意识形态不再是带贬义色彩的"他人"的意识形态，它成了一个中性词，同样暗含在我们自己的观点中。

"意识形态"内涵的扩展，使其成为20世纪后期批评领域被广泛运用的重要概念。信仰、种族、地区、族群、性别、性取向等等，当阶级不再是身份区分的主导标准时，意识形态理论便突破了马克思主义的思路，各种批评路径的切入和讨论使"意识形态"变得无所不在。可问题是，如果每一种思想都是意识形态，怎么才能保持这个概念原有的批判力呢？David McLellan 谈道："对意识形态的任何检视都难以避免一个令人沮丧的结论，即所有关于意识形态的观点自身就是意识形态的。而通过这样一种说法应该可以避免，至少能够修正这一状况：某些观点比另一些更为意识形态。"[8] 这句话的意思是：总有一些观点是比另一些更具有控制力和压迫性的，由此，当我们面对文本，意识形态考察的重点或许就在于：文本是否包含着某些独断的主流意识形态观念；是否隐藏着某些被主流意识形态遮蔽、压抑的观点；又或者，是否张扬了某种观点来抵抗某种霸权性的意识形态；同时，这样的"非主流意识形态"如何介入、影响着主流意识形态的运作。文本是一个意识形态争斗的场域，"意识形态"这个概念促使我们去挖掘那些文本没有说出来的东西。

---

[7] Ibid., p. 116.

[8] David MacLellan, *Ideology* (Minneapolis, MN: University of Minnesota Press, 1986), p. 2. 中文译本为：大卫·麦克里兰著，孔兆政、蒋龙翔译《意识形态》（长春：吉林人民出版社，2005年）。

文本没有说出来的东西

文本为什么会有没说出来的东西？文学文本与意识形态到底有什么关系呢？要回答这些问题，首先要问文学文本与意识形态有没有关系？新批评（New Criticism）理论家的答案是否定的，他们认为文本自足构成一个独立空间，文本所产生的意义，与外围因素无关。对新批评来说，讨论意识形态不仅无益于文本细读，更会干扰、误导对文本的理解和评判。另一些反对马克思主义批评方法的传统意见，则认为文学批评不应该过分偏重社会、政治的因素，因为文学具有某种超越性，而意识形态角度的文本分析否定了这种超越性，从而降低了文学的价值。

马克思主义理论家坚持文学不可能脱离意识形态存在，因为文学本身就是意识形态的一部分。他们认为，物质存在决定意识，文学作品不是凭空生成的，它们创作于具体的社会历史环境，并在不同的时代状况下传播，而每个时代特定的阶级状况都产生特定的意识形态，文学身居其中，便不可能摆脱时代及其意识形态的限制。以马克思主义批评来看，强调文学自成一体、文学的超越性、永恒性等等之类的观点都是无意义的。Althusser 的学生，Etienne Balibar 和 Pierre Macherey 曾经以法语为例，来说明文学的基本元素——语言——本身就是意识形态的。作为法国的公共语言，法语实际上是一种国家语言（national tongue），是资本主义国家为了整合新的阶级统治，推广普及的结果，是阶级斗争的结果。[9] 在新加坡的多元语言环境中更容易理解这一观点，（文学）

[9] Etienne Balibar and Pierre Macherey, "On Literature as an Ideological Form," in Robert Young, ed., *Untying the Text: A Post-Structuralist Reader* (London: Routledge and Kegan Paul, 1981), pp. 84–85.

文本以何种语言呈现，本身就包含了某种意识形态的立场。南洋理工大学招生广告上的英文字母，不只是传达某种意思的媒介，也是表明叙述者身份，锁定特定读者群对象，具有阶级分类功能的符号，更是传达国家语文政策、教育理念，乃至国家发展方针的符号。与法语一样，新加坡的英语主导状况同样也是统治阶级施行、巩固国家统治的历史产物。

那么，是否可以因此推断，文学和公共语言、政治、法律、宗教等一样，就是一个时代占统治地位的意识形态（也就是统治阶级的意识形态）的再现呢？这样的观点曾经在马克思主义的发展历史中产生过很大的影响。例如，在中国大陆，这种文学观很长时间里控制着文学的生产。毛泽东著名的《在延安文艺座谈会上的讲话》（1942年5月）谈道：

> 在现在世界上，一切文化或文学艺术都是属于一定的阶级，属于一定的政治路线的。为艺术的艺术，超阶级的艺术，和政治并行或互相独立的艺术，实际上是不存在的。无产阶级的文学艺术是无产阶级整个革命事业的一部分，如同列宁所说，是整个革命机器中的“齿轮和螺丝钉”。[10]

在毛泽东的观念里，文学从属于统治阶级的政治事业，反映与传播统治阶级的意识形态，是整个意识形态国家机器里的“齿轮和螺丝钉”，否则就是反动的文学。这一严格约束的文学定义，被

[10] 毛泽东《在延安文艺座谈会上的讲话》，载《毛泽东选集（第三卷）》（北京：人民出版社，1991年），页867。

Terry Eagleton 称为“庸俗马克思主义”批评（“vulgar Marxist” criticism），他认为这个极端的看法“无法解释为什么那么多文学实际上挑战着当下时代的意识形态”。与此相反的文学观，相信文学能够突破时代的意识形态限制，让我们看到意识形态掩盖的事实，而只有通过挑战统治意识形态，文学才获得自身的地位和价值。[11]

关于回答“文学／艺术与意识形态有什么关系”的问题，Eagleton 认为上面两种答案都过于简单了。他赞同 Althusser 的观点，强调“艺术不能简化为意识形态，它与意识形态存有一种特殊的关系。意识形态表征着人们经历真实世界的想象方式，这正是文学同样给予我们的体验。……不过，艺术并非消极反映这些经验，它包含在意识形态内部，但同样试图与之保持距离，保持在那个允许我们‘感知’它所源自的意识形态的位置。”[12] 这段话的意思是，文学虽然本身也是意识形态，却具有一种疏离的力量，能让我们看清意识形态的本来面貌和内在作用，“帮助我们从意识形态幻象中释放出来”。

通过制造幻象来打破意识形态的“幻象”，在意识形态的建构中暴露意识形态的“真相”，文学就是这样一个充满吊诡的意识形态空间。一个文本诞生于特定时代的意识形态结构，而它假想出另一种经历世界的方式，建构了自身的意识形态。因而在这个文本内，不同的意识形态互相诱生、互相牵连、互相疏离、互相消解，又在阅读与传播的过程中不断再生，不断与外围的意识形

[11] Terry Eagleton, *Marxism and Literary Criticism* (London & New York: Routledge, 2002), p. 16. 中文译本为：特里・伊格尔顿著，文宝译《马克思主义与文学批评》（北京：人民文学出版社，1980年）。

[12] Ibid., pp. 16–17.

态环境产生互动。这些隐藏在人物和故事背后的，或许就是文本没有说出来的东西，文本的意义溢出了文本的界线而变得开放，而意识形态批评的任务并不在于理解文本意义本身，而是要去拓展各种诠释的可能性。

武侠意识形态

武侠小说里的江湖，看上去是一个纯粹虚构的世界，自有其运作方式和游戏规则，远离我们的现实生活。这样的文学幻象里，也有意识形态吗？

金庸的武侠小说《射雕英雄传》中有一段（第三十五回《在铁枪庙中》“这时厮杀之声渐远渐低……”到第三十六回《大军西征》“不由得叹了一口气，纵下地来，绰枪北行。”），说的是黄蓉与郭靖的师傅江南七怪之首柯镇恶躲在铁枪庙中，与欧阳锋、杨康和完颜洪烈一伙不期而遇。黄蓉不顾性命危险，现身与之智斗，施巧计诱使傻姑说出了两件事的真相：一是江南五怪惨死桃花岛上，实为欧阳锋和杨康所为。黄蓉为父洗清罪名，令躲在神像后的柯镇恶彻底醒悟。另一件是欧阳锋的儿子欧阳克实际上是被杨康所杀，杨康见事情败露，偷袭黄蓉，却阴差阳错中毒而亡。[13] 这一段情节为小说之前铺展的两宗悬案揭开谜底，并画上圆满的句号：无辜者洗脱冤情，恶人最终恶有恶报。

武侠小说写的是“以武行侠”的故事，其中重点在“侠”，“武”是手段，“侠”是目的。[14] 上面这节里，黄蓉未施武功，

13 金庸《射雕英雄传》（北京：三联书店，1999），页1252–1285。
14 陈平原《千古文人侠客梦》（北京：新世界出版社，2002年），页110–111。

同样行侠仗义，而达到的结果是谜团被解开，冤情被平反，不平被扫除。这便是武侠意识形态的浓缩解读。在那个没有法律、制度的江湖里，同样存在一种自然运作的约束力量，可谓“公道”，它只有依靠“侠义”来维护和伸张。而“侠义”，是轻生死、重仁义、匡正扶弱，在现实中是一种个人的人生信念和处世原则，但在武侠小说里却能够产生有效的规范作用，主持“公道”，复原被扰乱、破坏的社会秩序。因而武侠小说的开头往往是乱世，结局总是光明的，邪不胜正，善恶终有报，冥冥中主宰的“公道”最终显现出来，正如杨康的死，都不需要侠义之士施加惩罚，恶人终会自食恶果。从 Althusser 的观点来看，武侠小说虚构了一个江湖，而武侠意识形态虚构的则是个人与世界的关系，这种关系投射在现实生活中，则令人们相信这是一个公平和正义的世界，同时个人拥有能力来维护它的秩序。

这样的世界观是生活现实，还是一种意识形态？武侠小说被称为“成人的童话”，[15] 在童话中逃避、消解现实的压抑和痛苦，将“幻象”视为现实，这正是意识形态的功用所在，武侠小说之所以流行于大众恐怕也与此有关。

《射雕英雄传》的这段节选，2005年被选进新加坡中学华文文学课程的教材，这说明了当武侠意识形态在某些方面与统治意识形态相契合时，武侠小说也能被纳入意识形态国家机器的运作体系。新加坡媒体的相关报道这样描述教育官员和教育人士的看法：

[15] 据称为数学家华罗庚所言。见陈墨《新武侠二十家》（北京：文化艺术出版社，1992年），页3。

> 教育部课程规划与发展署助理署长梁春芳在受访时说，他们选择较少暴力描写但情节曲折的篇章，以引起学生的学习兴趣，提高他们的鉴赏技巧和华文水平。
>
> 他说："金庸小说的文学性强，也具有侠义精神，且内容通俗，学生一般上会看得懂而且喜欢。"
>
> ……
>
> 淡马锡初院的华文部讲师颜明顺则认为武侠小说所强调的侠义精神能够协助培养学生的心理素质。[16]

报道中多次出现"侠义精神"这个词，显示这正是两种意识形态的交汇点。通过教育来倡导"侠义精神"以培养中学生的正义感、责任心，可以稳定现存的社会秩序。然而有意思的是，教育官员同样强调了他们对武侠小说的选用是有所取舍的："选择暴力较少而情节曲折的篇章"，这就说明武侠小说也有某些方面是被统治意识形态排斥的。现在回头再看《射雕英雄传》的节选片段，便能明白它不单是以情节始末为界的节选，更是以统治意识形态标准为尺度的节选，其标准之一便是"非暴力的侠义"，因为暴力的"侠义"，同样具有破坏秩序的潜在危险。

就像前面所说的，文学的意识形态，与政治、法律等统治意识形态不同，它内在充满矛盾和张力，在意识形态之内，却与它保持疏离。国家教育部门对武侠小说作为教材的斟酌和取舍正显示了武侠意识形态的混杂性，而即便是上面这段已经通过"审查"，

[16] 王慧容《金庸小说也走进本地教材》，《联合早报》（新加坡），2005年3月4日。

进入国家意识形态机器内部的节选文本，当我们再次从意识形态角度来分析时，会发现它并不那么“政治正确”。

陈平原在谈到武侠小说的流行原因时说：“任何理论原则，为了广泛流传，都很难避免‘大简化’的思路。况且，只有在一个忠奸正邪善恶是非的二元对立结构中，杀伐本身才可能被道德化。”也就是说，武侠小说将世界上的正邪善恶简化处理成二元对立的关系，暴力行为因而有了正义和非正义的区别。[17] 以这条武侠意识形态来看，黄蓉以非暴力的方式惩罚恶人，无疑代表了正义与善，体现的正是官方推崇的“侠义精神”。然而，细读文本的话，读者可能会发现，正邪善恶的界线在某些细节中似乎并不那么清楚明确，文本内在抗拒着这种意识形态分类。节选片段里，谁是正？谁是邪？黄蓉相对于欧阳锋和杨康而言是正义的，但在凭“侠义”二字行走江湖的柯镇恶（名字不也很“侠义”？）眼里是一度欲杀之而后快的“小妖女”。更有趣的是，在金庸的笔下，那些所谓的江湖侠义之士（如柯镇恶、郭靖），并没有能力识破恶人的奸计，反而常常被表面的迷障所欺骗，作出黑白颠倒，不明是非的判断。黄蓉这样“亦正亦邪”的人物恰恰颠覆了“正邪”的分类逻辑，破坏了“侠义”的定义基础，她主张“跟信义之人讲信义，跟奸诈之人就讲奸诈”，她不守规矩，用诡计来识破诡计，用“谎言”来引出真相（反讽的是，只有傻姑嘴里的真相才令人信服），反衬出“正义的暴力”的荒谬性。

从这层意义上看，黄蓉这个人物再现的并非正义和善，而是无法用单一标准来区分的人生态度。如果说统治意识形态的控制正

[17] 陈平原《千古文人侠客梦》，页114。

是建立在这样二元对立的道德评判上，那么在金庸的小说里，黄蓉、黄药师、周伯通等人物的存在，正是为了消解这种压迫性、限制性的力量。节选片段里有一个细节，江南五怪里的南希仁临死前在地上写了“杀我者乃十”，“十”字代表没写完的姓氏，郭靖看了便咬定是“黄”药师的起笔，而真相应该是“杨”康。这一隐喻细节暗示有的时候正邪往往并不那么容易辨识，而对正邪的误认恰恰源于人们脑中有关“正邪”的意识形态偏见，真相被意识形态遮蔽着。

陈墨曾总结金庸的武侠小说“一直有着一种武侠与‘反武侠’的矛盾冲突”，到他创作最后一部作品《鹿鼎记》时完全违背了武侠小说理想主义、英雄主义的精神指向，塑造出韦小宝这样“不武、不侠、少情、少义”的主人公，成人的童话成了反讽现实之作。[18]《射雕英雄传》是金庸第三部作品，英雄主题鲜明突出，但从上述文本分析看来，其中已经暗含了武侠与“反武侠”意识形态的冲突，而正是这一冲突令意识形态的边界显现出来，令文学意识形态与统治意识形态吊诡的分合关系显现出来。

这么看来，《射雕英雄传》的这段节选进入教材，颇为反讽。统治意识形态试图宣扬黄蓉的“侠义”，而黄蓉在小说中却是个反“侠义”的典型。可以说，武侠小说许多吸引读者的美学元素都是与统治意识形态相抵触的，除了以正义为名的暴力之外，英雄往往独来独往，不屑于江湖规矩的束缚，并最终厌倦江湖，浪迹天涯，颇带有个人主义、无政府主义的倾向。由此可以明白武

---

[18] 陈墨《新武侠二十家》，页129。

侠小说是否应该进入教材的问题在中国大陆引起的广泛争议，并非空穴来风。[19]

武侠小说进入教材，另一方面也为我们呈现了一个意识形态再生产的过程。被节选的武侠小说片段，脱离了上下文语境，在媒体的宣传、教材的定位、老师的指导下，文本意义经历了意识形态国家机器的过滤和修正。文学内部的意识形态矛盾被掩盖，与统治意识形态相冲突的部分被删除，由此生产出一整套符合教学目的和标准的武侠小说意义诠释，它左右着中学生及其他读者对武侠小说的理解。这样的意识形态生产、运作把武侠小说的解读控制在对统治无害的范围内，而意识形态批评试图剥离的正是这层看上去“无害”的伪装，更让我们去反问：文学在什么意义上是有害的或者无害的？有用的或者无用的？好的或者坏的？这些判定背后潜藏着的正是意识形态的暗流。

[19] 在中国大陆，《天龙八部》节选和《卧虎藏龙》节选2004年被编入作为教学辅助读物的《高中语文读本》第4册，引起教育界、学界和社会的广泛讨论。可参考新浪网的意见整理：http://edu.sina.com.cn/y/focus/jyxs/index.shtml（浏览于2008年3月5日）。

第十二章 **身份/认同**
IDENTITY

填空题？选择题？

在阅读本章内容之前，请各位先填写以下个人资料：

中文姓名：____________英文姓名：____________
性别：________________国籍：________________
种族：________________宗教信仰：____________
出生年月：____________出生地：______________
婚姻状况：____________职业：________________
……
请确认您所填写的信息是真实正确的，并在这里
签名____________。

在生活中完成这样的填空题，是为了确认我们的身份。从表面上看，这些一目了然的栏目信息足以告诉别人"我"是谁？"我"从哪里来？"我"与你，与别人有什么不同？这些问题构成了"身份

／认同”（identity）概念的核心内涵，但答案有时并不像我们想的这么简单。以下是于坚的诗《0档案》中的一个片段：

卷五　表格

1 履历表 登记表 会员表 录取通知书 申请表

照片 半寸免冠黑白照 姓名 横竖撇捺 笔名11个（略）
性别 在南为阳 在北为阴 出生年月 甲子秋 风雨大作
籍贯 有一个美丽的地方 年龄 三十功名尘与土
家庭出身 老子英雄儿好汉 老子反动儿混蛋
职业 天生我才必有用 工资 小菜一碟 何足挂齿
文化程度 少壮不努力 老大徒伤悲 本人成分
肌肉30公斤 血5000CC 脂肪20公斤 骨头10公斤
毛200克 眼球1对 肝2叶 手2只 脚2只 鼻子1个
婚否 说结婚也可以 说没结婚也可以 信不信由你
政治面目 横看成岭侧看成峰 远近高低各不同 民族
遥远的东方有一条龙 星座 八字 属相 手相 胎记
遗传 绰号 面部特征 口音 指纹 脚印 血型
家庭成员及社会关系 父亲 档案重3000克 前半生
尚缺500克 待补 母亲 档案重2500克 兄弟姐妹
档案各重1000克 侄儿侄女 档案各重10克 爷爷 祖母
大伯 二外公 大舅妈 档案重5000克 均已故去
简历 某年至某年 在第一卷 某年至某年在第二卷
某年某年 在B卷 （距单位500米 本区医院内科）
某年至某年 在第三卷 某年至某年 在第四卷[1]

[1] 于坚《0档案》，载《一枚穿过天空的钉子》（台北：唐山出版社，1999年），页128–129。

如果说这是一张用于确定某人身份的表格，它显然并不“合格”：各项栏目里填写的内容可能“真实”，但不“正确”，或者准确地说，不是表格栏目所期待的那类答案。这么看来，当我们在填写开头那份“个人资料”时，我们心里其实对可以填入的备选答案心知肚明，我们所习惯的“表格”其实并不是填空题，而是被隐去选项的选择题，将那些选项串联起来，便是一条我们有关身份／认同的认知边界。

上面这个文本跨越了这条边界，因而它成了一张无效的表格，同时也成了诗，成了文学。诗（文学）的魅力正在于可以为同一个空格填入无限的可能，而不受任何备选答案的束缚。“身份／认同”因此变成了真正意义上的填空题，“我”是谁？“我”从哪里来？这些问题被留白开放，任由文学给出自己的答案，而更重要的是，文学的答案（或者没有答案）也让问题本身成为问题的所在。

双声部的“身份／认同”

“身份／认同”作为一个文化批评概念的出场大致在1960年代，而根据《牛津英语词典》（*The Oxford English Dictionary*），identity 这个单词与个人相关的用法始于17世纪，主要有两层意思，一指“本质上一致的品质或状态”，二指“某人或某物在所有时期所有境况下都具有的同一性（sameness）；某人或某物是其自身而非其他的状态或事实”。Identity 的词源意义透露了一种早期的身份观念，即相信人（或物）有某种本质上的特性不随时空的改变而改变，始终保持着自身的同一性，并以这一点来区别于他人。

在今天看来，这种身份观的影响是如此久远和根深蒂固，当我们尝试表明身份的时候，我们所想表明的正是我们身上（还是我们认为的？）那种“本质、永恒的同一性”，譬如说我们的名字，我们的“种族”，我们的国籍等等。因为，凭靠这些特征，我们才能够让别人确认“我”就是“我”，而不是另外一个人。

回到一开始的身份“选择题”，我们在生活中一次次重复完成这样的身份表格，它们遵循的不正是同样的逻辑？每个空格都假设有唯一、确定的答案，而所有答案共同确认出一个独一无二的身份，一个在一定时间内保持统一和稳定的身份。在这一背景下读于坚的“表格诗”，便能体会其中的反讽意味。“表格”形式先行架构起上面这种有关身份的观念程式，而诗句却逐行加以拆解。譬如“姓名”一项便被两个极端的答案扰乱：“横竖撇捺”将名字简化为汉字的基本笔画；“笔名11个（略）”，又代表指认的另11种方式。而“性别　在南为阳　在北为阴”；“婚否　说结婚也可以　说没结婚也可以　信不信由你”；“政治面目　横看成岭侧看成峰　远近高低各不同”，这样的回答显然拒绝作出非此即彼的选择，并暗示身份不是固定不变的，在不同观点和语境中，“我”是谁，取决于“你”怎么看，以及“你”是否相信。

借用于坚的《0档案·卷五　表格》，我们可以看到有关“身份”概念的另一种诠释：一个人的身份从来不是唯一的，确定的，统一的，稳定的，它甚至不是“什么”，因为一个人其实并不具有那种本质上永恒不变的同一性。类似的观点在1960年代逐渐被人接受，人们对 identity 一词的理解走向了其源初意义的反面，这个吊诡的结果与西方哲学界对自身传统的反思，精神分析学对“自我”的重新发现，以及心理学对人成长过程中自我认知的考察等等都有关系，而更为重要的是，动荡的现代生活带来了一个新名词“身份／认同危机”（identity crisis），当“本质同一”的身份不再可信，当人们开始无法确认自己时，身份／认同突现为一个亟待探讨的文化课题。

谈到这里，我们需要先转向 identity 概念令人棘手的中文翻译问题。捷克裔法国小说家 Milan Kundera（人名前的长定语不也透露着身份的流动性和复杂性？）写有一部题为 *L'identité*（即英文的 identity）的法文小说。在翻译成中文的过程中，出现了至少四个不同的书名：《身份》、《身分》、《认》、《本性》，足见在中文语境中把握 identity 语义的难度。[2] 就学术界的择取来看，“身份”和“认同”是使用频率最高的两种译法。“身份”？还是“身分”？牵扯到中文词语本身的历史演变，是学界另一桩争论不休的公案，在此不提。而 “认同”一词在台湾占据主导，可能与杜维明的译介有关，他曾在1960年代回到台湾开设“文化认同和社会变迁”的课程，据称是他把 identity 译为“认同”带进中文界。

身份？还是认同？当我们了解了 identity 从17世纪到1960年代发生的意义流变，了解了作为批评概念的 identity 对其自身词源义的反叛之后，我们或许应该避开这样的单选题，因为身份和认同指代了 identity 一词不同的语义层面，两者无法互相替代。如果说作为名词的“身份”强调个人自身的同一性特征，包含

[2] 张玲、汤睿译《本性》（海拉尔：内蒙古文化出版社，1999年），此版本未获版权，疑从英译本转译；邱瑞銮译《身分》（台北：皇冠文化出版有限公司，1999年）；孟湄译《认》（沈阳：辽宁教育出版社，2000年）；董强译《身份》（上海：上海译文出版社，2003年）。

了对identity词源义的某种承袭，那么偏向动词的“认同”则代表了identity内在的反思维度。假如“我”并不具有某种“本质同一”的身份，那么identity就意味着是“我”**认为**自己具有某种“同一性”，那就是一个“认同”的过程。

接下来的问题是，既然认同不是内在固有的，那么它来自何处？是什么使“我”认为自己具有某种“同一性”，并因此而与他人不同？再次回到《0档案》中的诗句，我们从中可以发现：“我”认为“我”是谁，许多时候是因为“我”被告诉“我”是谁。“民族／遥远的东方有一条龙”，老歌构筑了我们的集体认同：我们是“龙的传人”；“星座　八字　属相　手相　胎记／遗传　绰号　面部特征　口音　指纹　脚印　血型”，混杂的文化传统传授给我们各种诠释身份的方法，帮助我们拼贴出个人认同。“家庭出身　老子英雄而好汉　老子反动儿混蛋”，政治口号告诉我们，“我”是好汉，还是混蛋，“我”做不了主，而“本人”虽然有“肌肉30公斤　血5000CC……”，却与“本人成分”（阶级成分）无关。通过文化传统、集体记忆、政治意识形态、社会区分机制等等的再现，《0档案》让我们看清，正是这些外在的力量建构着我们的认同，同时也约束（或者，约束也是一种建构？）着我们的认同。

《0档案》是一首长诗，共有8节：档案室、卷一出生史、卷二成长史、卷三恋爱史（青春期）、卷三正文（恋爱期）、卷四日常生活、卷五表格、卷末（此页无正文）附一档案制作与存放。诗歌将人的生命历程压缩成不同时期的“档案”，而《卷五　表格》更是一次汇总（“简历　某年至某年　在第一卷……”）和延伸（从“家庭成员及社会关系”链接到“父亲　档案重3000克　前半生／尚缺500克　待补……”）。从身份／认同的角度来解读这样一种再现生命的方式，它引导我们去思考文本与认同之间的关系。档案，是一种文本，在诗中更象征着文本的暴力，人的血肉躯体生命历程都被简化为纸上的数字和文字，纳入到整齐划一的格式规范中，最后剩下“档案重3000克”的标记。《卷五　表格》第一栏“照片　半寸免冠黑白照”正是一个提纲挈领的隐喻：在表格／档案中，“我”的真实模样并不重要，符合标准规格才是重点。现代社会的体制文本，制造出绝对的统一／同一性强加于个人身上，这外在赋予的**身份**左右着我们的**认同**建构。

可是，什么不是文本？文化传统、集体记忆、政治意识形态等等，无不以文本的方式介入我们的认同建构。《0档案》这样的诗，不也是文本？它以文本方式抵抗文本的暴力，通过阅读，我们去思考身份／认同的课题，这过程本身就在重塑我们的认同。由此看来，我们的认同就是在各种文本的影响中不断建构、消解又重构。正如 Stuart Hall 所言：“我们不应该把**身份**看成是一个已经完成的事实，新的文化实践显示我们应该把**认同**看成是一个永远不会完成的‘作品’（production），总是在过程中，总是在再现（representation）中形成。”[3]

“中国性”：认同与差异

以“中国性”（Chineseness）问题为核心，下面我们来看看中文文本如何通过文学再现来建构认同。选取这一课题，是因为中文

---

[3] Stuart Hall, “Cultural Identity of Diaspora,” in Jonathan Rutherford, ed., *Identity: Community, Culture, Difference* (London: Lawrence & Wishart, 1990), p. 222.

文本以“中文”进行创作，先在内含了某种“中国性”的认同，而地理、历史、文化、政治等等因素又赋予这种认同以差异性。不过需要注意的是，“中国性”的认同问题并非中文文本所独有，同样存在于非中文创作，比如华裔作家的英文作品中。由此可见，作为一种身份／认同，“中国性”与语言有关，但不仅仅与语言有关，它的理论构成和种种特殊的实际状况一直是学界持续讨论的复杂课题。而在这里，我们将它约束在中文文本的范围内，来思考同一种语言的书写如何诠释出面目不一的“中国性”，如何形塑出互异的自我认同，而这些认同又如何通过阅读和解读得以传播、变形和重构。

仍以于坚的《0档案·卷五　表格》为例，尽管文本致力于消解坚固确凿的“身份”观念，但有意思的是，它所持的“中国人”的身份／认同却是坚定明确的。文本中所叙述的中文名字（“姓名　横竖撇捺”）、文化传统（汉诗引用）、民族情结（“民族 遥远的东方有一条龙”）、中国式的政治话语、中国特色的档案管理等等，意在点明个人认同来自于后天的文化建构，然而这些文化元素建构、加强的正是毋庸置疑的“中国人”认同。在中国大陆的语境中，“中国性”往往是一个不成问题的问题，是一个被默认的共识前提。正如一个中国论者在反驳有关中国诗歌缺少“中国性”的批评时谈到：

> ……当时我认为“中国性”几乎是一个伪命题……
>
> 我们从自己的生活中导出的一切关于生活的认识、反映和态度，就是“中国性”，我们的一切活动都来自于它。不管别人的看法如何，不管别人认为这

> 样的中国不是中国，我们可以说，这就是中国。我相信，我们有权利这样说。[4]

生活在中国，书写着中国的现实，在中国论者看来，这就是“中国性”，谁说只有“孔孟的中国，老庄的中国，或者诗歌来说，魏晋南北朝、唐宋的中国”才是“更中国的中国”？

这样的辩驳，事实上触及了 Chineseness 概念内含的巨大歧义（歧译）。尽管目前学术界一般用“中国性”予以统称，但 Chinese 的多种译法赋予这一概念多重的认同意义：“中国”性的角度包含对“中国”的国家认同；“中华”性侧重中华文化的传承与传播，是为文化认同；而从不同区域的华人社群来看，“华人”性则强调族群认同。由此可见，当身处中国的作家和论者将“中国”视为一个地理／国家概念时，“中国性”、“中国人”自然是没必要纠缠的话题。然而对于地理上远离中国地理政治范围的“海外华人”来说，“中国性”（“中华性／华人性”）更多是文化、族群意义上的，它是来自祖先的文化记忆和对遥远、古老中国的文化想象，这种记忆与想象参与建构着他们的自我认同，很多时候更成为一股挥之不去的力量渗透到他们的生活现实中。中国性，因而在中国之外变得格外重要。

从这个角度来说，新加坡（华人）作家希尼尔的微型小说《变迁——二十世纪末南洋刘氏三代讣告实录》提供了一个有趣的解读方式：

---

[4] 孙文波《中国诗歌的“中国性”》，载《诗探索》2002年第1–2期，页1–8。

变迁

二十世纪末南洋刘氏三代讣告实录[5]

之一

哀啓者：先夫嚴**忠清劉府君**慟於一九七三年三月三日壽終正寢，享壽積閏六十有三。兒孫等隨侍在側，親視含殮，遵禮成服，泪涓於三月六日恭請靈寶皇壇廣善法師設壇誦經一宵，擇訂於三月七日下午一時由喪居扶柩發引至蔡厝港華人墳場安葬。忝屬

姻親世族鄉友　誼　哀此訃　**聞**

未亡人：	唐大妹		
蘭姐：	周桂蓮（在中國）		
孝男：	劉國光（在中國）	孝媳：	王麗花（在中國）
	劉國宗		李瑪莉
	劉國耀		陳四妹
	劉國祖		林静霞
	劉國維		曾銀娣
	劉國傳（在英國）		Flora Ong
	劉國統（在日本）		横田芳子
孝女：	劉淑貞	孝婿：	Sidney Johnson
	劉淑娟		林維仁
孫男：	劉濟光（在中國）	孫女：	劉素雲
	Joseph Lau		Nancy Lew
	劉濟德		劉慧芳
	劉濟偉		劉慧玲
	劉濟成		
	Lawrence Lew（在英國）		

服内尚有國内外家屬人數衆多，恕不盡録

同泣啓

[5] 希尼尔《变迁——二十世纪末南洋刘氏三代讣告实录》，载《认真面具》（新加坡：SNP Publishing, 1999年），页50–51。

之二

> 我们的至亲**刘国宗君**恸于1983年3月3日西归，享年四十有八。
>
> 定于3月6日晚上举行追思仪式，3月7日上午11时发引至蔡厝港基督教坟场安葬。
>
> 谨此敬告各位亲友
>
> 妻：李玛莉
> 孝男：Joseph Lau　　孝媳：Muriel Kanner（在澳洲）
> 孝女：Nancy Lew（在美国）　　孝婿：赵大卫（在美国）
> 孙男：Douglas Liu
>
> 同泣启

之三

> **JOSEPH LAU**
> **Age 37**
>
> Called home to be with the Lord on 3rd March 1993, leaving behind beloved. Cremation on 5th March 1993 at Mount Vernon.
>
> Deeply mourned by:
> Wife: Muriel Kanner
> Son: Douglas Liu (Australia)
> Sister: Nancy Lew (USA)
> Brother-in-law: David Chao (USA)
>
> and Lau/Lew/Liu families and relatives

希尼尔的这则微型小说由刘氏三代的三张讣告并置而成：1970年代刘父去世，讣告内容由繁体字文言文写成，以华人的习惯安葬在华人的坟场中，告哀者中文名占多数，一半居住在新加坡之外；1980年代的讣告由简体字白话文写成，以基督教仪式安葬在基督教坟场，而告哀者多数为英文名，且住在新加坡之外；而1990年代的讣告全篇英文，举行火化仪式，告哀者均住新加坡之外。语言、信仰、文化习惯、生活方式以及居住地的选择，刘氏三代的讣告内容变迁彰显出一个新加坡家族在30年间发生的认同变迁。对于这种“变迁”，一般的解读认为“反映了华人传统的丧失和西化过程”。[6]

小说题目里的“刘氏三代”可以说是一个文化符号。姓氏代表着家族身份，以传统秩序的力量凝聚整个家族的认同，而推及到整个海外华人（家）族群，姓氏更象征着海外华人的“中国性”，维系着身为华人对中国／中华文化／华人传统的认同，正如“同根同脉”之类的经典表述，姓氏证明了华人与中国之间割舍不断的血脉关系。而在小说的再现中，“刘氏”发生了变形，到第三张讣告的末尾，成了“Lau/Lew/Liu families and relatives”。如何来解读这一姓氏的“变迁”？按照上面一般观点的逻辑，对自身母语姓氏的放弃最终导致认同上的疏离和变质，（语言）的“西化”导致“华人传统的丧失”，即“中国性”的丧失。

对于这个文本，我们是否还有其他的解读方式？（我们无法确定作者是否持有这种批判态度，而作者的态度对文本意义来说也

---

6 《希尼尔的〈变迁〉屡被评述》，原载于《联合早报》（新加坡），转引自希尼尔《认真面具》（新加坡：SNP Publishing, 1999年），页52。

不重要。）从我们前面讨论的身份／认同课题来看，“身份”内在的“本质同一性”并不那么可靠，更多的时候来自我们的虚构和想象。“同根同脉”的论述，不正是这样一种浪漫美好的想象吗？海外华人与中国的“根叶”、“血脉”、“源流”关系，都是建立在一个“本质同一”的假定之上，“中国性”由此成为海外华人认同的主体部分，那么对本质同一的中国性（刘氏）的放弃，其认同混乱的结果（Lau/Lew/Liu）也可以预见。然而换一条思路来解读，姓氏尽管在一定程度上包含血缘、基因的生理链接，但它并不指向同一的本质，它更多是一个精神符号，我们从中获得认同的力量。由此，姓氏维系的家族认同可以看成是在差异的默认中建构同一性的过程，而姓氏的变迁，恰恰隐喻着这一认同是在不断消解，又不断重构的。同样的道理，海外华人的“中国性”与其说是那亘古不变的“根”，不如说是渗透在每个人生活中的文化记忆，在居住地的异质文化语境里不断变形，不断被重塑，正如在澳洲的Liu姓，与美国的Lew姓，还有新加坡的Lau姓，它们分别生成了自身的文化群落，生成了新的同一性，而“刘”则成为一个语音痕迹留存在他们共同的记忆里。在此意义上，《变迁——二十世纪末南洋刘氏三代讣告实录》成了一则海外华人认同变异过程的“实录”。

“原乡”与“异乡”的纠葛，是中文文本诠释“中国性”的另一个主题。哪里是“原乡”，哪里是“异乡”，与生存空间无关，与认同有关，余光中写于1972年的《乡愁》正是一个具体的例子：

> 小时侯
> 乡愁是一枚小小的邮票

我在这头
母亲在那头

长大后
乡愁是一张窄窄的船票
我在这头
新娘在那头

后来呵
乡愁是一方矮矮的坟墓
我在外头
母亲在里头

而现在
乡愁是一湾浅浅的海峡
我在这头
大陆在那头[7]

如果我们称呼余光中为“台湾诗人”的话，这首《乡愁》所认同的“乡”却显然不是台湾。“乡愁”是游子的情绪，而在这里“乡愁”的对象是“母亲”、“新娘”，还有“大陆”。中国大陆因此被赋予了“原乡”的意义，而“海峡”这头的台湾却成了游子滞留的“异乡”。

黄锦树曾提出过一个“内在中国”的概念，当现实地理上的中国被隔绝之后，人们在各种有关中国的印象中“透过想象构设

7 余光中《乡愁》，载《余光中诗选1949–1981》（台北：洪范书店，1981年），页270–271。

各自内在的中国”，来寄托他们的“文化乡愁”。[8]《乡愁》这首诗所诠释的“中国性”正源于这一“内在中国”而非现实中国（“大陆”），“原乡”其实不在海峡对岸，而在作者自己心中。乡愁正是内心“原乡”、“异乡”认同错位的结果。

再来看另一个台湾诗人陈黎写于1989年的《葱》：

我的母亲叫我去买葱。
我走过南京街，上海街
走过（于今想起来一些奇怪的
名字）中正路，到达
中华市场
我用台语向卖菜的欧巴桑说
“甲你买葱仔！”
她递给我一把泥味犹在的葱
我回家，听到菜篮里的荷兰豆
用客家话跟母亲说葱买回来了

我像喝母奶般地喝着早晨的味噌汤
理所当然地以为ㄇㄧㄥㄡ ㄒㄧ· ㄌㄨ 是我的母语
我吃着每天晚上从面包店买回来的 pan
不知道自己吃的是葡萄牙语的面包
我把煎好的蛋放进便当，把便当放进书包
并且在每一节下课时偷偷吃它
老师教我们音乐，老师教我们国语

8 黄锦树《神州：文化乡愁与内在中国》，载《马华文学与“中国性”》（台北：元尊文化，1998年），页220–222。

老师教我们唱反攻、反攻、反攻大陆去
老师教我们算术：

“一面国旗有三种颜色，三面国旗
有几种颜色？”
班长说九种，副班长说三种
便当里的葱说一种
因为，它说
不管在土里，在市场里，在菜脯蛋里
我都是葱
都是台湾葱

我带着葱味犹在的空便当四处旅行
整座市场的喧闹声在便当盒里热切地向我呼喊
我翻过雅鲁藏布江，翻过巴颜喀喇山
翻过（于今想起来一些见怪不怪的
名字）帕米尔高原
到达葱岭
我用台湾国语说：“给你买葱！”
广漠的葱岭什么也没有回答
葱岭没有葱

我忽然想起我的青春
我的母亲在家门口等我买葱[9]

[9] 陈黎《葱》，载简政珍编《新世代诗人精选集》（台北：书林，1998年），页253–254。

对照余光中的《乡愁》来读陈黎的《葱》，余光中式的“内在中国”、“文化乡愁”在这首诗中被消解了，台湾语境下的“中国性”，成了“南京街、上海街、中正街、中华市场”这些“于今想起来奇怪的名字”；成了老师教的“国语”，“我们”唱的“反攻大陆”。这样的再现试图说明渗透在台湾人日常生活中的“中国性”更多是政治意识形态建构和灌输的结果：在台湾的土地上建构中国的版图，在台湾的课堂里建构“中国”的国家意识，建构与大陆的对抗关系，而这些都塑造着台湾人身份认同中的“中国性”。诗歌中“我”翻山涉水去“葱岭”（中国大陆的帕米尔高原）买葱，然而当“我”用“台湾国语”热切召唤的时候，却得不到回答，因为“葱岭没有葱”。解读这一隐喻，诗歌进一步暗示这种凸现“中国性”的国家认同和原乡情结只是一厢情愿的想象，面对现实的“原乡”，才看清“原乡”纯属“虚构”，反衬出政治意识形态认同建构的空洞和脆弱。与生于大陆，1949年之后才迁居台湾的余光中不同，陈黎是土生土长的台湾人。可以说，个人经历的差异决定了身份／认同立场的差异，为各自书写“中国性”提供了不同的观点。

许多有关身份／认同的讨论，都会涉及一个“他者”（otherness/alterity）的概念。Irvin Cemil Schick 指出，认同只有作为他者（alterity）的双重关系才存在（it only exists as the dual of alterity），[10] 也就是说，我们必须在与他者的对照中，才能获得自我认同（同一性），而更关键的是，“他者”同样是由“我”的观点建构出来的。建构出怎样的他者与建构怎样的自我认同是硬币的正反两面，

[10] Irvin Cemil Schick, *The Erotic Margin: Sexuality and Spatiality in Alteritist Discourse* (London: Verso, 1999), p. 23.

而通过将“他们”“刻板印象化”来增强身为“我们”的集体凝聚力和优越感，这一认同策略被称为“他者化”（othering）。从上面的例子来看，《葱》这首诗正是通过反思“他者化”的大陆（或中国）想象，同时来反思台湾自身扭曲的认同局面。这里的“他者化”，同时包括政治敌对的丑化和地理怀旧的美化，因为无论是丑化还是美化，他者都被“本质化”（essentialised）为一个单一坚固的印象，一个与“我们”有本质差别的对象，而同样的，“我们”也因此被赋予了单一坚固的“身份”及其附带的职责。

《葱》这首诗中，“买葱”是一个重新寻找认同建构方式的旅程。在市场里用台语买葱，回家用客家话告诉母亲，上课的时候便当里的葱说“不管在土里，在市场里，在菜脯蛋里／我都是葱／都是台湾葱”，这些诗句里，“葱”成了一个台湾本土认同的隐喻：扎根在台湾的土地里，带着泥味，普普通通，不能、不用也没有必要移植的葱。最后，当“我”到达葱岭（隐喻葱的“原乡”？），才发现葱岭没有葱，葱长在自己的土里，而“母亲在家门口等我买葱”，至此，“原乡”与“异乡”的认同作为一种位置有所对调，“我”浪费青春追寻的认同回到了本土。

消解“中国性”的假想，确立台湾的本土认同，这一类的“去中国性”（de-Chineseness）论述近年来不断得到加强。不过，假如我们仅仅从这个角度来理解《葱》这首诗的认同观念，却忽视了文本传达的另一些重要信息。“卖菜的欧巴桑”、“菜篮里的荷兰豆”、“母奶般的味噌汤”、“ㄇㄧㄙㄡ　ㄒㄧ．ㄌㄨ是母语”、“pan 是葡萄牙语的面包”，还有带去学校的“便当”等等这些出处各异的外来词语和外来意象都暗示在台湾的现实语境中，认同来源丰繁多元，并不是“中国性”和“去中国性”，“原乡”与“异乡”这样简单的两极对立关系可以涵盖的。了解台湾的殖民历史，会有助于对这一文本的解读。从17世纪开始台湾就转手于荷兰、西班牙及葡萄牙之间，满清统治结束之后，1895年割让给日本，51年之后，国民政府接收。各个外来政权的意识形态渗透和文化输入积淀下混杂的历史记忆，共同造就了台湾吊诡的认同处境：外来汤被认作母奶，外来语被认作母语，又或许，根本就无所谓外来还是本土，认同本来就建构自这些鲜活的生活现实。

什么是中国性？在上面这些中文文本的“中国性”的再现和讨论中，不可能找到统一的答案。正如黄锦树所言，中国性论述总是“对不同历史政治环境的在地回应”，“中国性”本身并不足以构成一种共同论述。[11]

以此来回应本章的身份／认同课题，任何一种单一确凿的身份／认同论述都显得可疑，因为认同从来不是个人／群体统一稳定的内在本质，而是一个包容多元，不断流动变化的过程。在这样的眼光中，让我们再次回到前面的那张个人资料表格，性别、国籍、种族、信仰等等概念都成了需要重新检讨的课题，因为它们总是被某些建构出来的本质属性笼罩着，成为僵硬的区分边界深刻在我们的意识中。不信，让我们再回去读一遍《乡愁》和《葱》，新的问题是，为什么在这两首认同迥异的诗中，存放认同的却都是母性的意象？母亲、母奶、母语……是否祖国（motherland）就必定是母性的呢？这一问题不妨借用“性／别”概念来进行思考。

---

[11] 此段话出自黄锦树对于陈奕麟《解构中国性——论族群意识作为文化作为认同之暧昧不明》一文的引用和评论，见黄锦树《魂在：论中国性的近代起源，其单位、结构及（非）存在论特征》，载《文与魂与体：论现代中国性》（台北：麦田出版，2006年），页16–17。陈弈麟的原文见：Allen Chun, “Fuck Chineseness: On the Ambiguities of Ethnicity as Culture as Identity,” *boundary 2*, vol. 23, no.2 (summer 1996), pp. 111–138.

第十三章 阶级
CLASS

人力车夫的故事

谈阶级，让我们先从人力车在中文文本中的不同再现谈起。1877年的冬天，晚清诗人黄遵宪在日本第一次见到人力车，日后他写了一首诗：

> 滚滚黄尘掣电过，万车毂击复竿摩。
> 白藤轿子葱灵闭，尚有人歌踏踏歌。[1]

根据诗后笺注的描述，这种人力车“形若箕，体势轻便。上支小

[1] 根据夏晓虹的说明，黄遵宪最初写了一首人力车的诗：“三面襜帷不合围，双轮捷足去如飞。春风得意看花日，转恨难歌缓缓归。”而上面所引的是黄遵宪在1890年增补的诗作，代替旧诗，成为定稿。夏晓虹《晚清社会与文化》（武汉：湖北教育出版社，2001年），页173–174。原诗见黄遵宪《日本杂事诗（第二卷）》，钱仲联笺注《人境庐诗草笺注》（上海：上海古籍出版社，1981年），页1153。

帷，亦便卷舒，以一人挽之，其疾如风，竟能与两马之车争先后。”[2] 黄遵宪的诗惊叹的正是人力车风驰电掣的速度和在日本街道上“毂击竿摩”的热闹场面，他以闭塞、缓行的白藤轿子做比照，突出了人力车的快和便捷。

1918年的北京，人力车传入后同样成为《新青年》作者们的书写对象，可是它的快与便捷此时映现出的却是另一番印象：

“车子！车子！”
车来如飞。
客看车夫，忽然中心酸悲。
客问车夫，“你今年几岁？拉车拉了多少时？”
车夫答客，“今年十六，拉过三年车了，你老别多疑。”
客告车夫，“你年纪太小，我不坐你车。
我坐你车，我心惨凄。”
车夫告客，“我半日没有生意，我又寒又饥。
你老的好心肠，饱不了我的饿肚皮。
我年纪小拉车，警察还不管，你老又是谁？”
客人点头上车，说“拉到内务部西！”[3]

这是胡适1918年1月15日发表在《新青年》上的白话新诗《人力车夫》，同一期还有沈尹默的同题新诗，紧接的后一期另有一首刘

[2] 黄遵宪《日本杂事诗（第二卷）》，钱仲联笺注《人境庐诗草笺注》，页1153。

[3] 胡适《人力车夫》，载《新青年》第4卷第1号（1918年1月15日），转引自王铁仙编《新文学的先驱——〈新青年〉、〈新潮〉及其他作品选》（上海：华东师范大学出版社，1985年），页14。

半农的《车毯（拟车夫语）》。在这一组中国最早的白话诗中，人力车夫成为书写的焦点。[4]

从晚清到五四新文学革命时期，书写者对于人力车的注意力逐渐转移到了人力车夫身上。如果说，黄遵宪试图通过人力车和“白藤轿子”的意象对比来诠释现代与传统的差异，那么，在胡适、沈尹默、刘半农的新诗里，我们可以看到他们不约而同地努力刻画着另一种差异——坐车人和拉车人之间的生存差异。看上面胡适的这首诗，“车子如飞”，但“客”却心中“酸悲”、“惨凄”。年幼的拉车人靠出卖体力换取生计，坐车人空有好心肠，也只能成全他的生意。借用戏剧化的对话形式，诗歌凸现了“客”与车夫之间不可逾越的社会区隔和不可调合的利益矛盾，而这些差异、区隔和矛盾正是本章所要讨论的“阶级”（class）概念的组成要素。

可以说，拉车人和坐车人的社会区分构成了中国现代文学最早期的阶级诠释，但“阶级”到底是以什么为标准的社会区分？“阶级”与地位、等级有何不同？这一外来概念传入后，中国文学界建构了怎样的阶级再现与阶级话语？同时，主流的话语论述又是如何左右着文学的书写及改写？在探讨这些问题之前，让我们先回到概念的源头去。

阶级概念和理论

和“人力车”一样，作为批评概念的“阶级”一词同样传自日本，更准确地说，是日语借用古汉语里的“阶级”一词来翻译

---

[4] 除了胡适、沈尹默、刘半农的新诗之外，五四时期的文学作品中还有许多以人力车夫为描写对象，如陈锦的戏剧《人力车夫》，小说有鲁迅的《一件小事》、郁达夫的《薄奠》、老舍的《骆驼祥子》等等。

欧洲的现代概念 class，而后这个译名又从日语被重新引入了现代汉语。

Class 这个英文单词在今天有很多种意思：阶级、等级、班级、课程、种类等等，不难看出，它们都包含着同一个动作："区分"，把某些事物按特定标准区分成不同的群体。当区分的对象是处于社会不同位置的人时，class 就特指"社会区分"（social division）的现象，翻译成中文，就是"阶级"。

Raymond Williams 的语源梳理告诉我们，从泛指普遍的群体区分到特指社会的区分，class 的词义演变是社会现代化的结果。1770至1840年间，class 的现代意义产生于工业革命及其引起的社会结构重组过程，而同时，class 也逐渐替代了原有指代"社会区分"的那些旧名词（rank, order, estate, degree）。Williams 认为这与人们的认知有关：

> 阶级一词逐渐取代从前用来描述社会区分的词语，这个词的开始使用，显示了人们对于人的社会位置观念的改变，认为社会位置是建构的而不是继承的。所有旧有的词语，以及这些词语所隐含的有关地位、顺序、排列等等隐喻，都是属于那个认为人的位置是由出身决定的社会。[5]

如果说 rank, order, estate, degree（中文里也有"地位"、"等级"、"序列"）这些词侧重描述的是传统社会中诸如贵族和平

[5] Raymond Williams, *Keywords* (London: Fontana, 1988), pp. 61–62. 中文译本为：雷蒙·威廉斯著，刘建基译《关键词：文化与社会的词汇》（北京：三联书店，2005年）。

民之间由血统、出身决定的社会差异，那么当18世纪工业革命、法国大革命等现代事件瓦解了旧有的社会格局，不断创造出新的社会分层时，人们的感知和表述也相应发生了变化。新阶级的产生引导了新词“阶级”（class）的产生，或者更确切地说，引导了各种“阶级”新词的产生，class 之前冠上了各式各样的定语：lower class（下层阶级），middle class（中产阶级），upper class（上层阶级），working class（工人阶级）等等。

Williams 的研究工作就是追踪18世纪晚期以来这些阶级新词的构成、使用状况，有意思的是，class 的意义并没有在这一追踪、梳理的过程中清晰化。Williams 不断强调 class 的词义演变和对旧词的替换是非常缓慢的，而实际的使用往往是各种意义相互交叠的状态，作为群体还是作为社会阶级的区分，在各种定语修辞下很难分离，而现代阶级观和传统等级观也总是交织在一起。比如，常常被对应使用的中产阶级（middle class）和工人阶级（working class）的表述，Williams 认为它们实际上代表了两种不同的分类模式：前者处在下层阶级（lower class）和上层阶级（upper class）中间，是一种相对社会地位差异的表达，而后者包含了“有用的”，“有生产力”的阶级诠释，对立于游手好闲、不事生产的特权阶级（privileged class）或雇主（employers），是一种经济关系的表达。[6]

以经济关系为区分基础的阶级观点，最具影响力的是 Karl Marx 的阶级理论，他以此来解释现代社会不平等的根源所在。尽管自古以来的所有社会都存在剥削和压迫，但 Marx 指出资本主义社会特有的生产模式催生出截然不同的阶级对立关系。资本家占有资本，

[6] Ibid, pp. 63–66. 中文译本同上，页53–56。

雇用工人进行生产，工人出卖劳动力，但换取的仅仅是他们所创造价值里的一小部分，仅够维持生存。这其中被资本家无偿占有的便是 Marx 所说的“剩余价值”，而资本主义社会的本质就是通过剥削雇佣劳动来赚取剩余价值，使资本不断增值。资本家对剩余价值无止境的追求，使工人的利益和处境越来越一致，最终“单个工人和单个资产者之间的冲突越来越具有两个阶级的冲突的性质”。[7] 由此，Marx 称资本主义时代的一个显著特点就是“阶级对立简单化了。整个社会日益分裂为两大敌对的阵营，分裂为两大相互直接对立的阶级：资产阶级和无产阶级。”[8] 资产阶级就是占有社会生产方式的现代资本家们，而无产阶级以工人为主体，他们没有生产资本，只拥有劳动力，只有通过被剥削才能生存。根据Marx的阶级理论，当无产者集合起来，形成为一个阶级之后，其目的就是推翻资产阶级的统治，夺取政权，而在他描述的共产主义理想中，剥削的经济关系不复存在，阶级也随之消亡。[9]

处在被剥削地位的无产者，能够产生共同的阶级意识，形成无产阶级，并进行阶级斗争，Marx 的这一观点在 Williams 看来内含了一种矛盾：“阶级”有的时候是以经济关系为标准区分的客观种类（category），有时却变成主观上能感知这种经济关系并发展出组织的“形构群”（formation）。[10] 也就是说，“阶级”可以是对社会区分状况的客观描述，同时也可以是意识形态建构身份／认同的结果，Marx的阶级理论本身就是这样一种意识形态话语，旨在推

[7] Karl Marx and Friedrich Engels, *The Communist Manifesto* (London: Penguin, 1967), p. 89.

[8] Ibid, pp. 79–80.

[9] Ibid, p. 105.

[10] Raymond Williams, *Keywords*, pp. 67–68.

动“无产阶级”的形成，改变社会现状。在中国的历史语境里，Marx 的阶级理论一度被当作衡量社会区分的绝对标准，这便导致了应用上的模棱两可：当我们判定谁是“无产阶级”时，是依据客观的经济地位区分，还是主观上的意识差异？这一不确定因素始终左右着中国20世纪的阶级论述。

Karl Marx 之后，德国另一位重要的社会学家 Max Weber 提出了与之不同的阶级观点。按照 Marx 的定义，阶级是一种不平等的生产关系，随着矛盾的激化，最终会演变为资产阶级和无产阶级两个阶级之间的阶级斗争。Weber 回避了这样一种“关系”模式，认为阶级是一群人在社会中的“处境”（situation），并且指出“阶级处境就是市场处境”。他将眼光从生产过程移向分配过程（distribution），强调阶级差异源于特定群体在市场上的不同处境导致的利益分配差异。而反过来，Weber 也点明社会权力分配造成了多种社会区分现象，阶级并不是唯一的产物，另外还有“地位群体”（status group）和“政党”（party）。这一描述否认了阶级在社会结构中的主导角色，因为有许多因素左右着人在社会中的位置和选择。循此逻辑，在 Weber 看来，阶级作为一个具有共同利益的整体采取某种共同行动（communal action）便不是必然发生的，虽然他承认在特定情况下，阶级利益有可能会导致阶级冲突，但那并非不可避免，所以也不可能成为推动历史发展的动力源泉。[11]

从 Marx 到 Weber，“阶级”论述经历了一个去中心化的过程，而到20世纪下半叶，“阶级”似乎已成为一个过时的概念，学术界甚至产生了“是否还存在阶级？”的疑问。人们看到，20世

[11] Max Weber, “Class, Status, Party,” in *From Max Weber: Essays in Sociology* (London: Routledge, 1991), pp. 180–186.

纪以来社会结构的变化并没有像 Marx 预言的那样对立为资产阶级和无产阶级的两极，相反，新生产方式的发展，新经济格局的形成都改变着原有的社会形态，旧的阶级界限逐渐模糊。与此同时，学术界的探讨也越来越关注阶级之外的社会区分及身份认同维度，性别、性向、种族、地域族群等等课题都在显示社会不平等的来源是复杂而多元的，并不仅仅由经济关系决定。然而，近年来，“阶级”研究又出现了复兴的势头，许多学者认识到尽管“阶级”不再是左右社会区分和身份认同的主导因素，却仍是不可忽视的。正如 Stefan Collini 所言：“在种族、阶级、性别、性向这些经常被谈论的方面中，阶级无疑是最不时尚的，……尽管如此，所有的证据仍显示阶级依旧是决定生活机会的最有力的单一因素。”[12]

阶级再现与阶级论述

Karl Marx 的阶级理论随着1917年俄国“十月革命”的胜利传入中国，“阶级”概念在中国的意义旅行由此开始。在这里我们关心的是，对文学创作而言，书写者以怎样不同的方式来再现社会的“阶级”现实，由此诠释了怎样不同的“阶级”内涵？这些文学再现和诠释与同步建构的主流阶级话语之间构成了怎样的互动关系？合作或疏离？认同或抵抗？解读下面的有关人力车夫的文本，我们会发现，答案是复杂而多样的。

先来看1918年胡适发表的《人力车夫》。从某种意义上讲，这首诗再现的社会区分现象，已具有了现代“阶级”（相对于“等

[12] Stefan Collini, “Escape from DWEMsville,” in *Times Literary Supplement*, 27 May 1994, cited in Gary Day, *Class* (London and New York: Routledge, 2001), p.17.

级”）的基本特征。诗歌一方面着意刻画人力车夫吊诡的生存处境：以体力上的被剥削来维持体力，以要求被剥削的方式来获得生存，另一方面更通过突出坐车人的善意反过来揭示出这一不平等的生活现实并非道德良心的问题，而是无法回避的现代社会问题，根源于整个资本主义经济的运行机制。联系沈尹默、刘半农的作品，在中国现代文学萌芽的最初期，以批判社会为使命的新文学实践中，人力车，这个黄遵宪眼里的“现代”交通工具，被诠释出另一层意义上的“现代性”，它成了现代社会阶级剥削关系的象征，而人力车夫，则是现代文学里最早的“无产者”形象。

1920年1月天津创刊的《觉悟》杂志上也有一首写人力车夫的诗，那是署名“五”的作者写于1919年12月的《死人的享福》：

> 西北风呼呼响，
> 冬天到了。
> 出门雇辆人力车，
> 车夫身上穿件棉袍，
> 我身上也穿件棉袍。
> 我穿着嫌冷，
> 他穿着却嫌累赘；
> 脱下来放在我的脚上，
> 我感谢他爱我，
> 他谢谢我助他便他。
> 共同生活？
> 活人的劳动！死人的享福！[13]

[13] 周恩来《死人的享福》，载刘焱编《周恩来早期文集（上卷）（1912.10－1924.6）》（天津：南开大学出版社，1993年），页334–335。

这首诗的前半部分看上去和胡适的《人力车夫》很相似，描写乘客坐在人力车上感受到社会不公的现实，而到后半部分，诗歌先运用反讽的手法烘托出一幕互爱互助的和谐场面，接着以一句反问带出诗歌的真正主旨："活人的劳动！死人的享福！"如果将"活"、"死"当动词看，这句话的意思就是：养活人的人总是在劳动，压迫剥削人的人总是在享福。换一个角度，我们也可以从"活人"、"死人"这对修辞中读出一种阶级态度：劳动者是充满活力和希望的，享福的剥削者则是腐朽的，必定死亡的。

这首诗的作者"五"就是后来的新中国总理周恩来。回顾这首诗的创作背景（1919年12月），当时正值五四之后爱国运动的高潮，周恩来在天津组织"觉悟社"，并邀请到李大钊为学生们介绍马克思主义。李大钊可以说是马克思理论在中国的最早引介者，从1918年开始他就在《新青年》上发表文章，1919年协助《晨报》、《新青年》等报刊开辟《马克思研究》专栏，1920年还在北京大学组织"马克思学说研究会"。[14] 在这样的社会运动氛围和理论影响下，我们可以看到《死人的享福》所诠释的阶级关系自然与两年前胡适的书写不同。胡适塑造的无产者，是"客"同情怜悯的对象，对于车夫所处的被剥削处境，"客"除了施予"同情的善意"之外，只有无奈的成全。而《死人的享福》尽管用第一人称"我"来指代坐车人，却通过反讽将坐车人和拉车人的关系对立起来，并最终将之上升为生死存亡的斗争关系。更有意思的是，诗里所反驳的"共同生活"，恰恰就是胡适等人在当时倡

---

14 钱理群、温儒敏、吴福辉《中国现代文学三十年》（北京：北京大学出版社，1998年），页32–33。

导的阶级之间互助、互爱、协作的人道主义理念。[15] 由此不难看出，这两首诗透露了五四时期两种不同的阶级观念，而后者代表的正是后来逐渐成为主流的“无产阶级文学”的阶级立场：打破“共同生活”的幻想／幻像，相信只有通过阶级斗争才能消除剥削的阶级关系，而无产阶级是最后的胜利者。

尽管阶级观不同，胡适和周恩来两首诗的阶级再现却有着相同的模式：它们都通过坐车人和拉车人的对照来展示剥削的阶级关系，人力车夫由此成为“无产者”或“无产阶级”的代表。从这个角度看，老舍发表于1936年的《骆驼祥子》便是一个另类的文本，小说讲的是主人公祥子从农村到城市当上了人力车夫，他的愿望是拉车存钱，买一辆自己的车，他相信通过个人努力可以改变“无产者”的悲惨命运，然而各种变故和日益衰败的身体最终让他明白一切努力都是徒劳的，他放弃了所有的理想和坚持，随波逐流并走向堕落。同样以人力车夫为对象，这部小说却抛开阶级关系模式，将注意力集中在祥子一个人身上，进而发散开去表现个人和社会各阶级的各种关系，由此引导的阶级诠释与以两大阶级对立为基调的主流阶级话语之间，构成了值得玩味的紧张关系。

《骆驼祥子》开头就写道：“北平的洋车夫有许多派：……”，“年轻力壮，腿脚灵利的，讲究赁漂亮的车”，自由而有尊严；稍差一点的“拉八成新的车”；“年纪在四十以上，二十以下的”，

---

[15] “共同生活”概念在中国的传播，源自美国哲学家John Dewey（杜威）1919年4月到1922年7月间受其中国学生胡适等人的邀请在中国所作的演讲。胡适的人道主义理念深受Dewey的影响，他多次担任Dewey演讲的翻译，也推崇“共同生活”的观点。在演讲中，Dewey提出“共同生活”是“人性顶重要的需要”，因为“人类必定要共同生活，才能互相帮助，互相长进”。可参考杜威《五大演讲》，载沈益洪编《杜威与中国》（杭州：浙江文艺出版社，2001年），页21。

“他们的车破，跑得慢，所以得多走路，少要钱。”[16] 叙述者详细的介绍为的是引出祥子在车夫中的“地位”：“他是属于年轻力壮，而且自己有车的那一类：自己的车，自己的生活，都在自己手里，高等车夫。”[17] 这段文字首先打破了“人力车夫”作为被剥削阶级统一的刻板印象，它告诉我们车夫也有高低之分，各有各的活法。小说对社会底层各色人等的淋漓摹写，衬托出“无产阶级”标签的虚构性。另一方面，小说却又暗示尽管眼下的生活不同，车夫们（无产者们）却有着共同的结局：“那四十以上的人，有的是已拉了十年八年的车，筋肉的衰损使他们甘居人后，他们渐渐知道早晚是一个跟头会死在马路上。”[18] 对整部作品而言，这段文字可以说是一个预言，预言着祥子虽然是“高等车夫”，但同样躲不过最终的厄运。从这个情节铺垫来看，《骆驼祥子》就是一个车夫努力摆脱阶级命运的故事，小说开始不久，就有这样的描述：

> 他不怕吃苦，也没有一般洋车夫的可以原谅而不便效法的恶习，他的聪明和努力都足以使他的志愿成为事实。假若他的环境好一些，或多受着点教育，他一定不会落在“胶皮团”里，而且无论是干什么，他总不会辜负了他的机会。不幸，他必须拉洋车；好，在这个营生里他也证明出他的能力与聪明。他仿佛就是在地狱里也能作个好鬼似的。[19]

---

16 老舍《骆驼祥子》（上海：文化生活出版社，1941年），页1–2。《骆驼祥子》最初连载于《宇宙风》，初版单行本1939年由上海人间书屋发行。本文所引1941年文化生活出版社的版本属于未经删改的早期版本。

17 老舍《骆驼祥子》，页4。

18 同上，页2。

19 同上，页4–5。

“地狱里的好鬼”，这样的比喻点出了个人和阶级之间归属与挣脱的吊诡关系，对当时渲染阶级认同的“无产阶级”话语来说，显然是一种讽刺。夏志清曾分析老舍的经历，认为正是因为1925到1930年他在英国埋头用功，错过了中国风风火火的革命高潮，所以才能够与左翼的政治话语保持疏离，能够保有自己对“个人主义”的见解。[20]

然而，在《骆驼祥子》这个文本里，作者对于“个人主义”的隐含态度却是令人困惑的。上面的文字显示小说前面部分对祥子个人奋斗的描写是积极而富有同情心的，作品最后却为个人主义的祥子安排了堕落的结局，个人对阶级归属的排斥似乎正是原因所在。小说透过老车夫的嘴说了一个道理：一只蚂蚱蹦得再远，叫小孩子逮住，飞也飞不起来，要“成了群，打成阵”，就“谁也没法儿治它们”！祥子因此明白：“他自己，也不能因为要强就得了好处。自己，专仗着自己，真象老人所说的，就是被小孩子用线拴上的蚂蚱，有翅膀又怎样呢？”[21] 这段文字显示的是，脱离阶级群体的个人努力是徒劳的，只有通过无产阶级的集体行动才可能改变阶级的命运，这里的潜台词不正应合了左翼阶级观点，那么我们要怎样来理解文本内部自相矛盾的阶级再现呢？小说前部对祥子的正面书写是一种反讽吗？

《骆驼祥子》写于1936年，当年在《宇宙风》上以连载小说的形式发表。1936年是中日战争爆发的前一年，可以猜想抗日救国的民族主义气氛、连载小说的大众读者定位，这些都可能影响老

[20] 夏志清《中国现代小说史》（香港：香港中文大学出版社，2001年），页141–142。

[21] 老舍《骆驼祥子》，页285。

舍对自己原先的“个人主义”观念的调整：一方面回避直接书写阶级力量而关注个人的命运挣扎，另一方面却不再把希望寄托在个人身上，战争局势下集体行动成为唯一的出路。不过，尽管小说里出现了上面的左翼论调，我们仍然要看到《骆驼祥子》的许多细节同时又在消解左翼的阶级观点，譬如“无产阶级”在文本中以散漫庸碌、抽烟喝酒逛妓院的车夫群像为主体，年轻祥子洁身自好地避开这个群体，而他的堕落也从染上这些恶习开始。文本再现的“无产阶级”不具有革命性，那么唤醒大众的革命者又是什么形象呢？小说写到祥子彻底堕落的标志是出卖了革命者阮明，然而反讽的是，这个革命者组织车夫参加革命的动机却和祥子一样：“阮明为钱，出卖思想；祥子为钱，接受思想。……阮明要的是群众的力量，祥子要的是更多的——像阮明那样的——享受。”[22]“革命的无产阶级”在这一情节中被诠释为投机者的幌子，无论是“革命者”还是“无产阶级”，实际上都不相信这套阶级话语，他们互相利用、互相出卖，只为了有利可图。小说结尾处决阮明的“示众”场面，与鲁迅笔下经典的“示众”段落看起来相似但又根本不同：鲁迅以庸众的愚昧来反衬革命者的孤独，而老舍对两者都不相信，阮明的畏缩无趣扫透了看客的兴，如此残酷的阶级关系刻画让人怀疑集体的革命行动如何可能？

《骆驼祥子》全文最后一句话是叙述者对主人公的定论：

> 体面的，要强的，好梦想的，利己的，个人的，健壮的，伟大的，祥子，不知陪着人家送了多少回殡；不知道何时何地会埋起他自己来，埋起这堕落的，

[22] 同上，页304–305。

> 自私的，不幸的，社会病胎里的产儿，个人主义的末路鬼！[23]

这句话常常被解读为隐含作者对“个人主义”的尖锐批判，然而从另一个角度看，两组修辞色彩矛盾的形容词对应排列，是否也透露着隐含作者对祥子爱恨交织的态度？既欣赏又同情，既愤恨又无可奈何，正如文本内部的阶级书写一样，充满矛盾。

谁眼中的“无产阶级”？

书写人力车夫的文本往往都有一个特点：大多数的作品都采用旁观者或坐车人的观点，[24] 也就是说，人力车夫往往是被观看者。那么，作为读者，我们看到的是谁眼中的人力车夫呢？

1931年，鲁迅加入中国左翼作家联盟（简称“左联”）的第二年，在上海的一次演讲中，他提出这样一个问题：

> 现存的左翼作家，能写出好的无产阶级文学来么？我想，也很难。这是因为现在的左翼作家还都是读书人——智识阶级，他们要写出革命的实际来，是很不容易的缘故。[25]

尽管鲁迅的疑问针对左翼作家而发，但他首先指出了阶级书写的一个状况：文学的书写者往往是“知识阶级”，文学所呈现的

---

[23] 同上，页308。

[24] 刘半农的《车毯》是个例外，以车夫为第一人称叙述者。

[25] 鲁迅《上海文艺界之一瞥》，载《鲁迅全集（第四卷）》（北京：人民文学出版社，1981年），页300。

是“知识阶级”眼中的“无产阶级”，是一个被建构出来的“无产阶级”，与“革命的实际”并不相同。从上面例举的文本来看，胡适、周恩来、老舍通过人力车夫的形象分别建构着自己眼中的“无产阶级”，而鲁迅强调的是，即便是认同无产阶级观点的左翼作家都不能写出纯正的“无产阶级文学”，因为“知识阶级”并不是真正的“无产阶级”劳动人民，作家“对于和他向来没有关系的无产阶级的情形和人物，他就会无能，或者弄成错误的描写了”。[26] 那么，到底如何来界定“无产阶级文学”，又如何来判断它的“好坏真伪”呢？

“知识阶级”对于以经济关系为切入点的社会学研究来说或许并不构成一个“阶级”，然而面对文学文本，我们无法忽视“知识阶级”却是文学生产者的主体。根据鲁迅的观点，文学生产者的阶级位置是判断文学阶级属性的标准，这样“知识阶级”与“无产阶级”的阶级差距就决定了“无产阶级文学”这个概念内含一个悖论：“知识阶级”不是“无产阶级”，如何发出“无产阶级”的声音？对此，左联提出了“作家的无产阶级化”的口号，鲁迅在演讲中表示赞赏，他说“革命文学家，至少是必须和革命共同着生命，或深切地感受着革命的脉搏的”，才能写出“革命的实际”来。[27]

阶级概念自五四时期传播而来，在中国的土壤里生长出了中国自己的阶级理论和话语，因而谈“阶级”我们无法回避这个概念在中国现代文学语境中的独特诠释与实践。譬如说，“知识阶

[26] 同上。
[27] 同上。

级”要通过改造自己的阶级意识，通过“无产阶级化”来生产“真正”的无产阶级文学，这一阶级话语可以说从1920年代、1930年代的革命文学到1970年代的文革文学，始终牵制着文学创作的走向，甚至左右了作家自身的命运。老舍对《骆驼祥子》的改写便是一个例子。

老舍在1945年的一篇创作谈《我怎样写骆驼祥子》里曾表明：“当我刚刚把它写完的时候，我就告诉了《宇宙风》的编辑：这是一本最使我自己满意的作品。”他列出了四个满意的地方，同时也说，《骆驼祥子》“使我自己最不满意的是收尾收得太慌了一点。因为连载的关系，我必须整整齐齐的写成二十四段；事实上，我应当多写两三段才能从容不迫的刹住。这，可是没法补救了，因为我对已发表过的作品是不愿再加修改的。”[28]

时过境迁，老舍在1950年代几次动笔修改了《骆驼祥子》，不过不是补写结尾，正相反，他删去了初版本里最后一章半的内容，删去了阮明的故事和祥子的堕落结局。[29] 1949年“无产阶级”革命胜利之后，《骆驼祥子》的悲观色调显然不合时宜，对无产者祥子和革命者阮明的负面塑造，也埋下了政治不正确的危险。早在1942年毛泽东就在《在延安文艺座谈会上的讲话》中明确指出：“你是资产阶级文艺家，你就不歌颂无产阶级而歌颂资产阶级；你是无产阶级文艺家，你就不歌颂资产阶级而歌颂无产

[28] 老舍《我怎样写骆驼祥子》，原载《青年知识》1945年第1卷第2期，转引自《老舍文集（第十五卷）》（北京：人民文学出版社，1990年），页204。

[29] 主要的删节版本有1951年开明书店出版的《老舍选集》里收入的《骆驼祥子》“节录本”和1955年人民文学出版社出版的修改本，老舍删去了小说初版本第23章后半部分与第24章的全部，约1万字，另外还删去了涉及性的文字，修改本后附有老舍作的《后记》。

阶级和劳动人民：二者必居其一。”[30] 无产阶级和资产阶级的阶级斗争关系被强加在文艺创作上，作家的阶级属性和文学的再现内容被生硬锁定，这样一来，凡是没有“歌颂无产阶级和劳动人民”的作家作品就有了“资产阶级”之嫌。1950年代，当这一教条成为评价文学的唯一标准时，删节文本便成为必然。而更重要的是，对于老舍和其他许多作家而言，改写不仅是自救的方式，更是自我改造的途径，通过改造自己的文本来改造自己的阶级性，这就是作家的“无产阶级化”过程。在修改本的《后记》里，老舍是这么写的：

> 此书已出过好几版。现在重印，删去些不大洁净的语言和枝冗的叙述。
>
> 这是我的十九年前的旧作。在书里，虽然我同情劳苦人民，敬爱他们的好品质，我可是没有给他们找到出路；他们痛苦地活着，委屈地死去。这是因为我只看见了当时社会的黑暗的一面，而没看到革命的光明，不认识革命的真理。当时的图书审查制度的厉害，也使我不得不小心，不敢说穷人应该造反。出书不久，即有劳动人民反映意见：“照书中所说，我们就太苦，太没希望了！”这使我非常惭愧！[31]

---

[30] 毛泽东《在延安文艺座谈会上的讲话》，载《毛泽东选集（第三卷）》（北京：人民出版社，1991年），页873。

[31] 老舍《骆驼祥子・后记》（北京：人民文学出版社，1955年），转引自老舍《老舍文集（第十六卷）》，页369。

这番自我批评写于1954年，时隔19年，个人主义的祥子成了老舍口中反复吟颂的“劳动人民”，个人的名字被阶级称号所代替，不再现身，隐喻着在现实世界里，作家个人的命运同样被阶级话语所淹没。虚构的文本，建构的话语，反过来控制着书写者的生活，甚至生命，在这一段中国文学历程中，“阶级”一词牵动着最吊诡的，最令人唏嘘的文学景象。

第十四章 性/别 GENDER AND SEXUALITY

关于性／别的一种注视

东晋时候有一个美男子叫做卫介，根据《晋书》的描述，卫介年少的时候就长得“风神秀异”，而且每次坐在羊车上在洛阳街道上穿梭，都会引来许多人围观。由于样子就像是玉雕出来一般出众，因此大家无不倾倒，而且不止样貌出众，卫介的学问、人品以及声名皆不错。不过，由于不愿意服从无能或者卑劣的上司，卫介的官途却是一波三折。从小体弱多病，根据正史和《世说新语》的记载，由于卫介的名气太过响亮，在建业都城当官的时候，因为引来了太多人慕名争睹风采，反而令到病情加剧，在二十七岁就英年早逝。过后，流传了“看杀卫介”的说法，认为卫介是被大家“看”死的。[1]

[1] 徐震堮《世说新语校笺》（北京：中华书局，1984年），页337–338。

“看杀卫介”的说法也许跟事实不符，不过，这则传闻却能让我们意识到，一个似乎极其单纯的动作：“看”，背后可能牵扯了各种更加复杂的因素。我们甚至可以进一步追问，到底这些围观的群众，在卫介的身上“看”到了什么？除了是一种集体的好奇心态，众人在“看”的过程中，是不是还有其他微妙的心理循因，当中有没有投射了某种占有的欲望？不同的围观者拥有不同的身份背景，是不是就会“看”到不同的东西？当然，这些在史书上都没有记载，作为一则人物的叙事，《晋书》和《世说新语》这些文本于再现历史事件之际，是不是也引导了读者的观点，试图尝试去“看”到了什么，然后借此形成某种认同和共识？

除了是风姿卓越的美男子之外，史书还称卫介为当时出众的名士之一，谈道论理的能耐以及道德修养的底蕴都备受称道，连当时的征南将军结识了卫介之后，随即决定把女儿嫁给了他。不过，如果我们换一个角度来“看”卫介，那些在他身上彰显的种种优点，何尝不也是一个衡量男性特质（masculinity）的参照。

从卫介的记述延伸而出，我们甚至可以提出质疑，像在《世说新语》这么一本记录人物言行的著作，里面记载的女性人物的比例，为何明显比男性少了许多？文本中的女性再现是否跟男性的再现不同？重复通过相同的观点，去“看”男性或者女性特质，以及强调两者之间的差异，到底起了一种什么作用？那个时代的一个名士和美男子所应该具备的外在和内在特质，间隔了上千年的时间，如果我们在这个年代“看”到卫介，会不会跟魏晋那个时候产生相同的反应？还是那样一种“珠玉”般的姿容，已经不符合我们这个时代的审美标准和要求？

根据当时的记述和形容，我们现在或许会认为卫介具有某种女性化（feminine）的倾向。虽然这跟魏晋时期，那一种特殊的品评人物风气有关，但却颇能带出一个关键的问题：所谓的男人和男性化，或者女人和女性化，是不是分属两个不同层面的表述？在魏晋时期，像卫介这么一个外表凸显“女性化”的男人，可能会吸引大家聚焦的目光，但转换成今天我们所处的这个社会环境，也许大家观看这个人物的角度和评价，就会出现另一种极端。这也显示了我们所谓的“女性化”和“男性化”，并非一种放诸四海皆准或者客观独立的准绳，而是一种约定俗成，随时随地受到各种文化、政治和经济因素所左右，必须不断进行检验和挑战的标尺。这种我们理所当然觉得，应该属于男性和女性的特质，是不是只是一种分别加诸男性和女性的要求，一种需要符合本位和身份，或者顺应了社会、文化等层面的期盼（expectation）和整合（integration），因此才形成出来的一套意识形态？

现代心理分析研究认为，每个人的身份和主体性，是通过他人的凝视（gaze）塑造出来的，一个人对于自己的认识，源于他人（包括社会和文化机制）如何“看”自己。到底这个“看”是赞赏或者鄙视，势必都将对一个人的身份／认同产生潜移默化的影响。这也使到“看”（凝视）在当代批评理论中，成为了一个非常重要的架构。有关性与性别（性／别 gender and sexuality）的论述，着眼于种种由性／别的关系和对立所衍生而出的课题，而且也改变了我们传统上看待文本和文化的角度，除了沿着主流意见指定的方向去“看”之外，从性／别的角度出发，也能提供给我们另一种“看”的方式。

从女性主义到性别理论

由于不同学派和学者之间的分歧，以及学术上复杂的历史渊源和借鉴，要厘清一个有关性／别的理论脉络并不容易。不过，大部分学者应该都会同意，在1970和1980年代后期发展出的性／别理论，是延续了更早以前的女性主义以及女性主义文学批评传统。从社会性的男女平权运动，发展到渗透社会各层面的诉求，乃至延伸至文学文化的批评，简单的归纳女性主义文学理论（feminist literary theory）或者妇女研究（women study），可以视之为一种诉求有别于男性阅读和思考框架的方式，并且从两个主要的面向着手进行评论。一方面揭露过去传统作品和评论架构往往以男性为中心的霸权面目，并且将女性排挤于边缘的位置，譬如，在许多传统小说，总是把女性人物作出固定僵化式的描绘，往往处于被动和缺乏主体性的位置。另一方面，女性主义论者也积极发掘女性作者和书写的特征和传统，作为抗拒主流意识以及提供另类视角的手段，开展出女性自身独特的认同和主体性。

挑战父权（patriarchy）是这时期女性主义主要的特征之一，希望能通过文本和文化的阅读批评，达到自由解放和平权的目标。女性主义的分析对象，不限于情节和人物的片面分析，也从文字语言中更加隐蔽的隐喻层面上，疏解出各种关于性别的偏见。因此，女性主义的阅读和批评的动机，已不仅仅是单纯的美学性或者文学性诠释，因为传统主流学院的批评观点皆由男性主导，很可能只是一种服务于男性品味和论调的权宜。政治性（politics）方面的对立，是女性主义不可或缺的动机和推动力量。以余光中书写1949年后从中国大陆到台湾的中国人对于家乡的思念的诗作

《乡愁》为例，[2] 单纯的文学性分析，也许无法看到那一种以“女性”（母亲、新娘）隐喻“故乡／家国”的手段，以及那种男性叙述和阅读视角的预设。虽然用女／阴性比喻祖国（motherland）是一个中西传统文学常用的比照，但这种看似自然的性别比拟（gendered），背后折射出的可能是一种男性的优越感。这一层喻体和本体之间的隐喻，可以做出种种性别方面的解读。

从提出女人／男人的分化对立，到质疑女性／男性的差异界线，早期女性主义已经意识到所谓的女性特质和男性特质，只是一种历史文化通过权力和语言打造出来的局面，形成了一种宰制和压迫女性的机制。正是沿着这条脉络，性／别理论提出了挑战传统两性关系（sexual relations）的见解，而且也把焦点和关怀从女性身上，扩延到也涉及男性的广义两性议题方面。法国女性主义者 Simone de Beauvoir 在经典著作《第二性》（*The Second Sex*）中有一句不断被引述的名言：“女人不是天生的，而是后天造就出来的”（One is not born a woman, but rather becomes one）。[3] 既然女人是被造就出来的，男人当然也不可避免身处于这个框架之中，对于性／别理论的批评运用，不能只把阐释和分析的重点，放在任何单一的性别身上。

在中文的建构和思维的方式中，不像英文拥有 sex/gender 的分野，无论是“sex”或者“gender”，中文翻译都以“性别”等同视之。如果翻查一般的中文字典，“性别”的解释也许只有一条：

---

[2] 余光中《乡愁》，载《余光中诗选1949–1981》（台北：洪范书店，1981年），页270–271。

[3] Simone de Beauvoir, translated and edited by H. M. Parshley, *The Second Sex* (New York: Vintage, 1980), p. 267.

雌雄两性的区别，通常指男女两性的区别。[4] 字典的解释，严格说来只是点出了男人和女人的生理属性，按照性／别理论的阐释，这样单一的生理面向，是不足够说明问题的。根据性／别理论的理解，“sex”指称的是身体外在特征的总和，区别出的是那种生理上的男人和女人。“gender”则是一套加诸男人和女人的文化属性标签，是一种社会赋予男人和女人的角色（roles）。男人和女人必须遵守各自的性别规范，权力的行使主要是在监督这条界线的逾越和破坏。

在中文的性／别学术论著中，常以生理性别（sex）和社会性别（gender）作出截分，避免产生混淆，或者在讨论生理属性时使用“女人／男人”，当要强调性别意识之际，才使用“女性／男性”。根据学者 Joan Scott 的说法：社会性别即是加诸生理性别的一套社会规格（social category imposed on a sexed body）。[5] 性／别理论学者常用一句阐释这个观念的句子：生理性别是自然，社会性别是文化（sex is nature, gender is culture），虽然有些学者对生理性别的“自然性”也提出了质疑，但“自然／文化”的分野，应该算是性／别论述坚持的重要分界之一。像简单的日常用语：“女人爱美”、“男人好斗”，就是把“爱美”、“好斗”，这个属于“社会性别”的特性，套在生理性别“女人”和“男人”身上，这之间的关联并非自然而然形成的，而是文化和社会的命定，是一种建构（construct）出来的现象。

---

4 中国社会科学院语言研究所词典编辑室编《现代汉语词典》（第五版）（北京：商务印书馆，2005年），页1528。

5 Joan Wallach Scott, *Gender and the Politics of History* (New York: Columbia University Press, 1988), p. 42.

许多性／别论者都采取这种建构论（constructivist）的立场，跟主流意识和一般常识中认定"爱美"、"好斗"是男人和女人的天性本质（essence），形成了泾渭分明的对立。如果我们抽离了"自然"的假面，性别便可以还原成某种文化的产物，因此也就必须受到挑战和颠覆。性／别论者认为，这样一种本质主义（essentialist）的色彩，采取了严格二元对立的手段进行区分，将会使到原本多元化的性别场域，变成僵化呆板。在政治社会层面上，套应在性别界限的是一套权力秩序和分布的模式，这也使到男人可以合理化和正常化的借此作出束缚、制约和监控女人的目的。

关于生理性别和社会性别的界线，中国清代李汝珍的一部长篇章回小说《镜花缘》当中的一段情节，颇能带出那种建构的界线受到颠覆和倒置之后，所产生的滑稽但值得深思的效果。

《镜花缘》的叙事结构基本上可以分成两个部分，前一部讲述的是主人公唐敖随妻舅林之洋以及舵工多九公出海经商，去到不同地方的奇异经验。在小说的第三十二回，三人飘洋过海来到了"女人国"："历来本有男子，也是男女配合，与我们一样。其所异于人的，男子反穿衣裙，作为妇人，以治内事；女子反穿靴帽，作为男人，以治外事。男女虽亦配偶，内外之分，却与别处不同"。[6] 在女人国里，他们看到的女性都穿着男装，性别的配置完全颠倒。唐敖于是惊讶的对多九公说道："九公，你看：他们原是好好妇人，却要装作男人，可谓矫揉造作了"，但也遭到对方的反诘："你是这等说，只怕他们看见我们，也说我们放着好好妇人不做，却矫揉造作，充作男人哩。"[7] 女人国里还有一个统

[6] 李汝珍《镜花缘》（台北：三民书局，2003年），页211。

[7] 李汝珍《镜花缘》，页212。

领的女国王，准备一意孤行的娶林之洋为“妻”，甚至还对其做了中国古代盛行的缠足行为，充满了残酷和痛苦的描写。

《镜花缘》里的女人国，男女性别混杂倒错，“穿衣裙”和“治内事”，这些女性的行为和规范，竟然是由男人肩负和操作，反而“穿靴帽”和“治外事”这些男性的特征和权力，却是属于女人所扮演的角色。在唐敖的眼里，这些都是“矫揉造作”，有违自然和熟悉的行径，但是正如多九公的回答，这一切可能只是站在不同的意识形态立场，去看待性别现象的结果罢了。现实的世界是男人主宰和压迫女人，但小说的世界却刻意颠覆了传统的性别定位和遭遇，以反讽的手法冲破了那一道权力－性别的界线，反而让我们看到了这些虚假和荒谬的一面。

从性别理论到性／别理论

性／别理论涵盖了两个面向，上节的阐释主要只是针对生理性别和社会性别的面向，但同样作为一种界定两性关系的“性”（sexuality），在历史和文化的构成中，也跟性别息息相关，因此，两者既可以做出分析需要上的切分，或者也往往可以纳入同一个理论范畴当中，以便能够进行较为全面的批评。

不过，跟性别的中文翻译一般，“sexuality”在中文翻译中也可能出现含糊不清的地方。一般上虽然采用了“性”这个字来对应理解“sexuality”，但由于西方理论中指称的“sexuality”，除了包括性对象（sexual object choice）或者性取向（sexual orientation）以及欲望（desire）的意涵，主要探讨的并不是性行为本身的描绘，而是过去和现在对于任何涉及“性”课题的社会文化意义。因此，在中文术语的使用方面，也必须作出多种对应的称谓。端视语境和讨论范畴的不同，“sexuality”在中文论著中，有时被称为“性”、“性向”、“性／情欲”、“欲望”或者“性本质”等。

从性别的再现延伸到“性”的样式，从女性／男性在社会、家庭和闺房分别扮演的角色作为叙事重叠的重点，新加坡作家梁文福的微型小说《滴》，可以算是为性／别作出了一个有趣的比照。《滴》描述了丈夫和妻子行房的过程，间中穿插了妻子的杂乱的思绪，以及日常做家务情况的插叙。小说如此开头：

> 丈夫在上面。
>
> 很久，他都没有这么久了。他很亢奋，是那种小心翼翼的亢奋。这个晚上，从一开始，他就故意把动作放慢，努力把时间延长。
>
> 已经很久了，自从婚后，每次，都是丈夫在上面，她没有表态。开始时，她是害羞。后来是，无所谓。反正她很累，在下面，比较不费劲。
>
> 每次，她都很累。每天，家务越来越多。她不明白，为什么家务会越来越多，越做越多，没完没了。丈夫的身材，越来越发福，每次，当丈夫在上面，她就想起那些不知什么时候越来越多，压得她好累的家务。
>
> 丈夫闭上眼，轻轻地喘气。每次，请丈夫帮忙做家务，都不肯。就连每年准备回营体能测验，作运动，也没见他这么卖力。她看见了，有一滴汗，慢慢慢慢，凝在丈夫的鼻梁上。[8]

[8] 梁文福《左手的快乐》（新加坡：八方文化创作室，2006年），页7–8。

这篇小说里，妻子和丈夫分别是“治内事”和“治外事”的典型再现，妻子日间有家务的牵绊，晚间有性事的负担，两者在小说的叙事框架里，互为因果：“当丈夫在上面，她就想起那些不知什么时候越来越多，压得她好累的家务”。小说用了“滴”的意象贯穿两段叙事，并且强调了那种由上而下的动态支配和主宰。第一段当然就是“丈夫在上面”主宰行房的方式和乐趣，第二段则是妻子晾干的衣服，被楼上邻居滴湿的苦恼和厌恶。我们似乎可以这么诠释《滴》，妻子作为女性所面对的困境和承受的苦楚，是那种由上而下的权力使然，两人之间的性关系和行房的姿势，恰好正是一种性别差异的再现。

性／别论述的主要实践中，更多的关注是放在文化和文本中，男女关系的叙述和呈现。性／别理论学者认为，在社会性别僵化的分野裁定当中，已经预设了一套关于“性”的特定模式，男人和女人的异性恋关系，是一种遵从了各自性别规范的表现，在现代社会文化的主流观念里，无论是宗教、法律、医药和伦理的层面，男配女的异性恋（heterosexual）模式，也成为唯一或者相对神圣、合法、健康和道德的配搭关系。跟受到主流意识主导的社会性别一样，强调差异和对立的目的，也是为了对“不合法、不健康、不神圣和不道德”的性关系模式，进行种种归类和打压。

对于非异性恋模式和文化再现的研究，也可以不牵扯到性别的层面。从性／别论述分化而出的一个普遍称为“酷儿理论”（queer theory）的批评论述学派，就将分析的聚焦集中在性向的课题，关心的面向是男女情欲中的多重细分展现，女同性恋、男同性恋、双性恋、以及跨性别（transgender）的性别和情欲表现，都在酷儿理论的研究的范畴之内。

从性／别理论到中国古代的性／别观念

谈论中国古代的性／别观念，并非一件简单的事情。虽然一些术语和概念可以在稍为修正后进行挪用，但其他诸如“同性恋”（homosexuality）等西方在特定语境下创立的名目，并不能够直接和准确说明中国古代的情特殊况。而且中国古代的性／别界定，尤其是男性特质／女性特质的认知，也呈现了繁复和多变的情况，无法以偏概全的做出统一的表述。不少学者已经指出，中国古代传统对于性别的认知，并未像西方／现代一般，清楚的划分出生理／社会的属性。严格意义上的生理性别，在中国原始的“阴／阳”象征系统中并不存在，取而代之的是一系列的社会关系和秩序，所谓的男人或者女人，必须放置在这套体系才有实质的意义。

从最基本的文字语义检视，譬如“男”字，在许慎《说文解字》中是“丈夫也。从田从力，言男用力于田也”，[9] 划出的范围是行为行动上的劳作体力，后代《说文解字》的注释家虽然进一步扩充“男”的定义，但都没有强调生物性的环节，根据学者黄卫总（Martin Huang）的看法，反而是从最先标志力量的“武士”，滑移到注重功名事业成就的“文士”特质。[10] 让我们再来看看“妇”字，《说文解字》表明：“服也。从女持帚洒扫也”，[11] 也是从权力的从属（服从）以及特定的行动规范进行解释。所谓的男人和女人，是依循他们各自在社会／家庭空间里主导或者扮演的角色：内／外、子／女、夫／妇、父／母，然后再按照这个

[9] 许慎《说文解字》（北京：中华书局，1963年），页291。

[10] Martin W. Huang, *Negotiating Masculinities in Late Imperial China* (Honolulu: University of Hawai'i Press, 2006), pp. 13–14.

[11] 许慎《说文解字》，页259。

秩序展开划分和排位。原始的阴阳学说中，阴和阳两者的关系，是互补而非对立，是相对而非绝对的，虽然阳通常与男人挂钩，阴则与女人划上等号，但阴和阳都没有一个固定和特定的意义。就算在传统医药典籍中，对于个别身体的理解，也是遵照这种阴阳流动的模式，每个人的性别身份，是从个别不同的阴性和阳性混杂的程度断定。

回到之前在本章开始时提到的卫介这个人物身上，我们看到了中国魏晋时期，一个理想的男性特质，也具备了“阴柔”的一面，正好说明了这种阴阳流动的特性。像卫介这样一个柔性的理想男性特质，也许还跟他所处的中国古代阶级权力关系有关。面对一个更高的社会阶级，立足于这个权力网络中，男人大都会被赋予一种女性的特质。在许多中国古典文学文本如诗歌和小说，当中隐含的叙事或者象征再现系统，这样一种看似揉杂了男女双性特质的描绘属于常态，同时也带出了有点“雌雄同体”（androgynous）意味的书写策略，形成了一个特殊的性别修辞和演绎。

譬如说古代诗歌中大量的“思妇”类型和母题，那个遭到爱人／丈夫遗弃或者忽略的“思妇”，很可能只是一种比兴的材料或者象征符号，是受谗被逐或者郁郁不得志的贤臣／诗人，用来明志宣忠的一个文字替身。就像梁代王僧儒的一首古诗《何生姬人有怨诗》所叙的一般：“逐臣与弃妾，零落心可知”，一个在官途失意的男人，无论是在地位、心境、待遇各方面，跟一个遭到遗弃的女人没有两样。

中国古代君臣和男女的分界，拥有对等互换的象征性，性别的差异混杂了权力阶级的微妙关系，身份只有借助对立的辩证，才能够于人伦和权力从属的关系里，确立自己的面目。从原始阴／阳观念中的协调、互补和变化的认知，到了汉代兴起的阴阳学说，男／女的性别和阳／阴的划一，成为了其他身份范畴（君臣、父子）的转喻。这套性别的象征意识盛行后，于是成为了中国古代的主流论述，对后世的性别再现留下了深远的影响。

“坤”在《易经》中代表纯粹的“阴”，成书于汉代的《周易・坤卦・序》指称为“地道也，妻道也，臣道也”，[12] 就可以概括说明这种对等互换的意识。不过，值得注意到还有另一点，男女的性别定位以及各自的从属关系，甚至被当成是一个“自然”／“天然”的过程，就像《周易・卦序》叙述的那般：

> 有天地然后有万物，有万物然后有男女，有男女然后有夫妇，有夫妇然后有父子，有父子然后有君臣，有君臣然后有上下，有上下然后礼仪有所错。[13]

男女的社会性别属性，是延续着“天地万物”的生成而来，必须遵守从上而下的权力分布，然后才能建立礼仪和秩序。由此看来，虽然中国古代没有严格区分和对待生理性别的差异，不过一旦落实到“男人”和“女人”的社会角色，依附的是一套极其僵化而且等级分明的制度。就像儒家经典《礼记・内则》所描述的一样：“男不言内，女不言外。非祭非丧，不相授器。……外内不共井，不共湢浴，不通寝席，不通乞假，男女不通衣裳。内言不出，外言不入。男子入内，不啸不指，夜行以烛，无烛则止。

---

[12] 周振甫《周易译注》（北京：中华书局，1991年），页16。

[13] 同上，页294。

女子出门，必拥蔽其面，夜行以烛，无烛则止。道路，男子由右，女子由左”，[14] 必须遵从严厉的行为和道德规范。

从这套僵化的性别差异形成的规范制约，中国古代对“性”的表述也必须从这个角度审视。虽然正统儒家论述并未直言“性”，而且通常使用“色”、“欲”等概括的描述来包含“性”的意涵，不过正如一切外在欲望的形式，“性”也必须受到家庭伦理和文化礼仪的制约和调控。在讲究孝道的儒家伦理思维中，“性”必须以婚姻和传宗接代作为前提，而且比照的是一个更大的君臣、国家象征体系。没有节制或者不在家庭和传宗接代（孝）范畴内发生的性关系，很可能会破坏国家社会秩序的稳定，直如《礼记・乐记》所说的一般：“灭天理而穷人欲者也。于是有悖逆诈伪之心，有淫佚作乱之事”，[15] 产生严重的后果和牵连。在这套中国古代儒家正统的认知逻辑里，天理和人欲经常产生摩擦，到了宋代理学盛行之际，还出现了著名的“天理人欲之辩”，一方主张保守和极端的“灭人欲”的，另一方则是本持较为中和的“天理即在人欲中”见解。

回到男女性别的从属和象征关系，女人（妻子）的贞节，比照臣子对君主的完全无私奉献，也是对男人（丈夫）宣誓的一种效忠行为。在不同的朝代正史和地方记录中，“贞女”的形象和事迹都受到高度表扬，甚至还有设立贞节牌坊的举措。从政治统治的角度来看，这当然也算是一种意识形态宣导的手段，从心理潜意识的层面，却无疑说明了中国古代社会或者男性，对于女性

---

[14] 王文锦《礼记释解》（北京：中华书局，2001年），页369。

[15] 同上，页529。

情欲所具有的焦虑，以及因此产生的操控意志和手段。不过，这些现在看来极其保守和封闭的性／别意识，充其量只能说是儒家正统话语（discourse）的立场，就有如宋明时代挑战“天理／人欲”的学说，中国古代存有大量其他思维体系、文化现象、以及文学文本的例子，不断在质疑或者修正这一套中心的论述，形成的是一个复杂多元的性／别话语构成。

关于性／别的一种操演

“女扮男装”是中国传统戏曲和通俗小说常见的一个情节公式，在一些家喻户晓的作品，如有关花木兰和梁祝等的各种文字和影像文本，我们看到的是一个性别身份轻易转换以及混淆的剧目，性／别严格的规范和界线在这些文本中，多少遭到某一种程度上的破坏。晚唐张读撰写的《宣室志》里记载了一段有关梁山伯与祝英台的故事，算得上是这个民间故事，最早流传的文本例子之一：

> 英台，上虞祝氏女，伪为男装游学，与会稽梁山伯者同肄业。山伯，字处仁。祝先归。二年，山伯访之，方知其为女子，怅然如有所失。告其父母求聘，而祝已字马氏子矣。山伯后为鄞令，病死，葬贸阝城西。祝适马氏，舟过墓所，风涛不能进。问知山伯墓，祝登号恸，地忽自裂陷，祝氏遂并埋焉。晋丞相谢安奏表其墓曰“义妇冢”。[16]

[16] 张读《宣室志》，见翟灏《通俗编（第三十七卷）》“梁山伯访友”条。

祝英台这个“女人”装扮成“男人”游学，结识了梁山伯这个“男人”。起初，梁山伯以为祝英台是一个“男人”，后来才知晓祝英台原来是一个“女人”，并且决定聘娶祝英台，但是一切却太迟了，因为祝英台已经许聘给他人。梁山伯病死之后，祝英台在坟前痛哭，后来墓裂地陷，祝英台得以跟梁山伯同葬。按照这段梁祝的传奇，以及其他诸多关于“女扮男装”的叙事，我们多少可以领会中国古代对于性别本位的认知。虽然祝英台最初破坏了性别的规范，但由于最后的刚烈和殉情表现，先前的逾越规范的行为获得谅解，两人合葬的地方甚至还被称为“义妇冢”。

不过，这段故事却也可以说明当代性／别论述，认为性别只是一种具有“操演性”（performativity）的装扮。除了是人为的社会文化建构，一种经过教育和学习之后被赋予的特定性别身分，美国性／别学者 Judith Butler 指出，性别本来就是一场没有核心本质的操演（performance），我们穿戴披挂性别的符号，可以演出合乎规矩或者超越界限的戏码。[17] 如果性别只是一场表演，而非牢不可破的枷锁，附带的规范和约束也就能轻易超越和打破，就像祝英台“伪为男装游学”一般。但是，这个梁祝文本有趣的地方，可能还不止限于性别越界的部分。因为易装后产生的性别错觉，梁山伯和祝英台最初的关系，是不是可能暗藏了一种“同性情欲关系”？运用“酷儿理论”的性／别理论学者，常使用一种“歪批”（queering）的诠释方式，希望能通过质疑和颠覆性的阅读方式，挖掘出文本的“正常”性意识，里头可能具有的“非正常”倾向。

---

[17] Judith Butler, *Gender Trouble: Feminism and the Subversion of Identity* (New York: Routledge, 1990), pp. 24–25.

《宣室志》以后关于梁祝叙事，虽然加强了诸多细节，但大多数已不见梁山伯得知祝英台为女身后，露出的那种“怅然如有所失”的情绪。为什么梁山伯会感到“怅然如有所失”，是不是他喜欢上的是那个女扮男装的祝英台？为什么后来的版本没有这段情节描写，是不是因为重写者有意删裁了这个段落，限制读者只能依循异性情欲的眼光来看待两人的关系？我们是不是可以如此“歪批”这段梁祝故事：梁山伯的“怅然如有所失”是一种失望，暗示了一种在性别错认和颠倒之际，所产生的同性情欲／情愫？[18] 当然，我们无法断然认定传说中的梁山伯或者《宣室志》的作者，必定就隐含了这种同性暧昧的指涉，不过，这未尝不是从性／别理论着眼，让我们可以“看”到另一层诠释的阅读和批评乐趣。

[18] 香港导演徐克在1994年拍摄的电影《梁祝》，就暗示了梁山伯与祝英台在同窗时期，之间可能发生的同性暧昧关系。

第十五章 种族
RACE

充满争议的"种族"概念

我们讨论的所有与文学、文化有关的概念之中，"种族"（race）是一个很有问题，而又充满争议、甚至备受抨击的概念。虽然目前学术界已经相当普遍地认为"种族"作为分类的提法因为带有强烈的歧视性而必须扬弃，可是，在当前全球资讯流通和文化交流频繁的语境里，无论是在文学作品、文化生产，或是国家制定与执行的各种政策，我们都可以发现"种族"的概念和论述在很多地方仍然出现。因此，我们还是要以整章的篇幅，详细讨论"种族"概念及其背后的政治意涵。另外，所有文中出现"种族"一词，以及与此有关的概念时，都一致加上引号，以标示这些表达方式的问题意识。

大约在16世纪出现在英语的 race 一词，根据 Raymond Williams 的阐述，早期的用法包括四个含义：第一，指同一血缘的后代；第二，指属于某个（生物学意义的）“物种”（species）的植物或动物；第三，一般的分类方式，如指称“人类”（human race）；第四，某个群体的人，而这个含义是延伸自第一与第二个含义。Williams 指出，最有问题的用法，是在第四个含义，尤其是根据血缘，而又混入了生物学的分类法，把人类划分为不同的“种族”。[1]这种分类的方式，自从17世纪末以来，很大程度上受到生物学的影响，如瑞典生物学家 Carl Linaeus 在其1735年出版的生物学著作《自然的系统》（*Systema Naturae*）中，以肤色为标识，将人类由高等到低等分为的四类：白色的欧洲人、红色的美洲人、黄色的亚洲人、黑色的非洲人。[2] 这种把人类划分为不同“种族”，并将“种族”的性格、能力与其外貌和肤色挂钩，认定这些特征是互不重叠、与生俱有的，是该“种族”的本质（essence）。这种认知方式影响深远，无论是在学术领域或一般社会层面，形成对于“种族”的刻板印象。

19世纪中以后，从生物学家 Charles Darwin 的生物进化论演变而来的“社会达尔文主义”（Social Darwinism），将原本用在生物界的物种之间的“物竞天择，适者生存”的理论，延用到人类的社会与政治冲突之上，认为某个“种族”在先天上比其他“种族”更为优秀，因此，前者更适合作为统治者，而后者则应该被统治。这种理论，成为某个“种族”（例如“白人”）对于其他“种族”（例如其他肤色的人）进行歧视、压迫和剥削的基础，结合当时

1 Raymond Williams, *Keywords: A Vocabulary of Culture and Society* (London: Fontana, 1988), pp. 248–249.

2 Stephen Spencer, *Race and Ethnicity: Culture, Identity and Representation* (London and New York: Routledge, 2006), p. 36.

欧洲与美国正在如火如荼进行的帝国主义与殖民主义行为，使侵略与统治合理化。20世纪中以来，无论是在生物学或社会学的学术领域中，“种族”作为一种分类方式，普遍被认为是一种“伪科学”，是无法以实证作为依据的。就如 Henry Louis Gates, Jr. 所指出的，“种族”在生物分类的意义上，是一种“虚构”；从社会与文化的角度来说，“种族已经成为一种修辞方式，用来描述不同文化、语种、信仰系统之间所存在的终极的、无法更易的差异性，而这往往也意味着（这些群体之间存在的）根本性的经济利益的对立。”[3]

文学作品中对于“种族”的书写，却也深受“社会达尔文主义”观念的影响。英国儿童文学作家 E. Nesbit 出版于1904年的一部小说《新寻宝者》（*New Treasure Seekers*），写几个英国小孩的探险寻宝经历。他们遇到一个英国海员，后者向他们描述印象中的中国人：

> “呵，是啊，”脸色红红而又带着怒气的海员说：“一个钟头前，我看到一个中国人。他乘坐一条没有篷盖的船过河。看到他们，你最好跑快一点。”他笑笑，又吐了一口痰。我觉得他是一个令人讨厌的家伙。“中国人会把小狗做成馅饼，如果让他们看到你们三个小伙子，他们会做成馅饼，而且要好大一张馅饼皮才包得住。还不快跑！”

[3] Henry Louis Gates, Jr., “Writing ‘Race’ and the Difference It Makes,” in Gates, ed., *“Race,” Writing and Difference* (Chicago and London: University of Chicago Press, 1985), pp. 4–5.

> 我们走了。当然，我们知道中国人不是吃人蛮族，我们不会被那个流氓吓倒。但是，我们也知道，中国人真的吃狗肉，还有老鼠、鸟窝，还有其他恶心的东西。[4]

从叙述策略的角度来说，作者首先通过海员的声音，把中国人描述为吃狗肉、甚至吃小孩的野蛮“种族”，而且，在语气和用语等表述方式上，明显带有夸大与恐吓他的说话对象（小孩）的成分。接着，作者转而通过小孩的声音，表达一种看来比较友善与平等的态度——“我们知道中国人不是吃人蛮族”——还进一步把海员批评为“流氓”，否定了海员叙述内容的可信度，也使得小孩的看法更能够被读者接受为“真实可信”。可是，从小孩接下来的叙述中，读者马上看到叙述者把中国人看成是“非我族类”：“他们”吃的东西，是“我们”不会吃，甚至觉得“恶心”的。如此一来，虽然海员被小孩所鄙视，他们对中国人的看法其实颇为一致，只是程度上有所分别。海员的流氓性格，造成他对于中国人的叙述有所夸大，不过，中国人吃东西的习惯让别人觉得“恶心”，却是不可动摇、无法改变的“本质”。在这个以孩童为读者对象的小说中，通过文中小孩的声音所传达的“种族”认同方式是：同属一个“种族”的海员和小孩，被再现为相对于中国人的一个比较文明、进化程度比较高的“种族”。

作为一种社会分类（social classification）的“种族”，将人分为不同的类别，并由此建构出与“我们”在本质上有所差异的“种族化的他者”（racial other），也同时强化属于同一个“种族”的

4 E. Nesbit, *New Treasure Seekers* (London: T. Fisher Unwin, 1904), p. 93.

人之间的自我认同（self identity）。就如《新寻宝者》中，把海员和小孩所属的“种族”与中国人这个“种族”对立起来，通过白人人物的观点进行叙述，把中国人想象为与“我们”不同的“他者”，是非人的、野蛮的、不文明的。这个通过书写进行建构的过程中所展示的是，理所当然地“我们”是正常的、合理的，而不同于“我们”的“他者”则是怪异的、不合理的，因此，也就或隐含或显露地展示“我们”对于“他者”的一种歧视、压迫和边缘化的态度。

中文文本中的“种族”再现

从人的皮肤和头发的颜色、五官轮廓等外貌特征来划分他我差异的态度，并不是专属于16世纪以来的西方文化和文学，而是在任何时代、任何文化都可能存在的。中国清代初期小说《聊斋志异》中的一则短文《黑鬼》，就是一个例子：

> 胶州李总镇，买二黑鬼，其黑如漆。足革粗厚，立刃为途，往来其上，毫无所损。总镇配以娼，生子而白。僚仆戏之，谓非其种。黑鬼亦疑，因杀其子，检骨尽黑，始悔焉。公每令两鬼对舞，神情亦可观也。[5]

文中记述两个肤色“黑如漆”的人，以“黑鬼”名之，即如作者蒲松龄在其他篇章中以“鬼”称谓那些非人的人物。“黑鬼”与女娼结合，生下的儿子看起来肤色与“人”无异，骨骼却是黑色

[5] 蒲松龄《聊斋志异》（台北：文源书局，1974年），页736。

的，暗示了“黑鬼”的儿子虽然外表像“人”，本质上仍然是不可改变的“黑鬼”。另一方面，“黑鬼”作为货物贩售，或“立刃为途”、“两鬼对舞”的表演与被观看的过程中，都显示他们是属于比“人”低一等的社会阶级，被商品化、奇异化、边缘化，也再现了两个“种族”的对立与界线分明。

中原的汉族文化，对于其他种族，很大程度上普遍有着强烈的歧视态度，对于非汉族的群体，往往采用带有非人化、兽化或昆虫化的称谓，如：蛮、狄、羌、戎、羯、闽、犹等。晚清以来的现代时期的中国，尤其是在某些国际化的城市如上海与香港，有更多不同的、新入境的“种族”，而涉及“种族”的文本，往往也展现不同程度的“他者化”的想象与书写。不过，由于这个时期的中国在欧美各国和日本的军事、政治、经济、文化的强权压迫之下，各个文本中所再现的“种族”关系，比起中原文化独霸时期，有着更为复杂与微妙的地方，不是在本章范围内可以探讨的。

在此，我们只是以张爱玲完成于1943年的小说《倾城之恋》中的一段，讨论中国人对与其有着类似（但在性质与过程上又有所不同的）被殖民经验的印度人的观察与态度。《倾城之恋》中写白流苏刚从上海抵达香港不久，在“老英国式”的香港饭店，与范柳原将要离开时，遇到一个“印度女人”：

> 迎面遇见一群洋绅士，众星捧月一般簇拥着一个女人。流苏先就注意到那人的漆黑的长发，结成双股大辫，高高盘在头上。那印度女人，这一次虽然是西式装束，依旧带着浓厚的东方色彩。玄色轻纱氅底下，她穿着金鱼黄紧身长衣，盖住了手，只露出晶亮的指甲。领口挖成极狭的V形，直开到腰际，那

> 是巴黎最新的款式，有个名式，唤做“一线天”。她的脸色黄而油润，像飞了金的观音菩萨，然而她的影沉沉的大眼睛里躲着妖魔。古典型的直鼻子，只是太尖，太薄一点。粉红色的厚重的小嘴唇，仿佛肿着似的。……柳原便介绍道：“这是白小姐。这是萨黑荑妮公主。”流苏不觉肃然起敬。萨黑荑妮伸出一只手来，用指尖碰了一碰流苏的手，问柳原道：“这位白小姐，也是上海来的？”……[6]

白流苏眼中的萨黑荑妮，是一个复杂的形象。一方面，萨黑荑妮的结辫高盘的黑发、油黄脸色、大眼、尖鼻、厚唇等明显具有“种族”特征的外貌，不仅在白流苏的印象中占据颇大分量的位置，读者也可以从“影沉沉的大眼睛里躲着妖魔”、鼻子“太尖，太薄一点”、小嘴唇“仿佛肿着似的”等描述中，看得出这种印象带有奇异的眼光：以“我”为本位，以“我”认为“正常”的审美标准，诉求于一个和“我”不同“种族”的人。另一方面，萨黑荑妮所穿着的却不是白流苏可能想象中的印度族传统服装，而是“巴黎最新的款式”的“西式装束”，使白流苏在对她的外貌带有排斥态度的同时，又掺杂了某种仰慕的复杂心理。[7] 印度女人萨黑荑妮穿上象征白人的巴黎款式服装，使她在白流苏心目中位置的高低形成浮动的状态：既因为她的“种族”外貌受到鄙视，又因为她的欧洲时尚服装而受到仰望。不过，读者也可以清楚地看

6 张爱玲《倾城之恋》，载《张爱玲小说集》（台北：皇冠出版社，1969年），页224–225。

7 至于萨黑荑妮的公主身份，又使得这个人物在流苏印象中增加更为复杂的因素，不过，这个层面牵涉阶级的概念，在此不深入讨论。

到，即使萨黑荑妮穿上西装，在白流苏的眼里，“依旧带着浓厚的东方色彩”，其“种族”生理特征所形成的根深蒂固的印象，毕竟无法被外加的白人文化符码所掩盖。

有意思的是，17世纪末的《黑鬼》与20世纪中的《倾城之恋》中，在塑造汉族与非汉族这两个对立的“种族”时，都以“白”与“黑”这两种强烈反差的颜色分别描述。《黑鬼》中的“黑鬼”的皮肤是“黑”的，与女娼生下的孩子外表是“白”的，写法看起来像是对于人的肤色的直接陈述。《倾城之恋》则是采取隐喻的方式，把“白”与“黑”嵌入两个人物的名字之中：“白”流苏与萨“黑”荑妮，借用名字中的颜色间接指涉两人的肤色外表。可是，一般被指为“白”或“黑”的人，从科学定义的角度来说，都不是“白色”或“黑色”的。颜色在这些语境中的运用，可以说都是隐喻的手法，也都可以从文化政治的角度来进行解读，也都必须考虑这些颜色在汉族文化中的象征意义。从这个角度来说，文学文本中的“种族化”书写与“种族”概念的流传，就如生物学与社会学意义上的“种族”，是一种文化建构，是一种载负意识形态的话语。

作为意识形态的“种族”

“种族”作为一种区分自我和他者，并形成对他者进行压迫的意识形态，很多时候是通过文学作品和文化产品中以一种“自然而然”的再现方式出现。相对于与“我”同属的族类，“种族化的他者”的建构，一方面是从生理特征差异的基础作为出发点，另一方面，也是语言、文化、历史等等有形或无形的疆界之区分所形成的；尤其是在不同的族群和文化有所交集的语境之中，更可能会形成冲突的势态，也就意味着一种不对等的权力关系的存在。Edward W. Said 在他讨论西方文化对于亚洲文化（主要是西亚地区）的想象时，就提出这种想象是在西方国家对于亚洲国家进行殖民行为的历史语境中产生。Said 在其出版于1978年的具有深远影响的著作《东方主义》（*Orientalism*）中说：

> 欧洲文化中东方主义的种种再现，累积成一种可以称之为推论式的一致性，一种不但有历史、还有物质（与制度）表现，足以展现其样态。……我要阐述有关这个体系的重点，不是说这个体系是某种东方本质的扭曲呈现——这种说法我一点也不相信——而是说这个体系的运作，就和一般再现的情况类似：有其目的、依循某种趋势，而且是在一个特定的历史、智识，甚至经济场景中运作。换句话说，再现都是有目的的，而且往往十分有效，可以顺利完成一项或多项任务。[8]

Said 所说的有目的的再现，是从再现创造者的角度出发，也是服务于再现创造者所属的群体，为这些群体的某种政治、经济、文化等目的而有的回应。“东方”作为一个他者，是欧洲和美国的文化生产对于其他“种族”和文化的再现，在过去几个世纪，很多时候就是在这样的体系中产生，并通过跨国、跨族群的逆向流传，在被再现的群体中，或形塑这些群体的自我认知方式，或被他们挪用，成为对于其他群体进行压迫的意识形态。

[8] Edward W. Said, *Orientalism* (London: Penguin Books, 1995), p. 273；爱德华・萨伊德著，王志弘等译《东方主义》（台北：立绪文化事业有限公司，1999年），页397。

《倾城之恋》中的白流苏对萨黑荑妮的注视，某个程度上，是用“白人”的眼光来看印度人。当白流苏看到萨黑荑妮穿着“西式装束”时，她眼中的萨黑荑妮却是“依旧带着浓厚的东方色彩”。在欧美的“东方主义”话语之中，作为中国人的白流苏和作为印度人的萨黑荑妮，都是“白人”他者化的对象；无论是中国或印度，都是“白人”想象的客体，也都是“东方”的再现。可是，在白流苏的印象之中，萨黑荑妮却被白流苏认为带有“东方色彩”而进行他者化，而这种他者化的方式，倒是与“白人”所使用的无异。白流苏以“白人”的“种族”话语来框限萨黑荑妮，显示前者占据了一个更为优越的“种族”位置，也通过把后者设定为“种族化的他者”的策略，确定了自我的主体性。

流行文化的场域中，也有一些类似的例子，借用“白人”的“种族”话语建构自我的认同。1978年，美国宣布终止与在台湾的中华民国的外交关系，与中华人民共和国建交，台湾校园歌手侯德建创作了《龙的传人》，其中一段歌词是：

> 古老的东方有一条龙，它的名字就叫中国。
> 古老的东方有一群人，他们全都是龙的传人。
> 巨龙脚底下我成长，长成以后是龙的传人。
> 黑眼睛黑头发黄皮肤，永永远远是龙的传人。

《龙的传人》中所再现的民族意识，涉及复杂的中国现代史上国民党与共产党之间的主权战争，以及1949年以来中国大陆与台湾的两个分别声称代表中国的政权之间的矛盾。《龙的传人》的创作，再现了在台湾的政权的中国代表权利受到质疑与压迫之下，尝试重新建设在台湾的中国民族意识的努力。不过，歌词中所再现的中国人的形象是“黑眼睛黑头发黄皮肤”，却正是“白人”的“种族”话语中对于中国人作为一个“种族”的再现方式，这时，被侯德建挪用来进行自我的建构。[9] 有意思的是，1989年5月为声援北京天安门学生运动而在香港举行的“民主歌声献中华”活动上，侯德建表示他要“纠正自己的一个错误”，因为他在中国大陆的经历中“看到许多龙的传人，他们并不是黑眼睛黑头发黄皮肤”，因此将这句歌词改为“不管你自己愿不愿意”。这样的改动，一方面显示了作者因实际接触而改变了他之前对于“种族”的简单化刻板印象，而试图摆脱“种族”话语的框限；另一方面，改动之后的歌词，虽然去掉了以某种外貌特征作为“种族”标记，却更强化了“种族”作为一种本质，是代代相传不会改变，更是个人意志无论如何都无法更动的。

1970年代末以来，《龙的传人》先是在台湾和海外华人的社群里广为流传，后来在中国大陆也普遍传唱。“龙的传人”在很大的程度上成为“中国人”的代名词，而歌词中的“中国人”作为一个单一群体的意识形态也由此传播，歌词产生的特定历史语境所暗示的“两个中国”的局面，反而在后来的接受与流传之中丧失了原先的意义。《龙的传人》将“中国人”再现为单一的“黑眼睛黑头发黄皮肤”的具有本质化特征的“种族”或“民族”而建构起来的认同意识，其代价是抹除了“中国”这一个概念的多元性与复杂性。台湾歌唱组合 S.H.E 在2007年演唱的饶舌歌《中国话》，其中两句歌词“各种颜色的皮肤各种颜色的头发，嘴里念

---

[9] “种族”和“民族”是两个不同的概念，不过，二者之间有着错综复杂的关系（尤其是在中国和中文的语境里），在此暂且不做深入的讨论。

的说的开始流行中国话”，同样以外貌特征作为自我和他者的分辨标识，而“中国话”这样的笼统概念的提出，也显示了在“种族”话语中以语言作为划分界线的功能。《龙的传人》与《中国话》在挪用“种族”意识形态而所产生的效果的分别在于：前者试图建构“中国”作为被压迫者的形象，而后者则发挥了“中国”作为文化霸权的潜能。

“多元社会”中的“种族”互动

“种族”话语的形成，就如上述各个例子所显示的，往往意味着两个“种族”群体之间存在着某种不对等的权力关系。采取“种族”话语的群体，无论是如《中国话》中的压迫者或《龙的传人》中的被压迫者，不可避免地对于被他者化的另一个群体，都会产生一种压迫的行为。这种不对等关系结构存在的原因之一是，在这个承载“种族”话语的文本之中，压迫的承受者并非是这个文本的隐含读者，也往往没有发出声音的权利和机会。当 Henry Louis Gates, Jr. 在讨论英语系非洲裔作者时，他记录非洲裔移民的英文能力被“白人”认可的艰辛过程，以及非洲裔作者掌握英文书写能力后通过书写建构有别于“白人”的文学典律（literary canon）。Gates 指出：“文本创造作者；人们期望的是，黑人作者会创造或再创造欧洲话语中的种族形象。种族的‘面貌’的可见度，还得要依靠黑人‘声音’的纪录。”[10] “白人”通过他们的语言建构的“种族”话语之中，非洲裔移民在过去因为对于该种语言缺乏掌握和表达能力，而无法发出声音。当少数“种族”成

[10] Henry Louis Gates, Jr., “Writing ‘Race’ and the Difference It Makes,” pp. 11–15.

员有了语言的能力之后，他们也就可以在原先被"白人"垄断的话语中，通过少数"种族"典律的建构，而对于"白人"的"种族"话语进行颠覆。

不过，这种挑战"种族"话语霸权的情况，在某些所谓的"多元社会"（plural society）中，并不一定能够实现。J.S. Furnivall 在20世纪上半叶对东南亚的殖民地缅甸和印尼进行的个案研究中，观察到欧洲和美国的殖民地政府，往往将当地的各个"种族"群体分而治之以进行有效的管理方式。Furnivall 将这些多个"种族"群体"杂处但不融合"（mix but do not combine）的社会称为"多元社会"：在这里，"个别的人之间有接触，不过，只限于在市场里买卖东西"；不同的群体虽然同时存在于同一个社会之中，却是分别生活在这个社会中的不同空间里。[11] Kenan Malik 在引述这个例子时，批评这个"多元"的概念"就像种族理论一样，多元理论为社会的不平等提供一个借口，将 [不平等的情况] 塑造成无可避免的结果，不是一种自然的变种，而是文化差异所造成的。"[12] 英国统治之下的殖民地时期的新加坡和马来亚，有着类似的社会结构，各个"种族"虽然处在同一个政治实体之中，其文化、语言、宗教、教育、经济等社会实践活动，都被框限在个别"种族"所形成的社群空间之中，社群之间几乎没有深刻意义的交集。有别于欧洲国家或美国的单一语言，这些殖民地社会的多元语言分别存在与运作，也使得个别语言的社群及其中产生的文本，缺乏一个共同角力与协商的共同空间。某一个"种族"所产生的文本中如果有其

[11] J.S. Furnivall, *Colonial Policy and Practice: A Comparative Study of Burma and Netherlands India* (New York: New York University Press, 1956), pp. 304–305.

[12] Kenan Malik, "Race, Pluralism and the Meaning of Difference," in *New Formations*, no. 33 (Spring 1998), pp. 125–141.

他“种族”的再现，也是在前者所属的社群之中被其成员阅读与消费；而在多数“种族”的话语之中缺席的少数“种族”成员，也就无法对前者的霸权进行任何抗议或颠覆。

新加坡小说家苗秀写于1953年的短篇小说《太阳上升之前》，叙述的是第二次世界大战期间日本占领马来亚（1942年至1945年），一个马来亚小镇的妓女黑凤为了逃避为日本军人服务而逃往新加坡的故事。[13] 小说一开始，场景设定在小镇的某个早晨，黑凤在火车站准备赶搭火车。上车前，黑凤遇到两个男子，在语言和行动上企图占她的便宜。这两个男子，分别是马来人和印度人。这段文字的叙述，再现了这个马来亚小镇的多元“种族”社会面貌，同时暗示黑凤作为妓女的职业。值得注意的是，想要占黑凤便宜的人物之中，没有一个是华人。华人在这段文字中的缺席，以及马来人和印度人占黑凤便宜的情况的详细描述，明显地将后二者塑造成黑凤的压迫者，也暗示了华人并不是压迫群体的成员之一。独立建国前的新加坡和马来亚社会，虽然各个“种族”群体在公共空间的互动可以通过共同的口语（如简化的马来语或闽南语），可是，以华文书写的小说的读者几乎完全局限在华人之中。就如《太阳上升之前》的这段文字，再现的是一个“种族”杂处的“多元社会”，少数“种族”成员对于他们在文本中的被书写，没有知悉的管道，也没有协商的机会。如此一来，掌握书写权力的多数“种族”借由文本进行的对于少数“种族”的剥削，继续在群体内部流通和循环，也继续强化其群体内部的成员对于少数“种族”的刻板印象与偏见。

---

[13] 苗秀《太阳上升之前》，载《苗秀小说选》（新加坡：新加坡文艺协会，1999年），页1–7。

1965年独立以后的新加坡，政府有意识地推行以英文为各个“种族”的共同语。随着英文的推广，新加坡社会逐渐形成一个各个“种族”共有的公共空间。不过，这个以英文为媒介的公共空间，并不是涵盖整个新加坡社会；各个“种族”分别的社群之中，某个程度上仍然以个别的语文——如华文、马来文和淡米尔文（印度人的众多语文之一）——进行相关的文化传统的实践，而这种运作也是框限在个别的“种族”群体之中。另一方面，某些作者的双语能力使他们得以将接触与思考扩大到自己所属的“种族”群体以外，他们的作品之中所再现的“种族”面貌与关系，并不是把与自己不同的“种族”塑造成他者，而是尝试创造一种“种族”之间的联系。1980年代以后，同时以华文与英文为书写媒介的剧作家郭宝崑，是一个具体的例子。

郭宝崑创作于1986年的剧作《㗝呸店》中，[14] 叙述两代新加坡华人——第一代华人移民“祖父”与他的孙子家才——对待祖业㗝呸店和土地的不同态度：后者想要卖掉㗝呸店，移民到加拿大发展，而前者则坚持留住祖业，也留在生活大半辈子的土地上。[15] 剧中第10场叙述祖父回忆早年向一个印度人购买店铺的情况。祖父原本要以三百元向印度人 Samy 把店铺买过来，当他知道 Samy 卖掉店铺是为了回返印度老家结婚买地养父母时，他慷慨地同意把价钱增加到三百五十元。在他们交涉价钱的过程中，Samy 一再提到回返老家侍奉父母的想法，也引发祖父想起在中国老家的父母，

[14] 郭宝崑《㗝呸店》，首演于1986年，剧本收录于柯思仁、潘正镭主编《郭宝崑全集・第二卷・华文戏剧（2）・1980年代》（新加坡：实践表演艺术学院、八方文化创作室，2005年），页105–133。

[15] “㗝呸店”是新加坡常见的传统上由华人经营的售卖咖啡等饮料和餐食的小店，“㗝呸”是英语 coffee（咖啡）的闽南语音译。

由此生起对 Samy 的同情与体谅。这段情节穿插在祖父与家才的几场激烈争论之中，暗示了祖孙二人虽然有血缘关系，祖父的情感却是与不同“种族”的 Samy 比较有共同之处。由此，《嗹呸店》颠覆了传统上以“种族”作为自我和他者进行划分的方式，并通过情感和观念作为媒介，建构了两个不同“种族”的联系。

“种族”的概念与再现，在中文文本中向来未曾占据非常重要的位置，这并不表示“种族”不是一个需要了解与省思的议题。尤其是在多元族群共同生活的社会空间如新加坡和马来西亚，或者当前跨国、跨族群交流与接触频繁的全球化语境中的任何社会，不同的人之间的差异，往往是建构与辨识自我身份／认同的重要方式之一；人们也通过对于各种“我”与其他人之间的差异的认知，确认自我的价值与意义。无论是作为文本生产者的作者，或是文本接受者的读者，具有对于“种族”概念的意识，更可能在这种人与人之间的差异之中，思考一个社会里不同族群之间的权力结构，以及自己在这个社会中的位置。

中文人名索引

中文作品索引

中文名词索引

K

L

M

N

P

Q

R

S

Y

英文人名索引

英文名词翻译

acceleration 加速
actions 行动
actual reader 真实读者
affective fallacy 感应谬误
allegory 寓言
alterity 他者
anachrony 时序错置
analepsis 倒叙
androgynous 雌雄同体
angle of vision 视角
author 作者
author-function 作者功能

characters 人物
Chineseness 中国性
  de-Chineseness 去中国性
class 阶级
  upper class 上层阶级
  middle class 中产阶级
  lower class 下层阶级
  privileged class 特权阶级
  working class 工人阶级
cliché 陈词滥调
code 符码
communal action 共同行动
constructivist 建构论
context 语境

Death of the Author, The 作者的死亡
deceleration 减速
desire 欲望
dialogism 对话性
discours 话语
discourse 话语
duration 时距
ellipsis 省略
essentialised 本质化
essentialist 本质主义
existents 存在的事物

fabula 素材
false consciousness 虚假的意识
feminine 女性化
Feminist criticism 女性主义批评理论
feminist literary theory 女性主义文学理论
figurative language 修辞性语言
flashback 倒叙
flashforward 跳叙
focalization 聚焦
  zero focalization 零聚焦
  external focalization 外聚焦
  internal focalization 内聚焦
focus of narration 叙述视角
frequency 频率

gaps/blanks 空隙
gender 社会性别
gendered 性别比拟

hegemony 霸权
Hermeneutics 诠释学
heterosexual 异性恋
histoire 故事
homosexuality 同性恋

idélogie 意识形态
identity 身份/认同
  self identity 自我认同
identity crisis 身份/认同危机
identity theme 身份题旨
ideology 意识形态
implied reader 隐含读者
in medias res 从事物的中间开始
interpellation 询唤
interpretive community 诠释社群
intertextuality 互文性
irony 反讽
  Socratic irony 苏格拉底式的反讽
  romantic irony 浪漫主义反讽观
  verbal irony 语言的反讽
  situational irony 情境的反讽
  structural irony 结构性反讽
  dramatic irony 戏剧性反讽
  tragic irony 悲剧性反讽
  cosmic irony 命运的反讽

langue 语言系统
lisible text 可读的文本
literal language 按照字面传达意义的语言
literary canon 文学典律

Marxism 马克思主义
masculinity 男性特质
metafiction 后设小说/元小说
metaphor 隐喻
  dead metaphor 死的隐喻
metaphormania 隐喻狂热
mimesis 模仿
motherland 祖国
myth 神话
mytheme 神话素

narrate 叙述接受者
narrative text 叙事文本
narratologie 叙事学
Narratology 叙事学
narrator 叙述者
  reliable narrator 可信任的叙述者
  unreliable narrator 不可信任的叙述者
national tongue 国家语言
New Criticism 新批评
New Historicism 新历史主义

objectivity 客观性
order 时序
other 他者
  otherness 他者
  othering 他者化
  racial other 种族化的他者

parole 言语行动
patriarchy 父权
pause 停顿
performativity 操演性
permutation of texts 文本的重新排列
perspective 视角
plot 情节
plural society 多元社会
point of view 观点
  omniscient point of view 全知观点
  objective point of view 客观观点
  limited point of view 有限观点
  limited omniscient point of view 有限全知观点
  shifting viewpoint 观点转换
Post-Structuralism 后结构主义
prolepsis 跳叙
protagonist 主人公
psychoanalysis 心理分析

queer theory 酷儿理论
queering 歪批

race 种族
Reader-Response Criticism 读者反映批评理论
reflect 反映

reification 物化
repeating narrative 重复叙事
representation 再现
  artistic representation 艺术再现
  political representation 政治代表
representative 有代表性的
resisting reader 抗拒性读者
restrictions of field 观点/视域
Rhetoric 修辞学
Romanticism 浪漫主义

sameness 同一性
scriptible text 可写的文本
scriptor 书写者
semiology 符号学
setting 环境
sex 生理性别
sexual object choice 性对象
sexual orientation 性取向
sexuality 性/性本质
signified 所指
signifier 能指
simile 明喻
Singaporean-ness 新加坡性
sjužet 情节
slow motion 慢动作
Social Darwinism 社会达尔文主义
social division 社会区分
State Apparatuses 国家机器
  Repressive State Apparatuses 压迫性国家机器
  Ideological State Apparatuses 意识形态国家机器
stereotype 刻板印象
story 故事
Structuralism 结构主义
summary narrative 总括式的叙事
symbol 象征
system of representation 再现系统
system of signs 符号系统

tenor 本体
text 文本
textual criticism 文本批评
textuality 文本性
textuality of history 历史的文本性
time 时间
  narrative time 叙事时间
  story time 故事时间
transgender 跨性别
typical 典型性

universal 普遍意义

vehicle 喻体
verisimilitude 逼真度
vision 观点/视域
voice 声音
  authorial voice 作者型叙述声音
  personal voice 个人型叙述声音
  communal voice 集体型叙述声音
"vulgar Marxist" criticism "庸俗马克思主义"批评

women study 妇女研究
worldliness 在世性

延伸阅读

阅览八方 共享文化

香港、台湾、马来西亚读者可以该地货币购书，
我们的书籍也以美元定价。请参考本公司网上书店。

《杨振宁·范曾谈美
——新加坡演讲录》
杨振宁、范曾著
ISBN 978-981-4139-88-5

繁体版
《永恒的怀念：
钱思亮先生百龄冥诞
纪念文集》
钱纯 钱煦 钱复敬编
ISBN 978-981-4139-85-4

《科学的文化魅力》
饶毅著
ISBN 978-981-4139-93-9

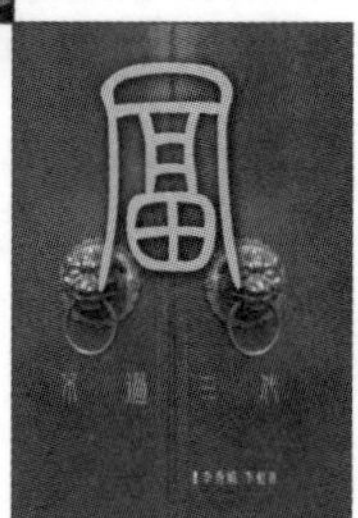

繁体版
《富不过三代》
李秀娟 李虹著
ISBN 978-981-4139-75-5

推荐网站：全球华人专业人士网络
www.networkchinese.com

■

欢迎浏览本公司网上书店查阅其他书刊及优惠配套
www.globalpublishing.com.sg

文学批评**关键词**

概念·理论·

中文**文本**解读

阅览八方 共享文化

八方文化创作室

作　　者	柯思仁　陈乐
企划编辑	潘国驹
责任编辑	王淑娟　冯婉明
编辑助理	陈涛
丛书标志篆刻	何梅田
封面设计	柯思仁　何秀云
内页设计	柯思仁　李丽芳
排　　版	李丽芳
出　　版	南洋理工大学中华语言文化中心 12 Nanyang Drive, Singapore 637721 www.ntu.edu.sg/CCLC/Research 八方文化创作室 5 Toh Tuck Link, Singapore 596224 www.globalpublishing.com.sg
发　　行	八方文化创作室
联　　络	65-64665775 支线 229/424 chpub@wspc.com
印　　刷	World Scientific Printers
初　　版	2008年8月
国际书号	978-981-2839-85-5
版权所有	柯思仁　陈乐

八方文化创作室，简称八方文化，以世界科技出版公司为后盾，致力于推动新加坡的中文出版，并且放眼全球华裔的人文舞台。我们的重心在于介绍世界各地华人学者及作家的言论与著作，同时也积极推动各类艺术与文化活动。八方文化期望以出版良心作信念，以高素质为诉求，为各地中文读者开启多一扇东西文化的窗户，共同努力营造一个富有质感和充满活力的人文空间。

世界科技出版公司总部及海外分公司

总部 (新加坡)
World Scientific Publishing Co. Pte. Ltd
5 Toh Tuck Link
SINGAPORE 596224

新泽西
27 Warren Street
Suite 401–402, Hackensack
NJ 07601, USA

伦敦
57 Shelton Street
Covent Garden, London
WC2H 9HE, ENGLAND

北京
中国北京大学数学科学学院
理科2号楼2526W室
邮编100871

上海
中国上海滩国际大厦
黄浦路99号2003室
邮编200080

香港
九龙中央邮箱72482
香港

台北
台湾省台北市10091
罗斯福路四段
162号8楼

真奈
No. 16, South West Boag Road
T. Nagar, Chennai 600 017
INDIA

南洋理工大学的中华语言文化中心成立于1994年，主要研究中华语言和文化，以及与区域华人社会有关之课题，具体研究范围包括东南亚华语与方言、东南亚华文文学、东南亚华人历史与民俗、文化传统与华族社会等。本中心出版有国际学术期刊《南大语言文化学报》，以及学术丛书《南大语言文化丛书》及《南洋人文丛书》。

中華語言文化中心
Centre for Chinese Language and Culture

南洋理工大学 • 人文与社会科学学院
中华语言文化中心

地址： Centre for Chinese Language and Culture
12 Nanyang Drive
Singapore 637721
电话： (65) 6790 6301
传真： (65) 6792 2334
电邮： D-CCLC@ntu.edu.sg
网址： www.ntu.edu.sg/CCLC/Research

南洋人文丛书

华人研究系列

错综于市场、社会与国家之间

东亚口岸城市的华裔与亚洲区域网络

廖赤阳、刘宏 主编

2008年5月，284页

ISBN 978-981-4139-92-2

南洋大学历史研究系列

理想与现实

南洋大学学生会研究

(1956-1964)

丘淑玲 著

2006年，311页

ISBN 981-4139-52-1

南大图像

历史河流中的省视

李元瑾 主编

2007年，338页

ISBN 978-981-4139-76-2

国家疆界与文化图像系列

超越疆界

全球化·现代性·本土文化

柯思仁、宋耕 主编

2007年，270页

ISBN 978-981-4139-70-0

性别与疆界

熊贤关 主编

2006年，317页

ISBN 981-4139-58-0

语言的多视角考察

谭慧敏 主编

2007年，184页

ISBN 978-981-4139-62-5

汉语文走向世界

谭慧敏 主编

2006年，349页

ISBN 981-4139-61-0

跨越疆界

与文化调适

李元瑾 主编

2008年，294

ISBN 978-981-283-981-7